移动社会网络用户创造价值行为机理与影响研究——基于感知体验价值

肖怀云 ／著

吉林大学出版社

·长春·

图书在版编目（CIP）数据

移动社会网络用户创造价值行为机理与影响研究：基于感知体验价值 / 肖怀云著. -- 长春：吉林大学出版社，2022.10
ISBN 978-7-5768-1037-0

Ⅰ.①移… Ⅱ.①肖… Ⅲ.①移动网 – 用户 – 行为分析 – 研究 Ⅳ.①C912.6

中国版本图书馆CIP数据核字(2022)第224460号

书　　名：移动社会网络用户创造价值行为机理与影响研究——基于感知体验价值
YIDONG SHEHUI WANGLUO YONGHU CHUANGZAO JIAZHI XINGWEI JILI YU
YINGXIANG YANJIU——JIYU GANZHI TIYAN JIAZHI

作　　者：肖怀云
策划编辑：李承章
责任编辑：付晶淼
责任校对：周　鑫
装帧设计：云思博雅
出版发行：吉林大学出版社
社　　址：长春市人民大街4059号
邮政编码：130021
发行电话：0431-89580028/29/21
网　　址：http://www.jlup.com.cn
电子邮箱：jdcbs@jlu.edu.cn
印　　刷：湖南省众鑫印务有限公司
开　　本：787mm×1092mm　1/16
印　　张：15
字　　数：250千字
版　　次：2022年10月　第1版
印　　次：2024年3月　第1次
书　　号：ISBN 978-7-5768-1037-0
定　　价：75.00元

内容简介

随着 Web2.0 技术和移动网络通信系统的成熟应用,移动社会网络用户从单一、被动的信息接受者和浏览者转变为集主动的信息提供者、分享者和使用者等多样角色于一身,移动社会网络用户角色的变化使得用户成为价值链上重要的价值创造者之一,用户创造价值行为的开发和利用也成为移动社会网络服务价值链中当前和未来获取竞争优势的重要途径之一。本书围绕用户创造价值行为,从行为视角剖析移动社会网络中驱动用户创造价值的行为过程和行为机制,展现移动社会网络中用户创造价值行为的影响因素和路径、移动用户创造内容行为对价值链参与主体的影响等方面的研究成果。研究内容紧扣现实问题,通过科学凝练和系统性建模,旨在为学界和业界提供对移动社会网络环境下用户创造价值行为规律的深入诠释,并为相关研究提供理论参考和实证依据。

本书主要面向高校和科研单位的硕士研究生、博士研究生和学者,对企业更好地开发和利用用户价值创造活动也具有参考价值。

前　言

近年来，信息技术的日新月异以及移动互联网应用的深入普及，使得移动用户能够实现跨社会关系网络的交流互动，由微信、微博、即时通信、维基等社交网络平台融合形成的一个虚拟且"移动"的社会网络。区别于以往的在线网络系统，移动社会网络本质是基于真实的社会关系和移动性，其在信息即时性、位置相关性和身份可识别性等特征上的表现愈加突出。随着用户的增多、信息的累积和功能的整合，移动社会网络的商业价值将越来越突显。移动社会网络服务突出了用户决策、用户体验，表现出强有力的权力转移，而通过用户创造内容、口碑推荐行为也给产业链中的企业带来了更多价值。与此对应，用户在价值创造中的角色发生了变化，价值不再是由企业单独创造，作价值创造的研究视角从价值的单独创造向共同创造转变，价值共创成为当前理论和实践研究的重点。

围绕移动社会网络中用户创造价值行为机理及其影响，本书重点反映从"为用户独立创造并传递价值"向"与用户共同创造价值"甚至"用户独立创造价值"的范式转变。在研究内容上，本书聚焦于移动社会网络中用户创造价值行为的影响因素和路径、移用户创造内容行为对价值链参与主体的影响等兼具理论意义和实践价值的问题。研究内容紧扣现实问题，通过系统的理论分析和严谨的实证，旨在为学界和业界提供对移动社会网络环境下用户创造价值行为规律的深入诠释，并为相关研究提供理论参考和实证支撑。本书主要面向高校和科研单位的硕士研究生、博士研究生和科研工作者，并对于移动电子商务、网络营销、人力资源等方面的管理人员也具有一定的参考价值。

本书在编写过程中，得到了盐城工学院哲社类学术专著出版基金的大力支持。编者研究过程中，得到了国家哲学社会科学基金项目"电子商务基于隐私信息经济性的隐私信息保护和应用策略研究(17BGL196)"的支持。此外，编者还得到了东南大学梅姝娥教授、仲伟俊教授的指导,盐城工学院经济管理学院领导、同事的热情支持,在此一并表示感谢。在编写过程中参考了大量的资料和文献,由于篇幅所限,在此对这些资料的作者深表谢意。

本书还得到了吉林大学出版社的大力支持,在此也要特别感谢本书的责任编辑为编辑工作提供的多方面帮助。

疏漏之处,敬请指正。

目　录

第一章 引 言

1.1 引 言

随着智能手机、Pad、Ultrabook 等终端的处理能力越来越强大,移动终端成为互联网越来越重要的入口,互联网业务向"移动化"转变的发展趋势非常迅猛。2016 年,中国的电信业务收入中互联网接入和移动流量业务所占比重呈持续增长态势,由 2015 年的 26.9% 提高至 36.4%;在 4G 移动电话用户大幅增长、移动互联网应用加快普及的带动下,每个用户月平均接入移动互联网的流量达到 772M,其中通过手机上网的流量在互联网总流量中的比重达到 90.0%[1]。越来越多的用户利用移动终端进行虚拟社区平台的互动,诸如时下流行的微信、手机 QQ、微博、论坛等,截止 2021 年 12 月,中国移动社交网民规模达 10.07 亿,立足于社交网络而不断发展的移动广告市场规模保持迅猛增长,规模超过 8000 亿元,增速超 20%,并预计在 2022 年超万亿[2]。用户通过具有私有特性的移动终端接入互联网,突破了时间和空间对社会关系和人际交往的限制,社会关系更加显性化,也给产业链中的企业带来了更多利益,并且移动终端技术和移动互联网的快速发展使得用户能够实现跨社会关系网络的交流互动,催生了移动社会网络。

移动社会网络是以移动终端为载体,依托于移动互联网,由微信、微博、即时通信、维基等社交网络平台融合形成的一个虚拟且"移动"的社会网络。例如,微信作为用户数量较多而且活跃用户比例大的社会化网络,不仅集成了用户的社会关系、生活圈、个性化标签等静态信息,而且整合了用户位置等动态信息;不仅提供了购物服务、滴滴出行、理财等生活服务功能,而且提供了在线批注、分享、评论等带有社交属性的功能,便于用户根据个人兴趣进行信息聚合,同时关联QQ、微博等社会网络服务,逐渐形成一个庞大的"移动"社会网络。区别于以往的在线网络系统,移动社会网络成为集交流、资讯、娱乐、搜索、电子商务等服务为一体的综合性平台系统,其本质是基于真实的社会关系和移动性,从而具有即时性、位置相关性和身份可识别性[3]等特性,促使大量用户的消费行为逐渐向移动端迁移和渗透,为企业提供更多的市场机会。随着用户的增多、信息的累积和功能的整合,移动社会网络的商业价值将越来越突显,大大拓展了社会网络平台企业和电子商务企业的运营思路及盈利模式。

移动社会网络的普及为用户与企业、用户与用户之间的双向沟通提供了渠道,整个社会的沟通方式变得更为灵活。从用户的角度看,他们不再是仅仅被动地接受信息、商品和服务,而是可以进行网上购物经验的分享、评价,在论坛和社区进行知识、社会化广告等信息资源的生产,在传统消费过程中加入了用户创造内容和"社会化分享";在GPS的支持下,移动社会网络用户通过微信、手机QQ等提供的位置信息(地理坐标),随时随地发现身边的团购信息、商家特权活动、产品优惠券信息等,并完成移动商务的实时交易。移动社会网络用户的分享、参与、互动、推荐等行为引发更大范围的社会交互,并最终影响到企业绩效。从社会网络平台企业看,不断完善用户在线商务交互能力,通过传递商家口碑能够迅速地吸引大量潜在消费者,从而获得用户服务付费、移动广告费和用户交易等收益。从产品或服务企业看,基于移动社会网络的沟通将成为企业和用户之间进行售前、售中、售后等商业行为最主要的交互渠道,如企业通过点击"查看附近的人"后,在获得微信用户许可的情况下,可以根据自己的地理位置查找到周围的用户,并将相应的促销信息推送给附近的移动社会网络用户,进行产品或服务广告的精准投放,在提升用户体验的同时,获得大量直接或间接的营销效果。可见,移动社会网络的爆发式发展主要由于企业能获得大量的用户资源,用户可以自由地获取、创造和分享信息,用户创造内容、用户交互、网络口碑等创造价值活动在移动社会网络中日趋活跃。

移动社会网络成为有效促进信息自由流动的平台,用户与企业、用户与用户之间的交互为用户和企业带来了更多便利和更高的商业价值。移动社会网络服务突出了用户决策、用户体验,表现出强有力的权力转移,而通过用户创造内容、口碑推荐会启发企业开辟新的增值服务,移动社会网络服务中的创造价值活动朝着企业创造价值与用户创造价值相结合的方向发展。企业创造价值表现在依托于移动终端,将大量的商品信息、服务和应用与用户相关信息关联在一起,使得一对一的定制生产和服务成为可能,企业更容易锁定客户,获得稳定的收入;同时企业以移动社会网络为主线对用户资源、社交关系网络和电子商务进行整合,能够充分利用社会网络资源支持电子商务业务,创造、传递更多的企业价值。移动社会网络用户创造价值是通过用户参与及用户互动来实现,虽然 QQ、微信、微博等社会网络服务对用户免费,但没有移动用户的参与,移动精准广告、基于位置的服务、品牌推荐社区等就没有数据流量的产生。而且,移动社会网络用户经历了良好的体验后,还将会感受通过论坛、社会网络社区、微信、微博等分享给社会网络其他用户,并劝说其他用户参与,从而创造良好的体验价值和商业价值。在这一价值系统中,移动社会网络用户不仅主体地位得到了提高,而且可充分发挥自身的创造性,通过与企业的互动协同创造价值,企业和用户共享相应的创造过程和最终价值。

随着用户参与度和贡献度的提高,移动社会网络用户在创造价值活动中的角色正在从被动接受价值向主动创造价值转变,并且对创造价值的影响力越来越大,甚至可能成为价值链的重要主体之一。移动社会网络用户创造价值角色的转变,使得移动服务企业面临从"为用户独立创造并传递价值"向"与用户共同创造价值"甚至"用户独立创造价值"的范式转变。在这一现实背景下,用户创造价值对移动社会网络的理论研究和实践活动带来了新的挑战。因此,不仅需要从理论上探讨移动社会网络用户创造价值的行为动机、行为过程和驱动因素,分析用户创造价值行为对价值链上其他主体的影响,而且需要从实践上把握社会网络环境下用户提供内容行为的影响因素和影响方式,对企业在日益激烈的社会化商务竞争中,更有效地利用企业或价值链的优势资源实现价值最大化具有较强的实际指导意义。

1.2　国内外研究进展

移动社会网络为用户创造价值活动提供了平台,用户创造价值对企业战略、营销理念和营销模式产生了极大的现实冲击,也对消费者行为产生了多方面的影响。而移动社会网络中用户创造价值理论的研究才刚刚起步,学术界关于用户创造价值的概念、内涵、方式等尚未达成共识。但是用户创造价值理论、社会网络和社会化商务中用户创造价值行为以及基于价值链的移动用户参与行为等领域已经有比较多的研究成果,这些理论成果为移动社会网络用户创造价值行为研究奠定了很好的基础。

1.2.1 用户创造价值的行为研究

用户创造价值的理论源于较早的顾客参与和合作生产研究,早在 1823 年,Storch 研究服务业对经济的贡献提出,服务过程需要生产者和消费者之间的合作,随后顾客参与研究由服务业逐渐延伸到有形产品的合作生产、合作创新。进入 21 世纪,由于企业和用户在广泛的社会交换中都无法控制创造价值所需的全部资源和条件,突出用户在创造价值活动中的作用,平衡了价值创造主体之间的力量和作用,用户创造价值理论得到了进一步发展和巩固。随着网络经济的发展和价值创造研究范式的不断深入,顾客主导逻辑范式为线上情境中用户创造价值行为研究奠定了良好的基础,并成为当下管理学和营销学研究的前沿领域。图 1.1 从创造价值的主体、产业领域和研究范式三个维度展现了用户创造价值理论的发展脉络。

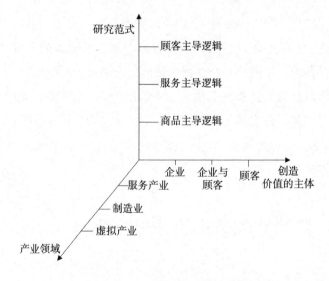

图 1.1　用户创造价值理论的发展脉络

(1)用户创造价值行为研究的萌芽:顾客参与和共同生产

较早的观点认为顾客身体出现在服务系统中就可以被看作顾客参与。Lovelock 和 Young[4]从服务营销的角度指出:顾客是一种生产要素,服务企业应该更多的让顾客介入生产过程以便提高服务的生产效率。Ives 和 Olson[5]在用户创新和管理信息系统服务研究中,进一步指出顾客参与的重要性。早期的顾客参与研究多从企业的视角出发,认为顾客参与到企业活动中可以降低企业成本,提高劳动生产率。随着时代的变化,顾客参与的热情和参与程度不断提高,20 世纪 90 年代以后,学者们开始有针对性地研究服务中的顾客参与行为,彭艳君[6]提出,如果没有顾客参与,难以从生产或质量上保证服务,顾客参与创造提高了价值。Terashima 和 Dawson[7]认为,顾客参与会提高服务质量,服务质量对于顾客感知价值具有积极影响。范秀成和张彤宇[8]在研究顾客参与对服务企业绩效影响时提出,顾客参与有利于创造价值。虽然顾客参与研究中没有明确指出用户参与创造价值,但普遍肯定了顾客参与行为在服务中的重要性,顾客参与是创造价值的前提。

制造业中的顾客参与研究主要集中在共同生产中。顾客在企业中可能扮演资源提供者、共同生产者、购买者及使用者等角色[9],Wikström[10]指出,顾客作为资源提供者和共同生产者参与企业生产服务,通过企业和顾客深入互动,为企业和顾客带来更多价值。Christopher 和 David[11]研究认为,顾客参与产品开发过程使得最终产品的新颖程度大大提升。Ramírez[12]提出了价值共同生产(value co-production)的概念,强调企业和顾客共同创造价值,顾客是价值创造者而不是价值破坏者,顾客通过与企业在价值创造过程每一个阶段的互动而创造价值。共同生产开始关注顾客在价值创造中所扮演的角色,将顾客作为一种生产要素资源投入到价值创造转换活动中,然而顾客仅仅在企业限定的范围内参与生产,本质上仍然是基于传统的产品主导逻辑,强调价值创造是以企业为主导的。Normann 和 Ramírez[13]指出,商业的目的不仅是为顾客创造价值,也是组织顾客参与创造价值。因此,共同生产可以看作用户创造价值思想的萌芽之一。

(2)用户创造价值行为研究的发展:价值共同创造

21 世纪初,制造企业努力寻求新的价值增值点,通过产品与服务的整合来满足消费者的个性化需求,价值创造的研究重点从企业生产过程转向顾客消费过程。Vargo 和 Lusch[14]将商品主导逻辑下分开的产品和服务统一,认为一切经济都是服务经济,顾客积极参与关系交换和共同生产,价值由顾客决定和共同创造(亦称价值共创),这是应对 21 世纪经济困境的出路。顾客参与的范围逐渐拓展到产品和服务方面,服务主导逻辑成为价值创造理论的主要研究视角。

服务主导逻辑范式下的价值创造理论以企业生产或服务过程为研究重点,强调价值由企业与顾客共同创造,顾客可以参与生产或服务,从而创造价值。Prahalad[15]通过福特汽车公司的实例发现,在新的交通工具发展中,购买者与供应者之间存在价值共创;Norton 等[16]研究耐克、戴尔、宜家等多家公司实践发现,他们通过提供平台或资源支持顾客设计或生产所需的产品,与顾客合作来共同创造价值。国内研究方面,简兆权和肖霄[17]以携程网为例研究在线旅游服务业价值创造系统指出,服务供应商、服务集成商和顾客互动,并由服务集成商进行内外部整合构成价值共创系统,通过网络成员的共同参与和资源共享而共同创造价值;杨学成和陶晓波[18]指出,小米是通过社会化价值共创模式实现价值共同创造;周文辉等[19]从企业和顾客共同创造价值视角,对尚品宅配的大规模定制生产中的价值创造进行研究;张培和刘凤[20]则以品胜的双向 O2O 模式为例,从多主体的视角分析了价值共创的内涵与特征。刘文波和陈荣秋[21]认为,顾客参与生产或服务过程可以增强顾客的产品价值感知,降低顾客对产品质量的风险感知,减少产品获取成本,从而有利于顾客获得体验价值、关系价值、学习价值等。

随着互联网技术的发展,以微博、微信为代表的社交网络平台大量涌现,顾客能够通过专门的品牌社区更广泛地分享其品牌体验,如小米社区、淘宝论坛等。牛振邦等[22]的研究表明,海尔正是通过"海尔社区""海尔创新交互平台"等途径,加强企业员工与顾客的实时沟通互动,为海尔创造了更高的品牌价值,虚拟品牌社区深刻地改变了顾客参与品牌价值创造的方式以及品牌管理模式。顾客可以从世界各地获取信息,通过网络建立各种"主题社区",为顾客提供比线下更多的交互机会,顾客还可以进行试验和开发产品。李朝辉[23]在虚拟品牌社区中顾客参与价值创造对品牌体验的影响研究指出,顾客参与价值共同创造的过程就是顾客参与企业产品设计、开发、生产等方面而进行的持续、社会化、动态化的互动过程。虚拟品牌社区中顾客群体拥有驱动言论方向、打造口碑经济和颠覆企业品牌的巨大主动权和影响力,顾客的角色也从价值的被动接受者向价值共同创造者演进和转化,顾客的这种力量及角色转变在移动互联网环境下将会表现得更为突出。Dan 和 Hwang[24]研究提出,用户的服务质量感知和需求作为一种交互价值,直接影响着移动互联网的演进与发展。王海花和熊丽君[24]①基于共享经济背景下研究顾客在共享经济背景下参与企业价值共创的驱动因素,发现提升功能价值、社交价值和利他价值是促进顾客参与行为和顾客公民行为等价值共创行为的重要方式,识别高主动性人格的顾客是将顾客行为忠诚转化为价值共创行为的有效途径。柳秀②从顾客感知价值角度出发,探究了感知价值的不同维度对不同类型价值共创行为的影响机制,丰富了分享经济环境下价值共创的理论研究。价值共创概念的提出引起了学术界研究力量的广泛参与,对价值共创的体验价值、主导逻辑、内部机制及参与者角色与行为等问题进行了开创性的研究,使得价值共创研究形成了较为完备的理论体系。

McColl-Kennedy 等[25]研究指出,顾客、企业和其他组织之间的界限正在变得模糊,顾客越来越多地提供服务创新的想法、设计,参与合作生产,从企业创造价值的被动接受者,转变为价值的共同创造者,甚至价值的最终决定者。价值的创造主体在变化,顾客参与的程度不断深入,使得传统的单向、分离的价值创造与传递方式转变为双向、互动的价值共同创造与分享方式,这将成为企业未来获取竞争优势的重要来源。

(3)用户创造价值行为研究的趋势:顾客独创价值

随着网络经济与体验经济时代的来临,顾客不再满足于成为标准产品或服务的被动接受者,而是积极成为自我需要产品的价值共同创造者[26],顾客主导逻辑成为价值创造范式研究新的视角。"顾客独创价值"的概念是在顾客独立创造价值的实践现象日渐增多背景下,由学者 Grönroos 和 Voima[27]在 2013 年研究价值创造过程时明确提出的。实际上,早在 2006 年,Lusch 等[28]研究服务主导逻辑时就曾提到,价值只能由用户来创造和决定。随后,Payne 等[29]对顾客独立创造价值的现象进行了描述。李耀和王新新[30]用"顾客单独创造价值"概念,

---

① 王海花,熊丽君.共享经济背景下顾客参与价值共创的影响因素研究[J].商业经济研究,2018(21):43-45.

② 柳秀.分享经济背景下顾客感知价值对其价值共创行为的影响研究[D].上海大学,2020:24-50.

解释顾客独创价值现象,强调价值创造发生于顾客消费过程,企业并不参与,顾客与企业相互独立,国内学者还尝试用"消费领域共创价值"来界定顾客独创价值概念。在借鉴国外研究成果的基础上,国内学者对顾客独创价值进行了相关研究,如郑凯和王新新[31]以营销资源和社会结构理论作为基础,提炼出顾客在网络中通过基于弱关系和强关系的互动实现价值创造的路径;李耀等[32]研究了顾客独创价值的动机、方式、过程和对企业与顾客的影响;李耀等[33]还构建了一个链式中介模型,研究顾客知识对顾客独创价值行为的驱动机理。

顾客独创价值研究仍处于初级阶段,顾客独立创造价值的方式、影响因素、作用机理等仍未被明确界定。鉴于网络正成为企业与顾客、顾客彼此之间互动的重要平台,互联网环境下的顾客独立价值创造将成为价值创造理论的重要研究方向。顾客独创价值研究不仅对用户创造价值行为研究具有指导意义,而且推动了网络情境下用户创造价值行为的发展。

1.2.2 社会网络用户创造价值行为研究

社会网络服务是以现实社会中的人际关系为基础,在 Web 2.0 支持下,将用户所拥有的 Blog(博客)、Wiki(维基)、微信等,通过 Tag(标签)、RSS(信息聚合)或者 IM(即时通信)、邮件等方式连接到一起,使每个用户的社交圈在社交网络中得以放大的一种互联网应用服务。得益于网络技术的进步,社会网络服务在 21 世纪发展迅速,也是较早明确提出用户创造价值的领域,以社会网络为基础的用户体验与价值创造正在成为当前消费体验与社会网络研究领域的关注热点。社会网络用户创造价值研究的主要问题有:

(1)社会网络情境中用户创造价值的动机

创造和信息分享是社会化媒体存在的意义[34],Chai 和 Kim[35]认为,社会因素和技术因素、环境因素将通过社交网站来影响人们的知识分享行为;Trainor 等[36]研究社会化媒体技术和客户关系绩效时认为,社会网络可以让用户创造和分享内容,为用户和企业、用户和用户之间提供沟通渠道以及建立社会关系。Berthon 和 John[37]研究发现,同具有相同兴趣或需求的其他成员互动而获得乐趣的社交需求是影响顾客参与创造价值活动的一个动因。Nambisan 和 Baron[38]研究虚拟环境中顾客自愿参与创造价值活动时认为,整合利益是顾客共同参与支持产品开发等创造价值活动的动机之一,为了获得声誉、地位及自我效能感也会促使顾客自发参与到创造价值活动中。Mcalexander 等[39]研究品牌社区建立时指出,顾客非常重视自己在品牌社区中社会身份和关系,因此,为了加强归属感和社会认同,他们会参与品牌社区中的共同创造价值活动。此外,本书整理了有关社会网络文献中用户参与创造价值的动机因素研究成果,如表 1.1 所示。

表 1.1　不同情境中用户创造价值的行为动机

文献来源	研究情境	动机因素
Lenhart 和 Fox[40]	博客创作	自我表达、个人经历记录与分享、社会关系的维系、与他人分享知识和技能、鼓励他人行动
Hsu 和 Lin[41]	博客持续创作与共享	易用性、趣味性、利他主义、个人声誉、主观规范和映像、社区归属感以及身份的认可
Wasko 和 Faraj[42]	虚拟社区	共享内容的有用性、互惠性、学习机会、同行交流、利他主义、趣味性
Wang 和 Fesenmaier[43]	虚拟旅游社区	社会利益和娱乐利益
Yu 等[44]	虚拟社区知识共享	自我兴趣动机(自我加强、积极学习、声誉、利他性、互惠性)和社区促进动机(道德约束和主观规范)
Füller[45]	虚拟社区价值共创	娱乐、好奇心、自我效能、技能发展、信息搜索、认可、利他主义、交友、个人需求和补偿

(资料来源:作者根据相关文献整理)

(2)社会网络情境中用户创造价值的方式

Chiu 等[46]研究虚拟社区的知识分享时发现,对共同关注的问题进行分享、讨论,并且基于共享的内容建立密切的个人关系,可以最大化知识管理的价值。Tumba 和 Horowitz[47]发现,通过叙事和故事能够创建网络虚拟社会,并获取幻觉和趣味性体验。王新新和万文海[48]认为,通过消费互动发挥主要作用,用户创造的价值是依靠网络成员的互动实现的,即价值是由所有成员共同创造的,企业起到的是支持性作用,在实践中也只有这样才能有利于价值的共同创造。

Turri 等[49]发现,艺术品市场中,用户在社会化媒体中对产品信息的转发也是一种品牌价值共同创造行为。Brodie 等[50]对虚拟品牌社区的研究发现,社会网络用户通过与企业、品牌或其他用户互动共同创造价值。Sicilia 和 Palazon[51]对可口可乐品牌社区的案例研究发现,社会网络提供比线下方式更大范围的交互机会,激发了共同创造价值的过程。因此基于互联网环境的评论、讨论、分享、转发等各种互动方式是比较常见的社会网络用户创造价值方式或方法。

（3）社会网络用户创造价值产生的效益或结果

Stephen 和 Toubia[52]通过实证研究发现,在线社区更容易使顾客获得体验价值,销售商可以通过与顾客之间的联系创造更多的价值,并且从在线网络中获益。普拉哈拉德和拉马斯瓦米[53]认为,用户参与共同创造价值会获得企业、产品相关的知识,并为用户知识、技能及专长提供施展的机会,由此给用户带来知识获得、自尊和自我价值的实现,同时在与社会网络其他用户交流沟通过程中,不仅可以实现信息交流,满足用户社交需求,还可以增加用户的乐趣。Chiu 等[46]发现,知识分享可以形成对实践社群的归属感和相互承诺,企业与个人可以由此获得各种资源与能力,拓展社会资本。Vargo 和 Lusch[54]、Lusch 等[55]更深入地研究了社会关系与社会网络在创造体验价值中的作用,消费者通过社会网络,使得在线社区中的创新和交互变得越来越有效率和效益[56]。社会网络将竞争、能力和知识整合在一起,企业、用户基于社会网络巩固动态合作关系的同时,共同创造价值[57]。社会网络为个体用户从单纯的信息接受者转化为信息传播源[58]提供了情境,成为用户分享信息与价值、形成品牌社群的理想平台。

1.2.3　社会化商务中用户创造价值行为研究

移动互联网络和 Web2.0 技术的发展不仅带来了沟通联络方式的变革,而且使电子商务突破了交易的时空限制,向着以买方为主导,以新兴社会网络平台为依托的社会化商务演进。社会网络服务为社会化商务提供了大量隐性客户,他们的创造价值行为在社会网络平台中发挥着重要作用,使得社会化商务市场产生了激烈竞争,并逐渐成为推动社会化商务发展的一股重要力量。

对于什么是社会化商务,Yahoo 公司在 2005 年最先给出了定义:融合

web2.0 技术推出的一种新型网络服务。随后,一些企业纷纷积极将电子商务与社会网络相互结合,探索社会化商务的模式,如 Dell 直接在 Twitter 上提供的服务,Carrefour 在 Facebook 上进行社会化网络销售等,中国开展社会化商务实践较早的有美丽说、蘑菇街,京东与腾讯的战略合作,阿里巴巴集团入股新浪微博等,社会化商务的网站流量、用户数量、营收等指标均在急剧增长。学者们对社会化商务的发展历程与模式[59]、特征与要素[60-61]以及驱动因素[60-62],顾客参与行为影响机理[63-64]等展开研究,然而迄今为止,对社会化商务的定义仍然没有形成统一的观点,如表 1.2 所示。

表 1.2　社会化商务的定义

文献来源	定义
Liang 和 Turban[60]	消费者通过 Web2.0 技术和社会化媒体完成的电子商务交易和活动
Caverlee 等[65]	一种在社会媒体平台支持下完成的网络购买和销售的行为,支持用户间的交流,分享用户体验等用户生产内容
Dennison[66]	将零售商的产品活动和用户生成内容交互活动利用 Web2.0 技术相结合,通过社交网络环境完成的电子商务活动
Stephen 和 Toubia[67]	一种以社交媒体为基础,聚合线上环境和线下商务的模式,销售者作为个体参与整个交易活动
Lai[68]	利用社会化媒体帮助在电子商务情境中销售产品和服务
Marsden[69]	将社交网络和电子商务整合在一起,通过应用各种网络技术,帮助产品和服务的购买与销售
Rad 和 Benyoucef[70]	基于一对一的人际互动,形成更具社交性与互动性的电子商务活动
Kiron 等[71]	运用社会化媒体、社会化软件、社会化网络来促进信息、人、资产之间形成效率更高、更有效、互利的连接的商务活动
Shen 等[72]	不仅是商品和服务的在线买卖,它使顾客与商家、商家与商家之间可以通过社会化媒体在线开展合作式互动,并创造商业价值
Hajli[73]	电子商务的子集或一个新的分支,允许用户生成内容,是一个基于群体和关系的在线开发市场
陶晓波等[74]	同时具备社会化媒体、人际互动行为、商业意图的融入和信息的流动这四个要素的活动

(资料来源:作者根据相关文献整理)

社会网络与商务活动的深度融合,使得社会化商务产生了丰富的价值。Kumar 等[75]通过对比分析 Hokey Pokey 公司实施社会化商务前后的营销绩效,测算出社会化商务能带来销售增长率 40%,提升品牌知名度 49%,增加投资回报率 83%,每周增加积极口碑 33.5。社会化商务中的创造价值活动引起了企业和学者们的关注。

社会化商务用户创造价值的方式方面,IBM 公司认为是运用了人与人之间的网络来创造商业价值[76]。用户参与社会化商务的方式包括参加品牌社区的活动、分享与索取商业信息以及购买等,其中分享与索取商业信息是最主要的参与行为[77]。借助社会化网络、社会化媒体服务,人们得以开展广泛、实时的信息交流活动,许多杰出人士都成为社会化网络服务的积极用户[78],不断增长的用户数量和创造内容预示着社会化商务未来强劲的发展潜力[79]。Lai[68]认为,用户贡献的网络效应和用户的口碑营销是社会化商务的竞争优势所在。徐国虎和韩雪[80]研究发现,社会化商务通过构建和维护用户的社交关系来创造价值,价值链上的各个节点都有自己的盈利模式。社会网络和用户参与是区分社会化商务与电子商务的关键之处,即强调依托社会网络平台,通过用户之间的社会化互动、用户生成内容等方式来辅助商品或服务的购买和销售等行为。Wang 和 Hajli[81]认为,社会支持、关系质量和隐私关注会显著影响社会化商务中的品牌价值共同创造。

社会化商务正处于蓬勃发展中,用户参与成为社会化商务发展中核心的驱动因素之一。社会化商务环境中企业与用户的界限越来越模糊,并且通过公司、顾客之间的社会化交互过程实现了创造价值。

1.2.4 基于价值链的移动用户参与行为研究

诸如价值链[82]、虚拟价值链[83]、移动商务价值链[84]等,不断提出的价值链概念揭示了网络环境下的创造价值模式,清晰地描述了企业合作创造价值的活动及过程,使人们对企业创造价值及其形式有了一定的认识。基于价值链的移动用户参与行为研究多见于移动商务价值链的论述中,研究者们提出了移动商务价值链的构成主体或环节,认为所有移动商务活动的最终目的是为客户提供价值,最终用户是承接移动商务服务的主体,移动用户的付费使用行为是移动商务价值链中利润实现的唯一来源,一般被置于价值链末端。这些研究强调企业作为价值链中创造价值的主体,围绕"为用户"提供移动服务所需要的技术支持或网络设施开展创造价值活动。随着客户需求的个性化越发凸显,企业与价值链的经营理念慢慢从"面向生产"向着"面向需求"的方向转移,移动用户开始在创造价值活动中发挥一定的作用,从而在价值链中拥有一定的决定权。

移动用户参与行为对价值链的影响通过移动用户在创造价值活动中的地位和作用体现出来。危小超[85]等研究需求驱动的移动商务价值链时发现,用户的口碑效应、重复购买行为对移动商务价值链中企业成员的收益有重要影响。Slywotzky 和 Morrison[86]提出了以移动用户为中心的价值链思想,Walters 和 Lancaster[87]提出了"以客户为中心"的价值链结构,如图1.2所示。柯林[88]提出的移动商务价值链如图1.3所示,这一价值链实际上是以移动用户为中心的,整个价值链上企业所获得的利润都来自移动用户,企业能在用户间获得充分的影响力,将能够为用户创造良好的体验。蒋丽丽[89]提出了以用户为核心的移动商务价值链,将其细分为移动终端、移动增值服务、移动广告和移动搜索价值链,并分别对价值链中参与主体的创造价值和价值传递过程进行了详细阐述。

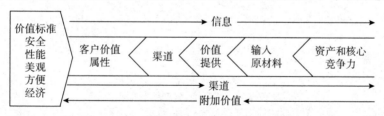

图1.2 以"客户"为中心的价值链活动(来源:Walters 和 Lancaster,1999)

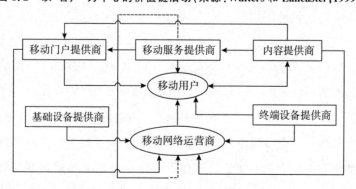

图1.3 移动商务价值链

(来源:柯林,2013)

　　围绕创造价值活动参与者之间相互交织的关系,移动商务价值链逐步改变原有简单的链式结构,发展成价值网。MacDonald[90] 提出的移动商务产业价值网,如图 1.4 所示,在移动商务产业价值链上各主体为共同的利益而结盟,处于互惠互利的地位,客户居于核心地位,价值的直接产生主要体现在与用户直接相关的汇聚层和应用层的移动商务产业价值链上,他们是创造价值的源泉及利益分配的主导方,所有参与者由外向内,逐层靠近用户,最终将内容服务传递到用户的手上,实现相应价值。基于 3G 环境,刘超[91] 运用价值网理论构建移动商务模式时提出,整个移动商务模式是以客户的需求为价值获取的来源,以移动运营商为核心组织者,并根据整个产业以及价值网的运作来制定统一的竞争战略。

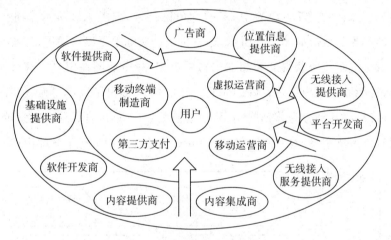

图 1.4　移动商务产业价值网

(箭头表示创造价值和传递的方向;来源:MacDonald,2003)

　　随着企业创造价值环节的增值空间越来越小,移动商务价值链开始重视用户价值,并将移动用户纳入创造价值的活动,为寻求移动商务的价值增加提供了新的空间。罗新星[92] 指出移动商务的成功关键来自于提供顾客导向的服务,基于客户感知价值,将 Müllerveerse[93] 提出的价值链 10 种参与者分为三个层次,构建了如图 1.5 所示的移动商务价值链模型:创造价值活动沿着移动设备—移动企业中介软体—企业应用系统逐步由企业传递、增值放大到移动商务客户,客户感知价值作为源动力来促成价值链中下一级快速采集和捕捉客户价值体验。他虽然将移动商务用户纳入价值链成员,但仅仅视为价值传递和实现的关键,用户只能通过需求信息影响创造价值活动。

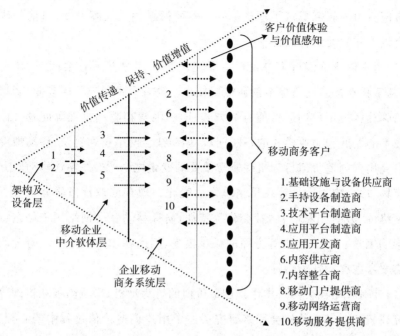

图 1.5 基于客户感知价值的移动商务价值链(来源:罗新星,2009)

已有文献基于价值链理论明确提出移动用户创造价值的比较少见,但在虚拟社区、顾客参与链等领域,有一些学者从价值链视角研究用户的创造价值活动。张鸿等[94]基于产业价值链整合视角下指出,用户是电信行业价值链的核心和创造价值的起点。Lai 和 Chen[95]分析在线社区的信息分享时指出,通过互动,社区成员不同程度地参与到价值链中的内容创造、生产、分销、购买等各个环节,并逐渐获得对价值链更多的控制力,最终会变得比商家、中间商和生产者都强大和聪明,这将带来创造价值结构的变化。张祥和陈荣秋[96]在顾客参与链模型中指出,顾客通过提供知识、技能以及时间精力和企业一起创造价值。这种用户创造价值范式颠覆了一直以来价值链中对用户角色的认知以及企业在创造价值中的垄断性地位。

1.2.5 研究述评

通过对社会网络、社会化商务中用户创造价值行为和基于价值链的移动用户参与行为等相关研究的文献梳理表明,服务或虚拟品牌社区的价值共同创造研究均强调企业让顾客参与生产服务过程,顾客通过互动实现价值创造,为用户

创造价值行为的研究奠定了理论基础。然而回顾相关文献发现,目前的研究成果具有以下几方面的特点:

(1)用户创造价值行为方面已有研究成果大多是基于社会网络、社会化情境,而基于移动社会网络情境的研究比较少。已有成果研究了服务业、制造业和虚拟品牌社区的用户创造价值行为方式、影响因素和驱动机理等问题。而随着ICT技术的发展和商业模式的不断创新,移动社会网络正在普及,移动情境已经成为研究用户创造价值行为机理非常重要的变量之一[97],并导致移动服务企业参与市场、用户购买产品等决策情境发生变化。现有创造价值研究中考虑移动社会网络的移动性、私有性、社会化等特征,研究移动社会网络用户创造价值行为的影响因素、方式、结果等方面的成果很少,因此在用户创造价值行为研究中迫切需要考虑移动环境特性。

(2)针对移动社会网络中用户创造价值的行为动机、影响因素和机理等方面的研究还较少。已有的社会网络研究关注了用户创造价值过程中的心理、社会和情感等因素,但是很少关注社会网络用户由"信息接受者"向"信息提供者"转变后的行为变化、影响以及用户关系的私有性、可信性等特征。移动社会网络中的用户创造价值行为将成为用户主要的自我表达形式,并影响移动服务企业的竞争优势和移动商务产业的发展趋势,因此,有必要从社会网络用户作为价值创造主体的角度,进一步剖析移动社会网络用户创造价值的行为表现和特征,系统研究影响移动社会网络用户价值创造行为的因素。

(3)已有研究对社会网络用户创造价值的参与过程或方式形成了初步共识,即用户主要通过交流互动来获取信息或创造内容,但对创造价值活动过程、参与方式与信息传递机制缺乏细致深入的研究。移动社会网络用户创造价值是在多种因素影响下,基于良好的感知体验揭示特定产品或服务的真实情况,并通过社会关系网络进行信息创造、发布、推荐分享等互动行为。剖析在此过程中用户创造价值的参与方式、传递机制,与价值链中企业合作创造与价值分配等问题,更贴合移动社会网络用户创造价值行为规律,有助于企业进一步寻找增值机会,获得新的利润增长空间和持续竞争优势。

(4)已有基于价值创造理论的研究大部分仍然固守"企业是创造价值的主体"这一观点,随着移动社会网络用户参与创造价值活动由被动转变为主动,参与程度越来越深入,具有多重身份的移动社会网络用户既是价值创造主体,又是价值实现的主体,而"以用户为创造价值的主体"的研究比较少。因此,如何将移动社会网络用户真正纳入移动服务价值链的创造价值活动,用户创造价值行为对移动社会网络服务价值链的参与主体决策、合作方式、协调机制等的影响,如何激励移动社会网络用户在用户链中的创造价值行为等,亟须寻求合理的理论解释。

1.3 研究方法与研究内容

本书拟以移动社会网络用户为主要研究对象,在价值创造理论、用户角色理论、博弈理论和互惠理论等基础上,运用文献综述、实证研究、理论推演、拟合仿真等研究方法,在查阅和借鉴国内外有关社会网络、用户创造价值和移动商务等方面已有文献及研究成果后,对移动社会网络情境下的用户创造价值行为特点和驱动因素进行分析,通过实证研究揭示移动社会网络用户创造价值行为的驱动机理,并构建定量模型对价值链的企业策略、用户创造价值行为激励机制展开探索性研究。

1.3.1 研究方法

本书遵循"理论源于实践"的思想,将理论研究与实证研究相结合、定性研究与定量研究相结合、探索性研究与验证性研究相结合对用户创造价值的驱动机理、行为过程和激励机制等展开研究。具体运用的研究方法有:

(1)文献分析法

文献是移动社会网络用户创造价值行为研究问题提出、理论推导等研究工作的基础。文中通过对 Elsevier ScienceDirect、EBSCO、EI 和中国知网(CNKI)等中外数据库相关主题的检索,搜集、整理分析国内外相关文献,回顾用户创造价值、社会网络、社会化商务等相关研究成果,并将文献分析法渗透在整个研究过程中。正是通过对已有相关文献的收集、整理和归纳,本书界定了研究对象的范畴,挖掘进一步研究的切入点,并通过文献分析明确研究主题、研究框架和具体的研究工作。

（2）调查研究法

调查研究是用来发现复杂现象中起关键作用的变量以及变量之间关系的一种方法。本书主要采用结构化问卷获取研究数据,所采集和整理的数据主要用于第四章中移动社会网络用户创造价值行为驱动机理的实证研究。调查研究主要包括两个阶段:前期—小样本问卷预调查,即基于已有研究量表并结合移动用户创造价值行为的实际情况,形成调查问卷初稿,并进行小规模的调查,根据调研数据分析确定最终的调查问卷;后期—样本问卷调查,针对正式调查问卷进行大规模问卷调查,收集本研究所需的样本,为移动社会网络用户创造价值行为机理的实证分析提供数据来源。

（3）实证分析方法

本书首先对问卷调查过程中收集到的样本数据进行基本统计信息的描述、异常数据的处理和量表信效度分析,其中效度分析主要为探索性因子分析,然后基于有效样本数据,运用结构方程分析方法对移动社会网络用户创造价值行为驱动因素之间的影响路径和因果关系进行结构分析,评价结构模型的整体拟合情况,最后进行移动社会网络用户创造价值行为影响路径的检验与分析。

（4）数学模型分析方法

本书在第五章构建了基于价值链的移动社会网络用户创造内容行为的影响模型,对移动社会网络服务价值链的合作创造内容现象进行分析,并运用系统动力学方法对演化模型进行仿真模拟。

1.3.2　研究内容

本书在具体的研究过程中,按照"现象—驱动因素—运行机制"的分析框架展开,各章研究内容安排如下:

第一章首先介绍移动社会网络发展的现状及用户创造价值行为的发展趋势,明确本书的主要研究问题,然后重点整理分析了用户创造价值行为研究的产生与发展,社会网络、社会化商务中的用户创造价值行为,以及基于价值链的移动用户参与行为等相关领域的国内外研究文献。通过归纳和总结已有的研究成果和结论,明确移动社会网络用户创造价值行为有待进一步深入研究的问题。在此基础上,提出本书的研究思路、内容和创新点。

第二章在界定本书研究所涉及相关概念的基础上,构建了移动社会网络用户创造价值行为的研究框架。首先,厘清本书研究工作中的移动社会网络及其特点、移动社会网络用户与用户创造价值行为等几个主要概念。然后,分析移动社会网络服务中创造价值活动中主要的参与主体,基于价值链理论重构基于用户创造价值的移动社会网络服务价值链框架。对移动社会网络服务价值链中的用户角色及其价值创造行为进行界定。最后,基于移动社会网络服务价值链分析提出待研究问题。

第三章构建移动社会网络用户创造价值行为影响因素的实证研究模型。首先回顾了技术接受、计划行为、理性行为等典型用户行为模型相关的文献,总结了用户创造价值行为的关键影响因素;基于用户角色理论和 SOR 理论,挖掘移动社会网络用户创造价值行为的各种影响因素,以"刺激—机体—反应"过程为主线考察移动社会网络用户参与创造价值行为的影响路径;然后,通过归纳已有的研究成果和规范的理论推演,提出本书研究构念之间的关系假设,构建了实证研究的概念模型,为运用实证研究方法考察移动社会网络用户创造价值行为驱动机理提供理论基础。

第四章实证研究基于感知体验价值的移动社会网络用户创造价值行为驱动机理。首先,对问卷调查的数据进行描述性统计分析,其次,通过信度和效度分析对各潜在变量的测量模型进行评价,基于验证性因子分析进一步明确各潜在变量的因子结构和测量模型的有效性,再次,对结构模型进行了包括模型解释力和研究假设检验的评价,最后,分析了企业奖励在移动社会网络用户创造价值行为中的调节作用,为移动社会网络用户参与创造价值行为驱动机理提供实证支持。

第五章研究移动社会网络用户创造内容行为对价值链相关主体的影响。首先,分析移动社会网络用户创造内容时价值链中主要主体之间的关系。然后,考虑用户创造内容行为的随机性,分析移动社会网络用户参与创造价值的行为规律,运用数学、博弈论的知识,进一步分析用户创造内容行为对移动网络运营商和服务/内容提供商的决策策略影响。最后,对移动社会网络用户和服务/内容提供商的合作提供内容关系的演化趋势进行分析,并基于系统动力学理论和方法进行仿真模拟分析,揭示双方在合作提供内容活动中的行为规律。

第六章是本书的研究结论与展望。首先对本书的研究成果进行总结归纳,阐述了本研究的理论意义和实践价值,然后探讨本研究的理论贡献和管理启示,最后分析了本研究的主要局限,提出进一步研究的方向。

1.4 研究创新点

移动社会网络中用户创造价值的行为给整个移动社会网络服务价值链带来了比较大的影响,价值创造活动已经从当初的"企业为用户创造",转变为现在的"用户与企业共同创造"。以往的研究更多的是站在企业的视角来研究移动商务领域中企业价值创造问题,仅仅将移动社会网络用户视为价值链末端的一个成员,很少将移动社会网络用户真正纳入到价值创造活动中。本书紧密围绕移动社会网络中用户创造价值行为,揭示影响用户创造价值行为的因素和影响路径,用户创造价值行为对价值链相关企业及相互间关系的影响,以及对用户创造价值行为的激励机制等。本书创新之处主要有:

1. 针对移动社会网络情境,构建了移动社会网络用户创造价值行为影响因素和作用机理的实证模型,基于此模型进行了实证研究。

针对移动商务、电子商务、社交网站等情境,已有文献研究了相关的用户行为特征及其影响因素。但已有研究很少针对移动社会网络情境,更少对移动社会网络环境中用户创造价值行为的影响因素和作用机理进行研究。在移动社会网络环境中,用户不再只是被动的技术和信息接受者,而且也是信息的创造和提供者,可以给价值链带来价值的增加,本书基于 SOR 模型,从移动社会网络用户的多重角色,即技术接受者、信息接受者、信息提供者和社会网络成员,分别考虑相关的影响因素,以用户的感知体验价值为中介变量,构建了移动社会网络用户创造价值行为的影响因素和机理的实证分析模型。实证分析结果表明用户只有在感知到较强的社交价值时才会直接提供内容,而感知到功能价值、享乐价值和企业认可价值后通过持续使用才会进一步产生内容提供行为。同时,企业的奖励在一定条件下通过移动社会网络用户的持续使用而对内容提供行为起作用。

2.考虑用户参与创造内容情况下,构建定量模型研究了移动社会网络价值链上移动运营商、服务/内容提供商和用户等之间的关系特征。

移动社会网络价值链上涉及多类主体,如移动运营商、服务/内容提供商等,对该类价值链上主体间的关系,已有成果主要研究了企业参与主体在创造价值活动中的价格、收益、策略等。但移动社会网络用户参与内容创造,在给价值链带来价值增加的同时,也打破了价值链上的利益平衡,考虑移动社会网络用户创造价值行为,主要参与企业主体需要进行更有效的策略选择。为此,本书首先构建定量模型,考虑移动社会网络用户创造内容行为,分析了移动运营商和服务/内容提供商的策略,分析表明移动运营商、服务/内容提供商集中决策时,随着影响用户选择创造或不创造内容的行为类型信息准确度的增强,价值链整体收益会增加;分散决策时,移动运营商的均衡收益随着收益分配比例的增大而减小,服务/内容提供商的均衡收益则随之增大而增大。然后,构建动态博弈模型,分析了服务/内容提供商和移动社会网络用户之间的关系,分析表明两者合作提供内容行为的稳定博弈取决于初始提供内容行为状态和双方采取"参与"策略的概率,可以通过调整双方在不同策略选择下的参数值,促进博弈双方朝预期的合作提供内容行为方向演变发展。

第二章　概念界定和研究框架构建

　　随着移动通信技术的不断发展,移动应用服务快速发展,新的研究问题不断出现。移动社会网络情境下,用户创造价值行为及其所带来的影响正成为理论界和实践界关注的热点问题之一。本章首先界定移动社会网络的内涵,分析移动社会网络的特点;其次分析移动社会网络用户及其行为演变,提出移动社会网络用户创造价值的概念,剖析移动社会网络用户创造价值行为的特点,并对感知体验价值进行界定;然后分析移动社会网络服务中的参与主体及关系,构建移动社会网络服务价值链模型;最后基于移动社会网络服务价值链,构建移动社会网络用户创造价值行为研究的框架。

2.1　移动社会网络及其特点

2.1.1　移动社会网络的定义

　　社会网络也称社会关系网络,最初指现实社会中人与人之间的关系网络,是基于人的社会性特点,通过形成、利用和拓展现实的人际关系而形成的关系网络[98]。人们通过社会网络中的互动和联系,可以结交更多的朋友,获取工作、生活中各种信息和机会。随着互联网的飞速发展,个人生活、工作、娱乐等活动逐渐向互联网转移,出现了社会网络服务,如 Facebook、Myspace、Twitter、Tencent QQ、开心网等。社会网络服务的基础理论是六度分隔理论,指两个陌生人最多通过六个人就能够相互认识形成的人际关系,这样每个人的关系网络都能够在互联网中不断放大、交织,从而形成复杂的社会网络。社会网络平台运营商不仅能将现实中的社会关系网络转移到互联网上,还能根据共同的兴趣、话题、学习经历等形成更广泛的虚拟社会网络,这些虚拟网络成员之间的交互构成了一个新的社会网络。

随着 Web2.0 技术的成熟和普及,大量相互联系的用户集聚于社会网络服务平台。用户不再局限于被动获取平台上的各种推广信息,他们直接创造商品评论、私有信息、博客、媒体文件等内容,并在"朋友圈"、好友群等关系网络中展示和分享。因此,社会网络服务既是一个信息网络,更是一种基于社会性交互而形成的信息传播网络,交互的对象不仅有机器和数据,还包括用户、企业等主体。用户在社会网络服务中既是信息获取者,又是内容创造者和分享者,社会网络的核心价值更多体现在用户的参与行为上。

随着移动终端的大规模普及和基于位置服务的迅速发展,社会网络服务进入了一个新的领域——移动社会网络(Mobile Social Net-works,MSNs)[99],受到了企业界的广泛关注。越来越多的用户使用手机和平板电脑等移动终端登录社会网络,在登录总人数中的比例达到 40%[100]。目前,移动运营商提出的移动社会网络服务有中国移动的 139 社区,中国电信的天翼社区等,社会网络服务相关企业也纷纷涉足该领域,如开心网、"掌中天涯"、手机 QQ 等社会网络平台运营商的移动版本,移动增值服务企业推出的微信、陌陌、豆瓣等移动社会网络服务。每个持有移动设备的用户都是社会网络中的一个节点,相互之间的联系构成用户的移动社会关系网络,可以说,用户随身携带了移动设备,不仅可以通过无线网络登录移动社会网络平台获取、创造、评论和分享信息,而且能接入购物、理财、信贷、娱乐等全方位的服务。如微信不断尝试连接用户生活中的各方面需求,将 QQ、京东商城、微信理财、大众点评、微粒贷、滴滴打车等应用相继接入,形成了功能强大的移动社会网络服务。

对于什么是移动社会网络,学术界从不同的角度有不同的理解。Zhang[101]基于 J2ME 研究移动社会网络的设计和发展时,将移动社会网络定义为,基于移动通信技术,具有随时随地性、便捷性、互动和沟通性的一种新应用。Kayastha 等[102]提出,移动社会网络结合了社会网络和移动通信网络,是一个涉及用户社会关系的移动通信系统,具有社会网络的社会性和移动通信网络的移动性。也有研究指出,移动社会网络是由多个具有相似兴趣或共同点的用户通过移动电话或平板电脑等移动终端互连的社会网络[103]。维基百科则将移动社会网络定义为，由多个具有相似兴趣或共同点的用户，通过移动电话或平板电脑等移动终端互连的社会网络。陆奇[104]对移动社交网络的定义与其他学者所提出的移动社会网络定义接近，即以发展更多的移动终端用户群体为目的，依赖于移动终端设备、以真实的社会关系为基础的新媒体，提供给人们与传统的互联网服务相似的网络服务。张力生和董利亭[105]研究移动社会网络的内容分发机制时提出，移动社会网络能够实现节点之间信息交换和分享，以用户为中心的异构网络，通过利用移动设备之间的社会关系，为用户提供具有较好服务质量的各种数据传输服务。李源昊等[106]认为，移动社会网络是以移动终端为载体互联而成的一种基于位置的社会网络。这些定义有的是技术构架视角，有的是服务视角，共同点是都强调以移动终端设备为工具，以用户社会关系为基础的一种社会网络服务。

在现有研究成果的基础上，本书将移动社会网络定义为：为了有效满足用户的社交、娱乐、创作内容、情感倾诉等各方面的需求，以移动互联网为载体，通过移动终端设备将用户真实、交错的社会关系呈现于互联网，能随时随地提供便捷技术支持和应用服务的一个多社交、社区融合的服务网络。基于该网络所提供的服务即为移动社会网络服务，本书所指的移动社会网络服务不仅涵盖移动社交服务，还融合了各种品牌社区、应用服务，如手机 QQ、微信、知乎、豆瓣等移动社交网络服务平台、用户和企业之间的互联互通，即构成了这样的移动社会网络。移动社会网络服务是社会网络中用户、企业、各种应用工具交互的重要载体和应用服务，由于移动终端的私有性，未来的沟通交流、娱乐休闲、工作需求等都将在一个更加开放、更具社会性的社会网络中完成，使得用户的社会网络更接近现实，并且更加开放，而这种开放性将带来更多的服务创新。

2.1.2　移动社会网络的特点

移动社会网络除了具备一般移动商务应用的"移动性""商务性"和常见社交网络的"社会性""交互性"之外，还能够提供用户实时位置信息和社会关系信息，更加注重随时随地的交互，并具有以下典型特点：

（1）社会网络的真实性

移动社会网络为用户提供了一个以实名制为基础的真实人际关系网络,节点是移动用户携带的实名制移动设备,并且只有在征得用户允许的情况下,才可以让用户分享个人信息及各种资讯、娱乐等内容,并以此来拓展其社会性网络,从而实现更有价值的沟通和协作[107]。移动社会网络中的用户身份、个人形象、行为特征等信息比固定网络中的更加全面,更加真实,从而使现实和虚拟社会中的关系交织。由于与真实身份联系起来,用户身处移动社会网络中,相互之间会产生更强的信任感、归属感和依赖感,进而更愿意和更多的用户建立社交关系。

（2）多平台的融合性

移动社会网络融合了博客、即时通讯、虚拟社区、社交网络等多种社交平台的用户关系网络,并且基本可以实现对用户、信息资源和应用服务的全面融合,从而改变了用户与其他用户、企业之间的交互方式,产生更加开放的信息创造与分享模式。

（3）应用服务的广泛性

移动社会网络的随时随地接入、基于位置的服务使得移动社会网络服务突破了时间、位置的限制,能集聚娱乐、工作、商务等方面的各种应用软件和服务,从而实现了基于社会网络的资源整合和服务集成,大大拓展了社会网络的服务范畴。

（4）用户的高度参与性

移动社会网络服务不仅使用户能获取企业发布的信息,与企业进行互动,而且基于 Web2.0,用户能运用自身的体验、知识、能力参与内容的创造与发布,并且进行内容信息的推荐分享,高度参与到移动社会网络服务过程中。

虽然移动社会网络的定义、范围尚未统一,但是移动社会网络中的用户参与行为和移动社交功能、场景的结合,使得新的应用服务不断被开发,移动社会网络服务迸发出更多的商业潜能。许多企业开始关注移动社会网络用户关系的稳定性和聚合性,开展创建品牌社群,调查用户需求,分析用户行为等营销活动,并利用已有客户的社会化网络来拓展新的客户、留住老客户,促进产品信息的传播、客户关注度的提升和网站流量的大幅增长。如一些产品/服务企业在微信上开设公众号、服务号和微店铺,为精确营销和推荐服务提供了有力支持。移动服务企业也敏锐地认识到,用户并不只是单纯地为了获取信息才参与社会网络服务,他们还能借助移动社会网络进行创造、分享和推荐,从而创造良好的体验价值;以移动社会网络为主线,对其中的用户资源、社交关系网络和电子商务进行整合,能够充分利用社会网络资源支持电子商务业务,为用户和企业的双赢互利提供良好的物质基础。

2.2　移动社会网络用户与用户创造价值

2.2.1　移动社会网络用户及其行为演变

用户指某一种技术、产品、服务的使用者,随着体验经济的到来以及移动新技术的扩散,用户参与、以用户为中心是移动服务的重要特征。因此,本书研究中将使用移动社会网络的个体界定为移动社会网络中的用户。按照活跃程度,移动社会网络服务中的用户可以分为三种类型:活跃用户、社会网络其他用户和潜在用户。后文所指的移动社会网络用户即指活跃用户,表现为随时随地地创造和分享照片、日志、视频等,并进行社会交互,比如互相评论、转发朋友日志、对共同话题进行探讨等,亦即内容创造行为的价值主体之一。社会网络其他用户即后文所指的非活跃用户,不易受周围人员决策的影响,一般仅被动接受并阅读信息,不会主动进一步扩散相关信息,只有偶尔感觉移动服务或信息有用,可能才会创造内容、评论或推荐分享。潜在用户本质上并不是移动社会网络服务中的当前用户,而是指尚未使用移动社会网络服务,可能是固网用户,也可能是其他移动服务用户,他们受到移动社会网络用户的影响,将来有可能会使用移动社会网络服务。

随着体验经济和社会化商务的兴起,对移动社会网络服务中的用户角色认知在一定程度上影响着企业的战略和价值创造方式。在移动服务发展的早期阶段,技术和基础设施占主导地位,移动用户只是扮演被动的消费者,而现今移动服务快速发展,移动用户成为移动服务活动中的积极参与者,愿意在交换和消费活动中承担更多样化的角色,并且更在意交易过程中所获得的价值。邓朝华[108]提出移动商务的个体用户分别有技术用户、消费者和网络成员三种角色。由此,移动社会网络用户在价值创造活动中发挥着关键性的作用,是以下多重角色的整合:

(1)技术使用者。移动社会网络用户使用过程中需要对移动通信技术、界面设计技术、加密技术等有一定地了解,并能熟练使用。

(2)服务/信息接受者。移动社会网络用户是游戏、搜索、博客等各种应用服务及信息的最终使用者。

(3)内容提供者。移动社会网络服务是 Web2.0 技术和移动通信技术的集成,移动社会网络用户通过网络互动、整合、创造等方式,能够发布产品信息/评论、推荐商品、分享购物经历等,通过汇集传播经验形成口碑循环。通过基于移动社会网络的"内容生产"和"社会化推荐",用户参与了移动社会网络服务中的创造价值活动。

(4)社会网络成员。移动社会网络用户的真实身份,模拟或重构现实社会的人际关系网络,使得社会网络用户基于各自不同的目的聚集并参与互动,满足了用户真实性社会交往需求。

社会网络用户参与信息消费的行为,可以从时间维度上分为采纳、浏览、创造、分享等阶段。采纳是用户的初次接受和使用行为,浏览是初始采纳使用行为持续性和重复性行为体现,是被动获取信息的行为;创造是指由用户直接提供信息内容的行为,是主动性的深层次使用行为;分享是指对信息内容的口碑推荐分享行为,会引起信息内容的扩散性传播。借鉴 Cooper 和 Zmud 的企业信息系统实施阶段模型[109],分析社会网络用户不同使用行为的阶段性变化,如图 2.1 所示。从外在行为表现来看,移动社会网络用户在经过 $t=1$ 阶段的采纳使用后,提高了对服务/信息的直接认知水平,通常会随着自身体验来有意或无意地调整自己后续是否继续浏览。紧随其后的 $t=2$ 阶段的持续使用决策是在 $t=1$ 时累积的经验、期望确认等认知基础上进行的,在重复使用一个或几个周期后($t=3,4,\cdots,t,\cdots,n$),移动社会网络用户的认知水平基本保持相同,这段时期移动社会网络用户的持续使用行为模式将主要表现为习惯性使用。随着移动社会网络平台应用的扩展和用户个性化需求的变化,移动社会网络用户的使用经验愈加丰富,认知水平逐渐提高,移动社会网络用户的积极认知会逐渐增强,其使用行为会从习惯性使用行为向创造性或拓展性使用行为转化,当然同时还会浏览信息内容。

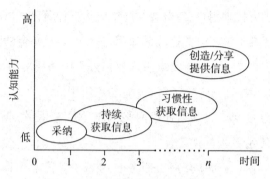

图 2.1　社会网络用户行为演变过程

随着移动社会网络用户的作用逐步显现,移动社会网络用户角色不仅改变着用户的行为,也改变着用户与企业之间的关系。从移动社会网络用户来看,随着对服务/内容、各种平台应用的熟悉程度、技术能力不断提高,自身有了更丰富的消费体验,可以在体验中获得良好的使用感受,并创造与发布相关内容,还可以将其感受分享给社会网络其他用户,推荐他们也参与消费体验。对于服务/内容提供商来说,移动社会网络用户的持续浏览意味着服务/内容提供商能够保留用户,已有用户转变为忠诚用户,移动社会网络用户的主动性创造、分享行为是一种用户扩散和营销方式,是服务/内容提供商获取稳定收益的保证,能够大幅提升服务/内容提供商的收益。移动社会网络服务为移动社会网络用户与企业提供更广泛的交互机会,成为用户创造价值行为发生的典型平台。移动社会网络服务中用户持续良好体验的价值和企业价值的提升更多依赖于移动社会网络用户的创造与分享,决定了移动社会网络用户在创造体验价值活动中发挥着主导作用。

2.2.2　移动社会网络用户创造价值行为

2.2.2.1　移动社会网络用户创造价值行为表现

随着移动社会网络用户在企业运作中的重要性不断增加,用户创造价值的现象愈加普遍,价值共创理论和思想为移动社会网络用户创造价值行为的研究提供了理论基础。Prahalad 和 Ramaswamy[15][110] 指出,消费者和企业共创价值本质上是共同创造消费者的体验价值,消费者与企业之间、消费者之间的互动是创造价值的重要方式。Vargo 和 Lusch[14][54] 基于服务主导逻辑提出的价值创造理论指出,消费者是操纵性资源的拥有者,他们将自己的知识、技能、经验等投入价值创造过程,这一创造过程发生在消费者使用、消费产品或服务的时候。比较这两种理论不难发现,前一种理论中用户创造价值是指可能出现在产品开发、设计、生产、消费和售后服务等任何价值形成阶段的体验价值,后一种理论中的用户创造价值特指使用和消费阶段的价值。而以 Heinonen[111]为代表的"顾客主导逻辑"学派认为价值是在日常生活实践中由顾客单独创造的。不管是价值共同创造理论还是顾客独立创造价值理论,都强调用户不同程度地参与创造价值活动,互动是用户创造价值的重要方式。虽然用户独立创造价值的现象还不多,理论研究尚处于起步阶段,但是足以证明用户在创造价值活动中所扮演的角色愈加重要。可以说,只要用户具有足够的兴趣和资源,他们就能被激发去进行自我开发[112]。

移动网络和信息技术的普及拓展了社会网络的沟通渠道,不仅使企业更容易接触移动社会网络用户,而且移动社会网络用户之间可以进行更直接的互动与沟通,使产品或服务的相关信息能够更便捷、有效地传递,并促使用户自发进行信息获取、反馈或传播。移动社会网络用户通过投入时间、智力和资金,在基于 LBS 的服务、微博、社交网站等平台中,满足自身获取信息的需要,以及信息需求不能满足而进行的信息整合或创造,如提供创意、位置,进行品牌体验与评论,创作内容和视频等,还包括了为了满足社会网络其他用户获取信息的需求而进行推荐分享。移动社会网络用户的这些参与行为,不仅使自身获得成就感、快乐及社交收获等心理感受,而且为移动运营商带来流量贡献,为产品/服务品牌企业带来长期稳定的销售额和利润。移动社会网络服务中实现了由用户评论、用户推荐,用户创造内容,用户去引导其他用户创造价值,同时创造商业价值。本书研究中将此类用户参与行为定义为移动社会网络用户创造价值行为,也称为用户生成价值行为,是用户通过移动社会网络进行的评论、推荐、创造内容等参与行为。移动社会网络用户参与企业运营过程,完成了用户感知体验价值的创造,帮助提升企业价值,带来了信息共享意义上的增值。

移动社会网络用户创造价值行为表现可以从狭义和广义两个角度来理解。狭义的用户创造价值行为就是指用户创造内容的行为,广义的用户创造价值行为是指贯穿在消费全过程的常规浏览行为、评论和创造内容行为、推荐分享行为,本书是从广义角度界定的用户创造价值行为。用户创造价值的三种行为表现按照移动社会网络用户参与的程度,逐层递进、逐步深入,从心理学的角度来看,移动社会网络用户的创造价值行为体现了用户寻求娱乐、人际交往和关注的一种心理愿望,是移动社会网络用户喜欢追求新鲜事物的心理特质的外在反应;从行为过程来看,移动社会网络用户创造价值行为是用户参与服务体验过程而发生的具体行为过程,表现在用户参与移动社会网络服务的浏览、创造与分享投入程度逐渐加深;从参与程度来看,移动社会网络用户的创造价值行为涵盖了简单提供需求信息或服务信息,到提供产品或服务的使用经验或评价,再到用户独立创造出新的视频、知识、信息等,是移动社会网络用户参与移动社会网络服务程度逐渐加深的一种创造价值行为;从创造价值的本质来看,移动社会网络用户的创造价值行为是在原有使用价值基础上的一种价值再造行为,服务/内容提供商与移动社会网络用户在交易使用价值过程中,合作提升体验价值。随着移动社会网络用户在创造价值过程中的参与程度不断提高,用户创造价值的内涵和方式将会不断得到拓展和创新。

用户创造价值行为对移动社会网络服务的贡献主要体现在:

(1)打造用户群体中信息快速传播渠道。移动社会网络用户在真实的社会关系基础上,拓展了社交关系规模,用户的关注、转发等参与行为不仅带来了一种人与人之间交流的全新形式,信息增值也会发生,同时使社会网络形成一种信息快速传播的渠道,有效地激发了移动社会网络用户的活跃性和黏着度,帮助企业增强口碑传播和提高用户忠诚度。

(2)促进信息内容的扩散。移动社会网络用户在社会网络平台上与社会网络其他用户进行互动,参与商品内容的评论、晒单、跟帖、信息分享、推荐、点赞、关注等,以帮助社会网络其他用户更全面了解商品信息,这种多向互动分享与信任推荐实现了信息的扩散,信息更具说服力和可信性,也更容易被接受。

(3)主导内容创造与分享。移动社会网络用户利用交换的产品、服务、信息等资源和自身所拥有的资源、知识、技能及经验等来为自己创造良好的体验,并且通过社会网络将自己的消费体验与企业或其他社会网络用户进行分享,这些正面或负面的口碑在社会网络用户之间迅速地扩散,会直接影响产品、品牌及企业的商业形象与销售。

2.2.2.2　移动社会网络用户创造价值行为的特点

与企业创造价值行为相比,移动社会网络用户的创造价值行为具有方式多样性、互惠性和体验性的特点,这实际上是从表现方式、内在本质和结果形式等不同角度剖析移动社会网络用户的创造价值行为。

(1)移动社会网络用户创造价值行为的方式多样性

移动社会网络用户创造价值行为方式既可以是被动的浏览行为,也可以是主动性的创造和推荐行为。多样化的行为表现将同时满足移动社会网络用户物质和精神两方面的需求,促使他们越来越重视内心的满足和充实,以及消费过程中的体验,不仅使用户能够获得实用和非实用的价值,并且与移动服务企业之间建立了紧密的情感联结。为了赢得用户的满意与忠诚,移动商务企业的营销活动越来越关注用户体验过程而非产品功能方面的需求,并希望通过体验环境的营造,与用户共同创造价值。

(2)移动社会网络用户创造价值行为的角色多元性

从移动社会网络服务中用户扮演的角色看,移动社会网络用户既是技术使用者,也是信息获取者、信息提供者,更是社会网络成员之一。角色的多样性使得用户在创造价值活动中既是信息产品的消费者,又是信息产品的提供者。尤其是在 Web2.0 技术支持下,移动社会网络用户和服务/内容提供商、产品/服务品牌商互相弥补在信息、知识、能力等方面的不足,通过良好的信息资源共享环境,在信息资源的整合、创造过程中,实现用户体验价值的创造,进而实现企业价值的目标。移动社会网络用户创造价值行为的角色多样性,使得用户创造价值可能出现在服务全过程中,作为一项重要的价值来源,移动服务企业需要进行恰当的支持、保护和管理。

(3)移动社会网络用户创造价值行为的本质是互惠性互动

随着移动社会网络和信息技术的涌现,移动社会网络用户通过与服务参与企业、潜在用户形成的复杂沟通网络进行互动,移动社会网络用户在服务中实现交换价值的交易行为虽然直接而重要,但对与直接购买行为无关的一些推荐、口碑和对信息的收集和传播(如博客)等非交易型行为的连锁效应越来越突出[113]。这些非交易型行为的发生不是出于物质利益的驱使,而是源于互惠性、自愿性的口碑传播和其他形式的交流与沟通,并且影响其他顾客对企业或品牌的认知和购买行为。

(4)移动社会网络用户创造的是体验价值

越来越多的用户将参与移动社会网络看作是体验和探索的过程,根据自身个性化的需要进行购物评论、分享传播以及寻求和提供帮助,从中获得一种独特、新奇和复杂的品牌、情感以及行为体验,为自身的信息和情感分享、社交关系拓展提供了可能,使体验创造与价值实现紧密联系起来。用户参与是创造移动社会网络服务体验的前提,通过用户参与行为,移动社会网络用户对体验的感知评价增进了与企业参与主体的关系,进一步驱动移动社会网络用户的创造价值行为。因此,企业应不断引导用户参与的积极性,有助于促进企业经济价值的提升和深层次发展。

移动社会网络用户的创造价值行为突破了时间和空间的限制,不仅能够方便快捷且低成本地与社会网络其他用户进行沟通,而且可以联合企业参与主体、社会网络其他用户,开展自己无法独立完成的创造内容或推荐分享等信息提供活动,使原本孤立、分散的用户通过移动社会网络联结起来。

2.2.3　感知体验价值

随着经济全球化进程的加剧,价值概念的内涵和外延拓展在管理学界得以充分体现。波特在《竞争优势》中提到:"竞争优势归根到底产生于企业为顾客所能创造的价值"[82],这里的价值是指顾客为企业所提供产品愿意支付的价格,为顾客创造价值是企业的基本战略目标。20 世纪 90 年代以前,学者们从产品/服务本身或企业的视角认识价值,并认为顾客只是价值的被动接受者,从顾客角度开展价值研究开始于顾客感知价值被提出。Zeithaml[114]认为企业应该从顾客导向出发,将顾客对价值的感知作为决定因素,为顾客设计、创造、提供价值。顾客价值成为下一个竞争优势的源泉[115]。

随着顾客价值被定义为"相互的、相对的、有偏爱的体验"[116],人们对顾客价值的认识进入了顾客体验价值时代。顾客体验价值是指基于顾客心理需要的满足,由体验创造出的价值与体验利润[117]。价值的存在和价值的实现离不开客户体验,体验价值并非用户单方面拥有,而是用户与其他用户、与企业或组织共同创造的价值[118]。根据价值的来源,Babin 等[119]将体验价值分为内在价值和外在价值,内在价值是用户在消费过程中获得的愉快及乐趣感受,外在价值则是用户因任务的完成而获得的价值。Kim 等[120]针对移动数据服务,将体验价值分为实用价值和享乐价值。Kim 等[97]从实用价值、享乐价值和社会价值三个维度测量社会化商务体验价值。尽管研究角度不同,但这些研究都验证了感知体验价值的多维性特点。

依托于通信技术的产业发展,用户在购买和消费产品/服务过程中不受场地、空间以及环境等因素影响,Gummesson[121]提出,体验价值并不是在制造商的工厂里或服务企业的后台生产的,而是在用户创造价值过程中创造出来的。刘文超等[122]提出,共同创造价值中的价值为体验价值,并且认为趣味性和娱乐性是这种体验价值的核心。Grönroos[123]指出,用户的体验价值不仅来自产品或服务的使用,更依赖于和供应商之间的互惠性互动过程。Prahalad 和 Ramaswamy[110]认为,企业不能向顾客销售体验,而是通过向顾客提供可以产生体验的环境或条件,并与顾客互动,让顾客自己创造独特的、难以忘记的体验。温韬[124]研究认为体验是顾客与企业的产品、服务、其他事物等发生互动关系的过程中所产生的感知和情感的反应。Sheth 等[125]提出,体验价值分别是顾客对产品的物理属性、功能及实用性、特定情境或环境下、体验过程中以及与社会群体的互动联结而获得的社会、情感、功能、知识等方面的感知效用。纪远[126]认为,体验价值是消费者对产品属性或服务绩效的认知及偏好,消费者的参与互动可以提升体验价值。Heinonen 等[111]提出,消费者体验成为消费者主导和价值创造过程的核心内容。学者们对价值的关注,从交换价值转移到了使用价值和体验价值,这两种价值都产生于用户使用和体验产品的过程中,并由用户感知决定,可见用户在创造价值活动中的地位越来越突出。

随着共同创造价值理论的兴起,感知体验价值成为社会网络领域用户创造的主要价值。Andersson 等[127]研究发现,用户之所以愿意加入到价值创造活动中,是因为企业所创建的创造价值环境中的交互特性,能够使用户感知到增强学习,扩大社交,完善自我和愉悦享受等益处。Prahalad 和 Ramaswamy[110]指出,企业向消费者提供可利用的体验情境,可以促进消费者创造对自身来说具有独特意义的体验,消费者是与企业共同创造体验价值的核心和决定因素。Lanier 和 Hampton[128]研究指出,消费领域的共同创造价值是指由消费者控制了创造体验价值的资源,他们将主导体验价值的共同创造,实现企业组织者不能预期到的体验效果。这些观点都强调了用户与企业共同创造体验价值,用户对体验价值有一定的创造性、主观性。

感知体验价值的提出增强了用户在创造价值过程中的地位,借鉴已有研究,本书将移动社会网络用户的感知体验价值定义为:在移动社会网络服务前,用户与企业、用户与用户互动中形成的对产品/服务的认知及偏好感知,以及移动社会网络服务过程中,用户对外在的产品功能效用带来的功能价值感知和情感的反应,以及内在愉悦、社交等心理需求被满足而获得的心理价值感知和情感的反应等。本定义侧重于用户的感性认知,认为移动社会网络用户的感知体验价值产生于服务之前,是对产品/服务的一种情感反应,并且贯穿于用户体验的全过程,将对用户创造价值行为的发生具有关键性的作用。未来的企业竞争将更多依赖于移动社会网络用户创造的体验价值,认清用户创造价值的基本规律有助于企业构建基于用户的竞争优势。

随着体验经济和服务经济的持续发展,移动社会网络服务通过用户创造价值行为将感知体验价值与企业价值融合在一起。合作、互动体验将成为移动社会网络用户与移动服务提供者之间共同创造价值的焦点,当然,促使移动社会网络用户创造价值行为产生的关键在于促进移动社会网络用户互动和分享,用户与移动运营商、社会网络平台企业与价值链中其他成员的共同参与和分享是感知体验价值产生的源泉。虽然价值产生并不能等同于实现利润,但移动社会网络用户创造价值的产生是价值转化为利润的前提,因此,对移动社会网络用户创造价值行为的驱动机理研究是实践对理论提出的重要课题。

2.3 移动社会网络服务中创造价值的参与主体与价值链关系

2.3.1 移动社会网络服务中创造价值的参与主体

移动社会网络服务中的每个参与主体在创造价值活动中扮演的角色和创造价值形式、价值实现的路径都不一样,尤其移动社会网络用户的主动参与性,使得其在创造价值活动中扮演越来越重要的角色。目前,移动社会网络服务中创造价值活动的主要参与主体分为：移动运营商、服务/内容提供商、移动终端设备制作商和移动社会网络用户等，如表2.1所示。本节将分析移动社会网络服务参与主体间的关系及各自的价值取向、价值结构和利润来源等，其中，价值取向是指明确企业为目标客户提供的产品或服务，用户参与创造产生的价值；价值结构主要描述传递产品或保持客户关系所需要的体系结构，以及主体间的合作方式；利润来源则给出了价值活动的收益渠道、定价方式以及利润分配模式。

表 2.1　移动社会网络服务中创造价值的主体

参与者	角色		参与方式	实例
移动社会网络服务中创造价值的参与企业	移动运营商		信息产品传播渠道，提供网络服务	中国移动、中国电信、中国联通
	统称为服务/内容提供商	内容提供商	信息产品的第一生产者，直接提供天气预报、视频、音乐等内容	TOM、空中网、拓维、华友世纪通讯等
		移动增值服务/平台运营商	信息产品的集成者、整合商，是移动社会网络用户的接入平台	微信、手机QQ、陌陌等
		移动门户	移动增值服务的集成与加工	新浪、搜狐、腾讯等
	移动终端设备制造商		信息产品的传输工具和设备，是移动商务活动的物质基础	苹果、三星、诺基亚、HTC、华为等
移动社会网络用户	信息获取者、提供者		信息产品的消费、传播和生产	微信用户、QQ用户

（1）移动运营商

移动运营商是指不仅为各类用户之间的交互提供网络服务，同时为移动社会网络用户提供无线通信服务的企业。目前，中国市场上这类企业只有中国移动、中国电信和中国联通三家，因为我国对电信行业政策性保护及其本身固定投资大，移动运营商较长时期内处于垄断地位，占有着客户资源和信息传输网络通道，直接面对庞大的用户群体，引领着价值链的协同和合作[129]。通常情况下，移动运营商会以终端代售、合作推广、装机嵌入等方式加深与移动社会网络应用平台的利益合作关系。

移动运营商的价值取向是为移动社会网络服务创造价值活动的参与企业和

用户提供信息产品的传输渠道服务,是移动互联网产业发展的基础,一直以来在价值链中处于核心企业地位。为方便用户使用各类应用服务,移动运营商正在慢慢整合各类资源,向平台服务提供商转型,而如何加强与移动增值服务提供商的合作,提供基于用户情景的移动增值服务是移动运营商在自身转型和推广移动服务过程中面临的关键问题。

价值传递过程中,作为网络平台的移动运营商为服务/内容提供商、移动门户和移动社会网络服务中的用户交互提供接入平台网络服务[89]。想要使用移动社会网络服务,用户必须接入移动运营商的无线网络,同时服务/内容提供商也必须经由无线网络才能将增值服务提供给移动社会网络用户;移动社会网络服务中的用户使用移动增值服务具有明显的网络效应。

移动运营商的收益来源于移动用户的流量和话费,而吸引移动社会网络服务中的用户产生流量和话费的是服务/内容提供商提供的各类应用服务、信息内容等。因此,移动运营商作为整个价值链中最强势的企业主体,一般需考虑以整体利益最大为目标来优化价值链。

(2)服务/内容提供商

移动领域的服务/内容提供商不仅有开发社会网络应用服务的移动服务提供商,而且有提供适用于移动终端的天气预报、新闻、音乐、视频等各类具体信息内容的企业,移动服务提供商有时也会提供部分信息内容,并和其他信息内容提供商共同为用户提供完整专业的信息服务;移动社会网络服务中的用户一般通过"应用商店"可以获得各种类型的服务及相关内容。

价值传递过程中,首先是信息内容提供商向移动服务提供商提供诸如天气预报,娱乐、新闻等内容信息。其次由移动服务提供商通过购买内容使用权,并整理和加工内容信息,以研发满足用户需求的移动增值服务。最后移动服务提供商通过移动运营商的网络平台将基于位置的用户订购或点击的移动服务传送至社会网络用户的移动终端设备。

在收益来源方面,移动服务/内容提供商的收益主要来源于移动社会网络用户的信息订购费和使用费,通常指移动社会网络用户对增值服务的包月订购,或按次使用计费[89]。由于移动服务/内容提供商必须利用移动运营商的网络平台,为移动社会网络用户直接提供各类服务,如果没有移动运营商的网络服务,服务/内容提供商即使有再好的服务/内容产品,也无法直接传递给移动社会网络用户,反之如果没有移动服务/内容提供商的服务或内容,移动运营商的平台就形同虚设,因此,服务/内容提供商是与移动运营商进行价值分配力度最大的合作企业,两者是紧密的协作关系。

(3)平台运营商

平台运营商包括应用服务平台、应用软件平台,前者如苹果的 iOS 系统和谷歌的 Android 系统,后者如开心网、美团网等。应用软件开发商依托于应用服务平台开放的 API 接口,开发各种不同的应用软件程序,满足用户的个性化需求,从而渐渐形成了平台式的合作环境。移动社会网络服务就是为服务/内容提供商、移动社会网络用户之间的沟通交流提供接入、开发等平台服务。

平台运营商构筑的是一个典型的双边市场,接入的服务/内容提供商数量越多,吸引的各类用户、企业就越多,移动社会网络服务的价值增值机会就越多[89]。移动平台运营商提供的各类服务能够为移动社会网络用户提供意想不到的便利性和多样化的信息服务,并提供动态环境中基于位置的个性化服务。平台运营商的收益来源于向平台接入各方收取的注册费、广告费等。

(4)移动终端设备制造商

移动终端设备是用户接入移动网络、信息内容和移动信息平台的"唯一"入口,一般在生产制造阶段即植入微信、QQ、开心网等社会网络服务。目前国内三大移动运营商的网络通信技术规制各不相同,不同的移动终端设备适用于不同移动运营商的无线网络,因此移动终端设备的功能和应用对移动社会网络用户的使用体验有着关键性作用,并影响移动社会网络用户参与服务活动的程度。移动终端设备制造商成为移动社会网络服务创造价值活动中的重要合作企业,是移动服务价值链向上游企业端的延伸。

移动终端设备制造商的价值传递表现在:一方面,与移动运营商签订销售合约的移动用户,需要承诺在一定期限内使用移动运营商最低消费套餐,移动运营商通常对此类用户的合约购机价进行补贴,以大力推动移动终端设备的销售;另一方面,由于移动终端设备对 3G/4G 网络有着不同的适用程度,移动运营商为拉拢移动终端设备制造商,往往补贴移动终端设备制造商研发与自身网络规制相适用的合约机[89],而且移动运营商掌控着庞大的用户个人偏好信息,通过与移动终端设备制造商的合作,有助于移动终端设备制造商研发出满足用户需求的移动终端设备,从而提高销售量。

(5)移动门户

作为增值服务和信息内容的集成商,移动门户提供信息索引、搜索工具和关联服务等用户需求的移动信息服务,典型代表如新浪、搜狐、腾讯、网易等公司,是移动运营商一类特殊的信息内容提供商。

在价值的传递过程中,一般由增值服务提供商或内容提供商首先向移动门户提供各类内容信息和增值服务,而后移动门户将内容信息和增值服务加工、集成,再由移动社会网络服务中的用户通过点击移动门户网站获得需要的移动信息服务。

在价值构造方面,移动门户掌握着大量的注册用户信息(如手机号、性别、邮箱地址等),通过整理和加工各种信息内容和增值服务,发布广告信息,以提升产品认知度,从而提高产品或服务的销售量;移动社会网络服务中的用户可以免费使用移动门户的众多优质信息服务。

在收益来源方面,移动门户的主要收益来源于广告,作为广告主要的产品品牌企业的收益则主要来源于线上或线下销售的产品/服务。

(6)移动社会网络用户

移动社会网络用户是移动社会网络服务创造价值活动中重要的参与主体,他们是移动社会网络应用的最终使用者,因服务/信息交易而支付的话费、流量费和注册费等是价值链中参与企业的最终收益来源[88]。此外,移动社会网络用户还拥有和配置大量的知识、信任、社会性资本等非交易型资源,这些资源在为用户创造优良的消费体验过程中发挥着重要作用。移动社会网络用户决定着移动社会网络服务的成功或失败,将成为移动社会网络服务价值链中的特殊参与主体。

从价值的传递和构造来看,移动社会网络用户通过直接或间接地付出货币成本(移动网络流量、话费、点击量等),获得了交换价值和精神上的愉悦,随后的消费体验过程中,他们通过与社会网络其他用户分享技能、知识和体验,积极参与到信息产品的创造与传播中,为自己创造良好的体验价值,促进企业价值的实现。因此,移动运营商、服务/内容提供商等提供了创造价值的机会,移动社会网络用户实质上控制着体验价值的创造过程,应该成为移动社会网络服务创造价值活动的核心主体之一。

在收益来源方面,虽然移动社会网络用户有时并没有给企业带来明显的收益,但是用户创造的内容和分享不仅实现了用户体验价值,而且会促进产品销量提升和服务/信息在用户群中的扩散,为移动社会网络服务带来新的收益和价值增值。

2.3.2　移动社会网络服务价值链

移动社会网络服务创造价值的主体通过价值模块整合与配置构成动态联盟,实现以客户需求为导向的服务应用集成,会形成远大于单个价值模块或者单个企业所能完成的创造价值功能[130]。移动社会网络服务以社会网络作为渠道和资源,通过用户之间形成的交互关系,注重分享、交流和互动,产生了用户创造价值的价值增值模式,因此,有必要进一步丰富和完善移动社会网络服务价值链,实现基于价值分配和合作生产等的价值增值和转移,加速资源整合和优化配置,实现价值分享。

移动社会网络服务价值链是指运用移动无线网络技术,直接或间接地通过移动社会网络平台进行产品或服务的创造、提供、传递和维持活动,进而在获得利润的过程中形成的价值创造和传递的链式结构。该价值链融合了“为用户创造价值”和“用户创造价值”两种价值创造理念,由移动运营商、服务/内容提供商与移动社会网络用户的交易关系形成价值链的主要架构。移动社会网络用户与移动运营商、内容/服务提供商在价值领域的合作不同:另一种是移动运营商进行业务延伸所主导的微博、社交网络社区与服务/内容提供商、移动社会网络用户形成的信息消费交易关系;一种是服务/内容提供商所主导的移动端 QQ、人人网等社交网站与移动社会网络用户所形成的合作提供信息内容关系。随着移动社会网络用户成为提供信息内容的主体之一,移动社会网络用户与服务/内容提供商在合作提供内容方面的普及和深化,除了常见的移动运营商在移动社会网络服务价值链占据主导,还可能出现移动服务/内容提供商占据创造价值活动核心的趋势。所以,考虑移动社会网络用户的创造价值行为和服务/内容的崛起,移动社会网络服务形成了以用户与移动运营商或用户与服务/内容提供商为核心的价值链,如图 2.2 所示(椭圆表示价值链中的核心主体,有阴影的矩形表示合作企业,无阴影的矩形表示其他主体)。

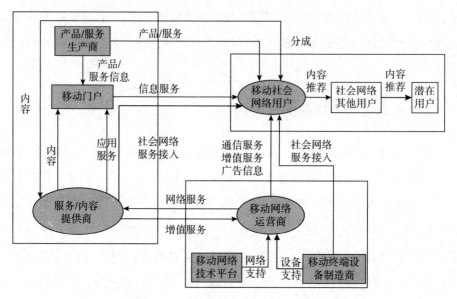

图 2.2　移动社会网络服务价值链模型

图 2.2 中移动社会网络服务价值链中形成了以移动运营商为核心的"为用户创造价值"关系,其中上游企业主体多且杂,包括服务/内容提供商、移动终端设备制造商、移动门户、移动网络技术平台、应用开发商等,为提供信息服务奠定技术基础[88],是移动社会网络服务价值链的源头,是移动运营商一类重要的合作企业,移动运营商既根据前向客户的需求进行业务梳理,连通服务价值链两端的客户,又根据后向用户的信息内容需求进行业务的开发,是"为用户创造价值"价值链的核心环节,决定了整个价值链的竞争优势。由于信息产品本身往往具有很强的知识性,具有内容、应用开发等知识优势的服务/内容提供商所提供的服务或内容,带有敏锐市场触觉和知识含量,会直接决定服务或内容产品的价值取向,所以服务/内容提供商既是"为用户创造价值"关系中移动运营商的合作企业之一,也可能成为"用户创造价值"关系中的核心企业,与移动社会网络用户共同提供信息内容,从而成为用户创造价值活动中的核心企业之一,共同寻求一种新的共赢的局面。移动社会网络用户不断更新的需求及反馈既是"为用户创造

价值"关系中的动力和源泉,也凭借其创造价值行为深深地影响着信息内容的生产与传播,在由活跃用户、社会网络其他用户、潜在用户等许多离散的动态节点构成的用户链中成为核心成员。用户链是移动社会网络价值链在用户群体中进行的纵向延伸,价值转移是通过用户的内容创造及用户之间的口碑传递、信息分享实现的。

综合来看,移动社会网络服务价值链具有以下特点:

(1)移动社会网络服务价值链中主体具有双向互动性

从移动社会网络服务价值链的前向来看,以"为用户创造价值"为理念的企业群体,推动形成相互关联的一系列创造使用价值的活动;从移动社会网络服务价值链后向来看,以"用户创造价值"为理念的创造价值活动受用户创造价值需求的拉动,从服务企业和移动社会网络用户两个方向创造新的市场机会,进而带来移动社会网络服务价值链中各个环节价值的增值。

(2)移动社会网络服务价值链中的内容资源具有递增性

移动社会网络服务中,伴随着服务流的主要是信息内容资源。信息内容流动过程中,用户可以创造新的信息内容,并在社会网络中传播。如用户参与的评论、内容创造、推荐分享活动在移动社会网络服务价值链后端的用户链中传播尤其活跃,移动社会网络服务价值链中的信息内容资源得以递增和扩散。

(3)移动社会网络服务价值链的合作关系具有交叉性

在移动社会网络服务价值链中,用户创造价值行为使移动社会网络用户与服务价值链其他成员在价值活动上有效整合,共同创造良好的客户体验,激活整个价值网络,推动移动社会网络服务的发展和服务质量的提高。上下游企业主体之间因为共同"为用户创造价值"而构成相应的合作关系,移动社会网络用户既是移动运营商、服务/内容提供商、移动终端设备制造商等企业参与主体的最终服务对象,还因为"用户创造价值"与社会网络其他用户形成相应的信息传递关系。移动社会网络用户是价值链中合作关系交叉的重要节点,基于价值链中参与主体之间的良性合作关系是实现企业创造价值和用户创造价值的关键。

(4)移动社会网络服务价值链中各参与主体之间是资源整合关系

移动社会网络服务价值链中的参与主体以各自的知识、资金等资源参加创造价值活动,核心企业和移动社会网络用户需要懂得如何创造和提炼价值,并进行有效管理和协调,其他企业参与主体则在价值链中每个环节上向移动社会网络用户提供有价值的信息。这种资源整合关系受价值链中参与主体行为机理、合作关系、互惠性等因素的影响,将为移动社会网络服务价值链带来新的研究问题。

2.4 基于移动社会网络服务价值链的用户创造价值行为研究问题分析

移动社会网络用户参与创造价值活动,改变了移动社会网络用户在价值链中的价值接受者的角色和地位,为移动社会网络服务价值链提供了新的价值增值空间。为了正确引导移动社会网络用户创造价值行为,不仅需要明晰用户创造价值的行为过程、影响因素和影响机理,而且需要对用户创造价值行为对移动社会网络服务价值链的影响,用户创造价值行为的激励机制等展开研究。基于移动社会网络服务价值链的结构和参与主体间关系,移动社会网络服务价值链中相关研究问题的逻辑结构,如图 2.3 所示。

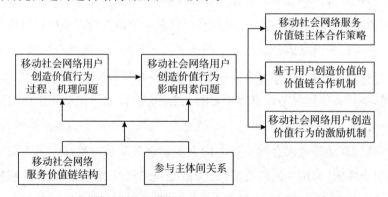

图 2.3　移动社会网络用户创造价值行为研究问题的逻辑结构

从图 2.3 可以看出,基于价值链的移动社会网络用户创造价值行为的相关研究问题主要由四大部分组成:移动社会网络服务价值链的结构和参与主体间关系是该领域问题研究的基础,移动社会网络用户创造价值行为过程、机理是用户创造价值研究的前提,移动社会网络用户创造价值行为的影响因素研究是用户创造价值行为机理的深入,价值链主体合作策略、合作机制以及用户创造价值行为的激励机制研究是移动社会网络服务价值链良性运作的保证。

1.移动社会网络用户创造价值的行为过程与机理研究

在 3G 及 4G 通信网络相继商用和 Web2.0 兴起的大环境下,移动社会网络用户由被动地接受交换价值,开始参与创造内容、推荐分享等主动性创造价值的活动。移动社会网络用户创造价值行为过程的解析,是移动社会网络用户创造价值行为研究过程中首先要解决的问题。

2.移动社会网络用户创造价值行为的影响因素研究

移动社会网络用户创造价值行为过程贯穿于消费体验全过程,既会受到用户自身的特征因素影响,也会受到价值链上其他主体以及相关社会因素的影响。明确可能刺激移动社会网络用户内容创造或推荐分享的因素以及这些因素对移动社会网络用户创造价值行为的影响路径,不仅是研究移动社会网络用户创造价值行为的驱动机理的需要,也是价值链中企业参与主体制定策略,有效提高用户参与程度的需要。

3.移动社会网络服务价值链中主体合作策略研究

随着移动社会网络服务市场规模迅速增长,整合价值链中的资源,提高参与企业之间的信息共享能力,并设计适合价值链中参与企业间合作方式和收益分配机制,能促进价值链中的主体踊跃参与价值链合作,创造更多价值链收益。移动社会网络服务价值链中的主体合作策略研究主要包括:价值链中所提供的服务或内容产品的定价策略,移动门户与服务/产品生产商之间的最优移动广告数量策略,移动运营商以及价值链中其他参与企业对风险分担、收益分配的策略等等,这些问题的解决能够为移动社会网络用户创造价值活动提供良好的情境。

4.考虑用户创造价值行为的价值链中主体之间合作机制研究

由于移动社会网络用户参与了创造价值过程,价值链中参与主体之间的合作模式必然有所差异,因此,有必要在考虑用户创造价值的前提下,研究移动社会网络服务价值链中主体之间的合作机制,为企业的科学决策提供依据。

(1)移动运营商与服务/内容提供商之间的合作机制选择。作为价值链中的参与者,移动社会网络用户的创造价值行为,必然会对移动运营商与服务/内容提供商之间的信息内容交易产生影响。吸引移动社会网络用户创造内容,可能提高移动社会网络服务价值链中企业的运作效率和效益。因此,在考虑移动社会网络用户的创造内容行为后,必须重新审视研究移动运营商与服务/内容提供商之间的合作关系,研究并设计更有效的合作机制。

(2)服务/内容提供商与移动社会网络用户之间的合作机制研究。作为移动社会网络服务价值链上信息内容的共同提供者,服务/内容提供商与移动社会网络用户的合作必然会对移动社会网络服务价值链前端和后端产生影响。为此,需要研究服务/内容提供商与移动社会网络用户的合作机制设计,从而更好地促进移动社会网络用户积极提供各种信息内容,引发服务/内容的网络效应。

5.移动社会网络用户创造价值行为的激励机制研究

移动社会网络用户的深度参与更好地促进移动社会网络快速发展,同时,推动社会化商务的进一步发展。为了充分发挥移动社会网络用户参与价值链中内容提供的作用,需要深入、系统地研究促进移动社会网络用户创造价值行为的机制。现实中,移动运营商或服务/内容提供商可能对移动社会网络用户创造价值行为给予一定的奖励,奖励机制如何设计以及考虑奖励的情况下,服务/内容提供商的策略如何制定等问题需要研究。同时,由于移动社会网络用户之间的关系,移动社会网络用户推荐分享时呈现出较强的互惠偏好,为此,服务/内容提供商制定激励策略时,必须考虑这种互惠偏好,因为移动社会网络用户推荐分享中的偏好会影响服务/内容提供商所提供内容的扩散范围,而且会影响用户推荐分享的频度,为此,服务/内容提供商需要考虑移动社会网络用户的互惠偏好。

第三章　移动社会网络用户创造价值
行为影响的实证模型构建

移动社会网络用户的持续浏览、内容创造、互动与分享等创造价值行为能直接增强移动社会网络服务的竞争优势,为了充分发挥移动社会网络用户创造价值行为的作用,必须明确移动社会网络用户创造价值行为的过程及其相关的影响因素。为此,本章针对在不同互动关系中所扮演的用户角色及其行为特征,分析激发移动社会网络用户创造价值行为的影响因素,构建了"参与动机刺激—感知体验价值—创造价值行为"的研究模型,并提出相关研究假设。

3.1　移动社会网络用户创造价值行为过程分析

在移动社会网络中,用户的创造价值行为是一种理性行为决策,因为信息内容产品消费之前不能被体验,移动社会网络用户只有在信息消费过程中进行无空间限制的交流以及自由的情感抒发与分享,才可以进行基于空间位置的服务、内容创造和分享等决策。在移动社会网络平台的互动交流过程中,用户会受到心理、生理、社交等多种因素的刺激,进而产生体验价值感知。当移动社会网络用户获得信息、沟通交流、心理等方面的体验后,对移动社会网络服务的需求上升至对情感分享、社交关系拓展、内容创造等深层次体验的需求,进而促使移动社会网络用户继续浏览移动社会网络平台或向社会网络其他用户进行内容或服务的推荐。可见,移动社会网络用户的创造价值行为是社会网络体验情境和用户感知价值共同作用的结果,亦即创造价值行为受到环境因素的刺激,以及个体处于环境中所感受到的情绪共同影响。鉴于此,本研究基于移动社会网络情境和其服务特点,以 S—O—R 模型和用户角色理论为框架,将若干影响因素视为感知体验价值的外部刺激,感知体验价值促使用户形成创造价值行为意向(行为反应),分析移动社会网络用户创造价值的行为过程。

3.1.1 移动社会网络用户创造价值行为的刺激因素

用户参与及互动是移动社会网络服务重要的需求来源,并且决定着移动社会网络群体的活跃程度,也是成功开展社会化商务的关键。互动是虚拟环境中用户群体之间、用户与互动平台之间针对互动信息接受及反馈的一系列行为[200]。Nysveen 等[201]提出应当对服务需求方的角色予以分解。Pongsakorn-rungsilp 和 Schroeder[202]认为顾客在价值共同创造过程中扮演着价值提供者的角色。因此,本书考虑移动社会网络用户创造价值行为的特性,基于移动社会网络用户与不同互动主体所扮演的角色,将移动社会网络用户分为技术使用者、信息接受者、信息提供者和社会网络成员四种角色,分别分析用户创造价值行为时受到的刺激因素,能够全面了解移动社会网络用户创造价值行为的驱动因素。

(1)从技术使用者视角感知到的刺激因素

仅仅从技术使用者视角来看,移动社会网络用户在决定进行信息内容的创造与分享时,更多关注在各种技术支持下是否能够随时随地的分享,是否能够并方便地使用相关技术创造或提供信息内容。Pan 等[203]发现技术因素对用户参与企业共同创造价值活动具有显著影响。TAM 模型中的感知有用、感知易用对用户使用行为的影响,更是为从技术使用者角色视角分析移动社会网络用户受到的刺激因素提供了理论支撑。如果没有相关技术的支持,随时随地的分享、评论或推荐也就无法实现,移动社会网络服务对用户的吸引力自然大大下降。因此,从移动社会网络用户与相关技术服务商互动的层面看,随时随地接入、感知易用和感知有用是影响移动社会网络用户信息技术使用的主要因素,如图3.1所示,其中,随时随地接入是最能直接体现移动社会网络服务"移动性"技术特征的因素。

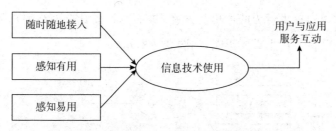

图 3.1　技术使用者感知的主要刺激因素

（2）从信息接受者视角感知到的刺激因素

移动社会网络是融合博客、播客、游戏等各种网络应用服务于一体的音频、视频及文本兼具的网络平台。Yu 等[204]发现，轻松的信息在微博、Twitter 用户中转发率较高。作为各种信息服务的接受者，移动社会网络用户通过浏览信息内容、参与交流互动来获得愉悦、乐趣、解除压力或缓解情绪，娱乐性可能是吸引移动社会网络用户感知良好体验的重要因素之一。另一方面，用户对于社会网络环境的隐私安全要求突出于其他虚拟社区的用户体验优势[205]，由于移动社会网络兼具私有性和开放性，必须备有完善的身份鉴别方式及交易安全控制措施，才会吸引移动社会网络用户，隐私关注将不可避免地对移动社会网络用户的信息接受行为感知体验有着重要影响，如图 3.2。

图 3.2　信息接受者感知的主要刺激因素

（3）从信息提供者视角感知到的刺激因素

Web2.0 技术和移动通信技术的集成，为移动社会网络服务价值链参与者们构建了一个虚拟交互平台，通过网络互动、用户创造内容、推荐分享等方式，移动社会网络用户实现了创造价值，体现在既能帮助其他消费者获得满意产品，从而提升自身成就感，又能刺激用户重复购买，并且为价值链中参与企业提升品牌知名度，发现新的市场机会提供新途径。张舒[206]基于网络创新社区，验证了参与乐趣、自我发展以及感知行为控制等会影响用户参与创新行为。移动社会网络用户基于移动社会网络的"社会化推荐"和"社会化分享"等内容提供行为，与用户创新行为都是用户深度参与行为，因此，自我效能、参与感、感知行为控制会影响用户对内容提供行为的评价和选择,进而对移动社会网络用户创造内容行为和推荐分享行为产生重要影响,如图3.3所示。

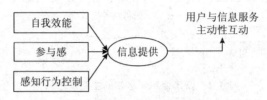

图 3.3　信息提供者感知到的主要刺激因素

(4)从社会网络成员视角感知到的刺激因素

考虑社会网络环境中用户之间的互动关系,移动社会网络用户在与其他社会网络成员的互动过程中扮演了社会网络成员的角色。这一角色对移动用户而言意味着,作为社会网络中的一员,每个社会网络成员都会与周围的家人、朋友、同事等沟通交流,他人的想法、经验等都可能对用户行为产生影响,另外,移动社会网络用户使用社会网络服务是希望达到一定效果的,如满足与他人进行交流、维持良好的人际关系等情感需求,在信息的创造与分享前会考虑社会网络其他成员接受与否,会不会影响社会网络其他用户的利益。Hsu 和 Lin[41]指出社区归属感、主观规范和利他主义会显著影响博客用户的行为,因此本书认为社会认同、团队规范和互惠与利他等因素将会影响移动社会网络用户之间的交互,从而影响体验价值感知和持续使用、推荐分享行为,如图3.4所示。

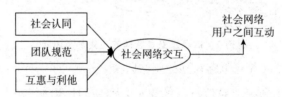

图 3.4　社会网络成员感知到的主要刺激因素

3.1.2　移动社会网络用户感知体验价值的维度

移动社会网络环境下,用户通过个性化的移动终端,不仅能够在虚拟环境中方便地维护既有的社会关系,还可以与社会网络其他用户建立新的社会关系。正是以社会关系为互动纽带,移动社会网络用户在互动和分享过程中,获取自身需要的信息以及情感的彼此认同等,实现信息、情感和社会资源的整合。移动社会网络用户通过多种角色身份在信息消费活动中,与移动社会网络服务价值链中企业共同创造价值。移动社会网络用户创造价值的本质是通过与移动社会网络服务价值链中不同主体之间的有效互动,进行商品信息传递、情感和社群合作关系的建立,达到移动社会网络用户满足自己的需求及其他内在个性化需要,如获得学习机会、成就感、社会认可以及满足个人兴趣爱好等,从而实现用户感知体验价值和社会化商务经济价值的创造和提升。

移动社会网络用户感知到的服务体验是用户在社会网络、移动通信网络环境中,与企业、社会网络其他用户进行互动而形成的整体认识。移动社会网络用户分享或提供的商品信息、以及消费经历等,更加贴近关系网络中其他用户选购商品的信息需求,更容易成功促成社会网络其他用户的商品购买,这种对商品营销的控制权和主动权为移动社会网络用户带来了成就感、满足感及愉悦等心理感受。此外,移动社会网络用户与其他移动社会网络用户互动交流,使得移动社会网络用户之间的关系更加紧密,还会带来社交满足感。只有系统地分析体验价值的维度构成、价值维度之间的内在结构关系,才能探索各种价值维度的影响因素,并探知移动社会网络用户的心理,准确预测其创造价值行为。本研究认为,移动社会网络中用户感知体验价值包括感知功能价值、感知享乐价值、感知社交价值和企业认可价值四个维度,如图 3.5 所示。

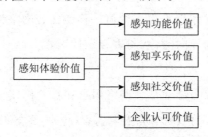

图 3.5 感知体验价值的构成维度

(1)感知功能价值(Perceived Function Value,简称 PFV)

感知功能价值是用户所获得的实际服务或技术上的利益[207]。在移动社会网络服务情境中,功能感知是指用户感受到的随时随地购买便利性、与消费者相关的广告内容可靠性、为移动社会网络用户定制的营销活动个性化等。便利性体现为移动社会网络用户操作上的简便化,如不需要输入完整的网页地址,直接通过扫描二维码就能自动跳转到想要关注的网页[208]。功能感知还表现在信息产品给移动社会网络用户带来的经济上的实惠。因此感知功能价值被定义为，用户在移动社会网络服务交互过程中，对移动社会网络服务在技术、性能、经济等方面功能性需求满足程度的主观判断。

感知功能价值是用户在移动社会网络使用中获取的重要价值之一，是以交换价值为基础，与用户的知识、技能、经验等资源投入以及感知到的功能性收益紧密相关。

（2）感知享乐价值（Perceived Hedonic Value，简称PHV）

移动社会网络中，产品或服务的使用价值已不再是移动社会网络用户的唯一关注，他们还关注通过产品或服务的消费所带来与社会网络其他用户之间的互动。互动过程中，获取来源于心理需求中的快乐和精神享受是用户使用移动社会网络服务的目的之一，也是移动社会网络用户感知体验价值的一个维度，会影响移动社会网络用户的创造价值行为。因为，移动社会网络服务由于互动性强且形式多样，具备了更强的信息性和娱乐性，能给移动社会网络用户带来更多的情感价值，并促进移动社会网络用户的交换行为。通常用户愿意为娱乐性强的营销活动进行口碑传播并支付更高的价格[209]，移动社会网络用户在愉快的创造、分享过程中提升了情感体验价值，对社会网络互动交流中的口碑、用户忠诚产生积极的影响，更容易帮助用户持续使用移动社会网络服务，从而为移动社会网络服务价值链参与主体带来更多价值。移动社会网络情境下，用户感知享乐价值被认为是以自我为导向的，从心理和感性因素方面对自身娱乐需求满足程度的主观衡量。

感知享乐价值不仅与移动社会网络用户在社会网络中的互动过程有关，而且通过自身的体验来评价或感知自身利益；反过来，良好的体验有助于进一步提高感知享乐价值，会显著影响移动社会网络服务的采纳与使用，也是促使移动社会网络用户消费的重要因素。

（3）感知社交价值（Perceived Social Value，简称PSV）

移动终端满足了移动社会网络用户对何时、何地及如何参与某营销活动的需求，而且会事先征询用户是否参加，这使得移动社会网络用户在社会网络关系中有了更多的选择权和控制权，当用户认为通过移动设备接入社会网络、移动社会网络是其社交生活的延伸时，移动社会网络服务就会在用户社交活动中发挥比较重要的作用。移动社会网络用户感知社交价值是指用户在通过移动社会网络服务中与他人产生联系时所感受到的利益，如用户与朋友分享有趣或有用的信息、参与企业的互动等获得的归属感。

感知社交价值体现了移动社会网络用户有意愿通过他们的社交关系去获得购买产品或服务的信息，当用户通过互联网不断扩大自己的社交网络来分享信息的时候，用户对产品和服务的感知价值也会发生变化。感知社交价值也是促使移动社会网络用户消费的关键因素之一。

（4）企业认可价值（Enterprise Recognition Value，简称 ERV）

移动社会网络服务价值链参与企业对移动社会网络用户所提供信息内容、口碑推荐行为采取肯定态度和一些奖励措施，将会使移动社会网络用户感知到的企业对其创造价值行为的认同和肯定，会增强提供信息内容行为的积极性和创造性。这种企业认可会使移动社会网络用户获得良好的消费体验，进而影响移动社会网络用户的创造价值行为。因此，本书将企业认可价值界定为，移动社会网络用户感知到的与企业在长期交互中，企业对用户创造价值行为的肯定态度和认可程度。

企业认可价值是移动社会网络用户感知的体验价值组成之一，作为用户感知体验价值的一个重要维度，体现的是移动社会网络用户作为一类创新主体，为移动服务企业创造的长期价值。

3.1.3　感知体验价值引起的行为反应

当移动社会网络用户获得良好的感知体验价值后，往往会触发相应的参与创造行为。当然，可能有些移动社会网络用户会浏览社会网络其他用户发布的内容，却基本上不与其他移动社会网络用户产生互动，而且也很少创造内容，这种情形虽然没有明显的创造行为，但还是能够增加移动社会网络服务中的用户访问量和人气，因此对整个移动社会网络的发展还是具有积极作用的。而大部分移动社会网络用户，不仅浏览社会网络服务平台中企业或社会网络其他用户提供的信息，还会积极与社会网络其他用户互动，并生成日志、上传照片、回复评论等，直接吸引其他移动社会网络用户，有利于延长他们的在线时间，增加他们的访问频率,进而增强整个移动社会网络的活跃度。因此,无论是移动社会网络用户在线浏览信息的潜水行为,还是在移动社会网络平台完成创造内容和推荐分享的深度参与行为,在一定程度上都能够增加移动社会网络平台的活力和动力,进一步吸引移动社会网络用户的持续浏览、创造内容或向社会网络其他用户推荐。本研究从价值驱动视角认为移动社会网络用户的创造价值行为表现为信息消费后的持续使用和内容提供,其中内容提供行为包涵了用户创造内容和推荐分享。

移动社会网络持续使用和内容提供行为均属于采纳后行为范畴。采纳和初始使用仅仅是移动服务取得成功的第一步,采纳后的持续使用、创造内容、推荐分享是影响企业获得可持续效益的关键。采纳后持续使用通常被认为是初始行为的拓展,Jasperson 等[210]建立了两层结构的组织内个体的 IS 采纳后行为模型,不仅描述了决定采纳后行为的变量及其关系,而且是一个带有反馈的模型,从本质上说明了采纳前后行为的路径依赖性。有些学者运用采纳研究中的感知易用、感知有用等相同的构念来测量持续使用行为,然而,许多采纳后用户行为研究已经认识到,用户在初次使用后由于具备了使用经验而显示出心理或情感上的转变。本研究正是在移动社会网络情境下,以移动用户消费体验中的心理动机和情感反应为前因,研究移动社会网络用户采纳后持续使用行为和内容提供行为的影响因素及驱动路径。

3.1.4　企业奖励的调节作用

用户是在一定因素的驱动之下产生相关行为,企业可以采取措施影响这些驱动因素,促使用户产生企业希望的行为。移动社会网络服务价值链中参与企业通过提升用户体验的外部条件或环境,向移动社会网络用户传递价值主张,影响移动社会网络用户的创造价值行为。在体验环境中,参与主体提供的外部平台资源共同创造个性化体验,移动社会网络用户是在一定的因素或动机激发下参与创造,如果价值链中参与企业能够关注用户的刺激因素,满足用户的参与目的和动机,就能够激发用户的参与意愿。比较常见的是,移动社会网络用户为了自身能获得货币奖励、优惠券或折扣券等,会积极地将自己所掌握的信息反馈给移动社会网络服务企业或其他移动社会网络用户,参与到提供信息内容的活动中。从价值链中参与企业的角度看,如果向移动社会网络用户宣传参与创造价值活动能够获得相应的具体利益,一定程度上能够满足移动社会网络用户的经济利益,使移动社会网络用户感知到平台对其分享行为的重视与认可,从而提升移动社会网络用户贡献信息、产品创意的意愿。可以认为,企业奖励能激发移动社会网络用户的参与,促使其做出对应的行为。

移动社会网络服务价值链中参与企业激励措施的成功与否将对移动社会网络用户是否持续使用和分享有着重要影响,本书将企业奖励作为影响移动社会网络用户的持续使用、推荐分享行为的调节因素。

3.1.5 移动社会网络用户创造价值行为的过程模型

基于 SOR 模型[175],根据移动社会网络服务中用户与不同对象的互动,从技术使用者、信息接受者、信息提供者和社会网络成员四类角色视角分析移动社会网络用户创造价值行为的刺激因素,在这些因素的刺激下,移动社会网络用户首先产生了一定的情感反应,即感知体验价值,随后根据内在心理、情感对于消费体验的感知价值,决定是否作出进一步的持续浏览或评论、推荐分享等相应的内容提供行为,依据这一系列过程构建如图 3.6 所示的移动社会网络用户创造价值行为过程模型。

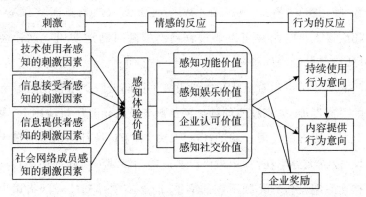

图 3.6 移动社会网络用户创造价值行为过程模型

3.2　研究假设和研究模型构建

　　本节将根据图 3.6 所示的模型和相关文献,识别各种影响因素,分析影响因素与情感反应、行为反应之间的关系,提出各因素与情感反应、行为反应相互之间的关系假设,明确和评价各种因素的影响路径,为移动社会网络用户创造价值行为驱动机理的实证研究奠定基础。

3.2.1　刺激因素与情感反应的关系

3.2.1.1　基于"技术使用者"角色的影响因素

　　移动社会网络服务是基于网络通信技术、人机交互技术、Web 技术等信息技术系统的应用,用户对移动社会网络服务的熟练应用首先需要掌握和熟悉各种技术。当移动社会网络用户觉得服务简单易操作,移动社会网络服务能够对生活工作提供支持,能够随时随地获取服务时,用户在移动社会网络服务中会有良好的消费体验,也会提高对移动社会网络服务的价值感知。因此,随时随地接入、感知有用和感知易用三个因素是从技术使用者视角理解和应用移动社会网络服务的关键。

　　(1)随时随地接入(Whenever and Wherever to Acess,简称 WWA)

　　随时随地接入是指用户可以通过移动终端随时随地使用移动社会网络服务[211]。日臻成熟的社会网络平台,使得用户之间的交流、互动更为密切,社会网络成员之间的交往关系向着最优化方向发展。而随着智能手机的普及和移动互联网行业的飞速发展,越来越多的社交网络服务被移植到手机应用上,更是加快了移动社会网络服务的发展。移动社会网络相对于传统社会网络的最大优势是普遍连接性、或称无处不在性,用户可以通过移动终端随时随地使用移动社会网络服务。移动终端设备和无处不在的网络,能够实现移动社会网络用户在任何时间任何地点进行网络访问,其所需的信息和服务需求能够快速得到响应。移动通信技术的随时随地接入突破了时间和地域的限制,是体现"移动"性的重要属性之一,使移动社会网络用户随时随地的信息浏览、信息传播和商业交易成为可能。

移动社会网络服务由传统互联网上的社会化网络服务演进而来,其显著特点是通过移动性来更好地满足用户的需求。可以说,只要有无线网络的地方,就能随时随地接入互联网[212],且使用户随时随地的反馈成为可能[213]。在消费体验过程中,用户的创造灵感是转瞬即逝的,有了移动网络技术的支持,移动社会网络用户能够沉浸在创造过程中,随时随地将自己的所思所感通过文字、图片、视频等方式表现出来,并在社会网络中进行推荐分享。Andrews 等[214]在对移动体验型消费的研究中发现,移动情境的便利性对消费者享乐价值(情感价值)和功能价值有显著影响[215]。可见,随时随地接入是影响移动社会网络用户感知体验价值的关键因素之一,进而可能影响移动社会网络用户的创造价值行为。因此,提出以下研究假设:

H1a:随时随地接入对感知功能价值有显著积极影响;

H1b:随时随地接入对感知享乐价值有显著积极影响;

H1c:随时随地接入对感知社交价值有显著积极影响;

H1d:随时随地接入对企业认可价值有显著积极影响。

(2)感知易用(Perceived Ease of Use,简称 PEU)

感知易用是指用户认为学习并熟练使用某具体技术、应用和系统等所需要花费的时间与精力比较少,是 TAM 中的一个核心变量。已有众多学者基于TAM 研究信息系统用户使用意愿或参与行为时,验证了感知易用对使用意愿或参与行为的显著影响。从信息系统的角度来看,移动社会网络服务是基于移动网络的一类信息系统,这个信息系统能够为移动社会网络用户提供一组灵活而强大的工具或应用,使用户获得良好的信息消费体验。如果移动社会网络用户觉得无法理解该平台系统提供的各种应用或工具,无法用较少的时间和精力学会相关操作,将极大地影响移动社会网络用户对移动社会网络服务的价值感知,也就谈不上继续在移动社会网络中进行信息内容的浏览、创造或推荐分享。可见,感知易用不仅是用户接受移动社会网络服务的前提,还可能会影响移动社会网络用户进一步的参与行为。

从移动社会网络服务本身来说,移动社会网络平台及平台所承载的相关应用、信息工具是移动社会网络用户持续浏览、创造内容或推荐分享的平台,易用程度、内容安排合理性及提供的互动条件等都会影响移动社会网络用户的持续浏览、创造内容或推荐分享活动。Borrero 等[216]已经验证了,感知易用性是影响大学生参与社交网站中各种社会活动的重要因素。Lin 和 Lu[217]认为,在社交网络环境中,网站提供的应用服务、分享性工具等附加性工具越多,越能影响用户的感知价值和持续参与行为。本研究从移动社会网络服务中人——机互动的特点出发,界定感知易用为:移动社会网络用户感知到的基于移动社会网络服务平台开展创造价值活动的难易程度。

移动社会网络平台上各种应用操作、信息工具的易用性与有用性,也间接说明移动社会网络服务价值链中参与企业对移动社会网络用户创造需求的关注与重视,这也是移动社会网络用户形成良好消费体验的关键因素之一,又会进一步促进移动社会网络用户创造更优质的体验。因此,本书提出以下假设:

H2a:感知易用对感知功能价值有显著积极影响;

H2b:感知易用对感知享乐价值有显著积极影响;

H2c:感知易用对感知社交价值有显著积极影响;

H2d:感知易用对企业认可价值有显著积极影响。

(3)感知有用(Perceived Usefulness,简称 PU)

感知有用是指用户感知到使用某技术、应用和系统等的有用程度,是 TAM 中除感知易用之外的另一个前因变量。学者们对信息系统、虚拟社区、社交网站等方面的实证研究均表明,感知有用能够较好地解释用户使用行为意向和参与行为。王哲[218]研究以知乎为代表的社会化问答社区用户行为时发现,感知有用和感知易用对用户的持续使用行为有一定的正向影响,而且感知有用的影响程度略低于感知易用。通过比较 Facebook 和 Twitter 两种类型的社交网络服务用户参与行为,Lee 和 Suh[219]发现,感知有用性对于用户的参与行为都有正向的影响。聂勇浩和罗景月[220]对新浪和腾讯微博、人人网和 QQ 等社交网站用户的信息行为研究表明,感知有用性将对个体信息披露意愿行为产生正向影响。可见,若社交网站有着更为丰富的、能够引起用户兴趣的信息资源,感知有用对用户的持续使用行为、信息披露行为等用户创造价值行为将有一定的正向影响。

移动社会网络服务除了具备一般的社交网站特性外,更强调用户的体验,因此,感知有用应该会影响移动用户对社会网络服务体验价值的感知和评价。本书将感知有用定义为:移动社会网络平台所提供的信息、应用和服务能否满足移动社会网络用户自身体验过程的感知。感知有用是感知体验价值的重要因素,可能会影响移动社会网络用户的继续浏览和内容提供行为。为此,本书提出假设:

H3a:感知有用对感知功能价值有显著积极影响;

H3b:感知有用对感知享乐价值有显著积极影响;

H3c:感知有用对感知社交价值有显著积极影响;

H3d:感知有用对企业认可价值有显著积极影响。

3.2.1.2　基于"信息接受者"角色的影响因素

移动社会网络用户在服务消费过程中,浏览文本、图片、视频等信息资源是其主要的消费目的,虽然只是被动地接受已有的信息,但是会增强移动社会网络用户对信息产品的功能性体验,是用户可能产生主动性信息消费行为的直接诱因。借助移动运营商的网络服务和服务提供商的社会网络平台,移动社会网络用户通过持续浏览获得了想要的信息资源、服务/产品,体会到接受信息的满足和愉悦,另一方面,移动社会网络用户在浏览过程中非常关注网站、信息安全性、浏览行为隐私性等。因此,感知娱乐、隐私关注从两个不同方面影响着移动社会网络用户的持续浏览或内容提供行为。

(1)感知娱乐(Perceived Joy,简称PJ)

用户通过参与企业活动能够获得愉悦感和成就感[221],从而对服务更加满意,使用户获得信息消费过程中的愉悦感是企业的重要目的之一。虚拟环境更是成为用户趣味和愉悦的来源,可以使他们获得精神上的刺激体验[38]。Lin和Lu[217]的研究表明,娱乐性动机是人们使用社交网站最重要的动机之一。夏芝宁[222]在社会网络服务的研究中指出,社会网络成员可以通过浏览内容、参与虚拟社区交流互动来获得愉悦、乐趣、解除压力或缓解情绪,消遣娱乐是用户参与虚拟社区的主要原因之一。McQuail[223]在对社会化媒体的研究中,将娱乐价值归结为满足用户逃避现实、娱乐、释放情绪和减轻焦虑的需求。社会化网站通过融合各种网络应用,如电子商务、博客、游戏等,加上移动通信网络的快速发展,已经将用户的线上和线下生活无缝连接起来,使得移动社会网络日益成为集社交网站、虚拟社区、品牌社区于一身,目前使用最广泛的网络平台,感知娱乐也将成为影响移动社会网络用户浏览和内容提供行为的因素之一。本书将感知娱乐定义为：用户在移动社会网络中开展创造价值活动时所获得的快乐、愉悦的感觉。

感知娱乐对用户创造价值行为的影响在网络、品牌社区中得到了验证。在与具有相同兴趣或需求的其他成员互动中获得乐趣，这是影响顾客参与共同创造价值活动的一个动因[37]。Phelps 等[224]采用焦点访谈的方式归纳出，娱乐、高兴、帮助他人、喜欢交流是顾客参与网络口碑传播的动机。Muniz 和 Schau[225]研究指出，品牌社区中的互动会使顾客心情愉悦，顾客为了获得这种愉悦的体验会积极参与品牌社区的共同创造价值活动。Füller 等[226]认为，对虚拟社区中的创造价值活动感兴趣是吸引顾客参与的原因之一。移动社会网络服务可以给移动社会网络用户以往任何媒介都无法比拟的娱乐体验，移动社会网络用户进行浏览信息或口碑传播等交互活动，很大程度上就是因为在信息消费过程中，感知到娱乐、愉悦的价值，从而产生了良好的体验价值感知。

基于以上论述，提出假设：

H4a：感知娱乐对感知功能价值有显著积极影响；

H4b：感知娱乐对感知享乐价值有显著积极影响；

H4c：感知娱乐对感知社交价值有显著积极影响；

H4d：感知娱乐对企业认可价值有显著积极影响。

（2）隐私关注（Privacy Concern，简称 PC）

隐私关注是服务过程中消费者感知到的个人隐私保护程度，是影响用户行为的重要因素之一。很多电子商务网站都采用了发布隐私声明或张贴隐私标识的方法，来缓解用户隐私关注，降低其感知风险。Liu 等[227]在对电子商务的实证研究中发现，用户隐私关注显著影响其对电子商务网站的信任，并进而影响后续可能的行为，如重复购买、再次访问、向他人推荐、正面的评论等。Chai 等[228]对博客的知识分享行为研究发现，用户性别不同，隐私关注对其知识分享行为的影响程度不同，男性用户的消极影响程度要高于女性。隐私关注将直接影响用户向商家提供个人信息的意愿，用户在采取某项行为之前会衡量可能带来的隐私泄漏风险，当用户感知到隐私泄漏可能性越大，则其对于服务或产品的信任度就会越低，继续使用、创造或推荐分享的行为意愿就相应减小。

手机实名制的实施使得移动社会网络用户更加关注个人隐私是否有可能被侵犯,因为移动社会网络服务有的直接以手机号注册,在虚拟空间重建现实社会的人际关系网络,虽然满足了用户的真实性社会交往需求,但由于身份证关联了生活、工作中的众多信息,提高了用户对于个人隐私保护的警惕性。Zhou 和 Li[229] 对中国移动社交网站的研究发现,隐私关注对移动社交网站用户的持续使用行为有显著影响。而且,移动社会网络服务中除了身份注册信息外,还关联着其他朋友信息,甚至包括移动支付、购物账号、理财账号等重要信息,如有的用户微信账号可能和银行卡关联,并且和京东购物直接连接,一旦信息泄露,风险极大。更为严重的是,移动社会网络服务中可能出现未经用户允许,一些不法服务商共享、甚至出售用户信息来获利,增加了隐私泄漏风险。如微信用户使用基于位置的服务能够根据所处的地理位置和需求偏好,实时搜索相关的信息或服务,但由于该服务需要实时获取用户地理位置,就会泄漏移动社会网络用户的行踪信息。可见,移动社会网络服务一方面以更加真实可信的信息资源吸引用户的参与,另一方面又会使用户增加对自身信息隐私可能受到侵害的担心,显著影响其消费体验。为此,提出下列假设:

H5a:隐私关注对感知功能价值有显著积极影响;

H5b:隐私关注对感知享乐价值有显著积极影响;

H5c:隐私关注对感知社交价值有显著积极影响;

H5d:隐私关注对企业认可价值有显著积极影响。

3.2.1.3　基于"信息提供者"角色的影响因素

在 Web2.0 技术的支持下,移动社会网络用户可以自己创造或分享文字、视频、内容等,从而在这类主动性的参与行为中扮演信息提供者的角色。移动社会网络用户选择提供相关信息的原因,可能是因为通过创造或分享内容,会引起朋友圈、好友圈的社会网络成员关注,增强移动社会网络用户在社会群体中的参与感和存在感;也可能是在信息浏览中发现自己的信息需求无法满足或受到启发产生创造灵感,此时有能力提供信息的感觉将会增强移动社会网络用户的成就感和自豪感,进而促进移动社会网络用户的信息提供行为;而当移动社会网络用户感觉提供信息的想法或行为完全是由自己自愿产生,整个过程也是由自己控制并主导的,会有效促进移动社会网络用户信息提供行为。因此,参与感、自我效能和感知行为控制在移动社会网络用户提供信息过程中可能发挥着重要作用。

(1)参与感(Sense of Participation,简称SP)

参与感是指个体加入某种组织或某项活动中而产生的精神需求层面的心理感觉。用户的参与感更多关注如何不断适应组织或活动的环境及其扮演的角色,从而参与组织工作或相关活动。一方面,用户在参与过程中被赋予一定的权力,能够根据自己的需求和愿望支配所掌握的资源和权力,使用户产生自治感,并且愉悦的环境和便捷的工具使用户能真正享受到源于自由选择参与的乐趣[230]。另一方面,参与感将用户内化为企业组织的一员,通过企业与用户双向的互动沟通,经过不断的反馈调整,用户接受和适应相应的企业主张,企业则为顾客参与行为提供具体指导,最终实现双方的价值。从用户的角度看,用户参与组织工作或相关活动可能是出于兴趣爱好,可能是受身边人的影响,也可能是出于自身的产品需求和责任感,希望自己的观点和创意被企业所采纳,从而享受到参与的乐趣;并且用户通过与企业、与社会网络其他用户不断地交流和学习,提高了自身的知识和能力,获得他人的肯定和自我肯定,进而感知到良好的体验价值。参与感是用户完全投入某种场景或情景而体验到的一种感受,是行为动机中隐藏较深的内部动机,也是用户产生后续参与行为的主要原因之一。

虚拟环境中的社区成员通过整合自己的知识和技能,参与虚拟社区活动的热情在信息技术支持下会更加高涨,虚拟社区成员的潜能也能得到很大程度的激发。小米品牌快速崛起的背后正是因为社会化媒体下的口碑传播,抓住了用户参与感,将用户生成的内容变成可传播的话题事件,使社会网络用户口碑产生裂变,影响更多的用户参与,同时也放大了已参与用户的成就感,正是参与感使得小米品牌营销在社会网络中产生螺旋扩散的风暴效应。移动社会网络中参与感较强的用户大多是领先用户,他们对享受乐趣、认知感以及有机会学习新的技能等精神层面的因素看得非常重要,这些也是用户参与创造、创新活动的重要动机[231]。可见,参与乐趣会使移动社会网络用户为了获得社交互动的满足、他人在网络上对其参与内容和行为的认可而进行内容创造或分享行为,亦即移动社会网络用户的参与感能够显著增强其感知到的体验价值,进而提升其进行创造价值活动的能力和意向。因此,提出如下假设:

H6a：参与感对感知功能价值有显著积极影响；

H6b：参与感对感知享乐价值有显著积极影响；

H6c：参与感对感知社交价值有显著积极影响；

H6d：参与感对企业认可价值有显著积极影响。

（2）自我效能（Self-efficacy，简称 SE）

自我效能指的是个体对自己能够胜任某项任务或活动的信念[232]，是个体对自己是否能成功进行某一行为的主观判断，判断结果会影响他们的行为选择，还会对行为的持续性产生影响。Kankanhalli 等[233]在对电子知识库的实证调查中提出，知识共享的自我效能指个体用户对于自身为其他用户提供有价值知识能力的自信程度，是一种影响个体行为决策、努力程度的自我评估形式。个体的这种自我认知十分接近行为本身，因此非常适合于对用户行为进行预测，已经被应用于信息技术、互联网、特定软件和虚拟品牌社区等领域中。Madupu 和 Cooley[234]对在线品牌社区用户参与行为研究中提出，品牌社区成员之间的交流会有助于顾客的自我发现。王新新和薛海波[235]指出，自我效能会满足品牌社群成员的能力成就动机。Kollock[236]在对网络社区中的合作经济研究认为，在线论坛中，顾客通过影响其他消费者或企业能获得自我价值和自我效能感。可见，用户在虚拟人际交互过程中通过分享自己的知识或帮助别人解决问题，能够获得自我满足感和成就感，并得到其他网络成员的认可。

在移动社会网络服务中，自我效能是指移动社会网络用户感知到的能够胜任创造价值活动的自信程度。移动社会网络用户初始信息消费的经历，使用户对于产品或信息内容具有直观而生动的理解，积累了丰富的知识和经验。对商品或服务发表评价并进行分享，会涉及到较多专业的知识，移动社会网络用户能否胜任这项工作的能力判断直接影响用户的创造与分享行为发生的可能性和持续性。移动社会网络用户如果判断自己能够胜任创造与分享活动，会对自己更有信心，积极发挥能动性和创造力来营造良好的体验，渴望在更大范围和更深程度上发挥自己的能力，专注于消费体验过程。移动社会网络用户在提供信息内容时，还会通过社会关系网络进行交互，从社会网络其他用户获得更多的信息与技能，从而获得更佳的消费体验和价值感知。可见，较强的自我效能感知不仅可以支持移动社会网络用户提供信息内容，而且能够增强用户提供信息内容的能

力,是激励移动社会网络用户参与提供信息内容的因素之一。为此,提出假设:

H7a:自我效能对感知功能价值有显著积极影响;

H7b:自我效能对感知享乐价值有显著积极影响;

H7c:自我效能对感知社交价值有显著积极影响;

H7d:自我效能对企业认可价值有显著积极影响。

(3)感知行为控制(Perceived Behavior Control,简称PBC)

感知行为控制是 TPB 模型的一个核心概念,指个体在采取某一特定行为时所能感受到的对自己行为可以控制的程度[150],反映了个体对自己行为所遇到障碍的预期。如果个体认为自己缺乏资源及机会去完成某项行为,即所预期到的阻碍越多,个体感知到的行为控制力度就越弱,就越不可能形成强烈的行为意念。虽然 Bandura[231] 的研究将感知行为控制和自我效能融合在一个更加广泛的框架中,但是,感知行为控制和自我效能分别是用户行为过程中对自身能力判断的阻碍因素和积极因素。

移动社会网络用户的感知行为控制可以定义为:移动社会网络用户对创造内容或推荐分享行为控制力的感知。移动社会网络用户提供内容行为作为一种典型的用户参与行为,通过与企业合作进行内容创造、推荐分享能使用户感觉到对服务结果有一定的掌控力。而且,移动社会网络用户发布的信息内容是自己亲身的体会或经验,其对内容的数量、质量具有足够的控制能力。进一步的,移动情境使人们对何时、何地及如何参与能满足其需求的活动有了更多的控制权,移动社会网络中用户提供信息内容的载体是个性化的移动终端设备,是移动社会网络用户更为个人或私密的物品,他们对自己的私人物品使用具有较强的控制。当移动社会网络用户对持续浏览、创造内容和推荐分享行为都具有较强的自主权时,其获得的感知体验价值更高,继续创造内容或推荐分享的可能性就会相应地增加。本研究更多考虑移动社会网络用户在提供信息内容中对所能实际获得的资源和机遇的控制,直接影响用户对信息消费体验的感知与评价,影响用户是否采取消费后行为。因此,提出以下假设:

H8a:感知行为控制对感知功能价值有显著积极影响;

H8b:感知行为控制对感知享乐价值有显著积极影响;

H8c:感知行为控制对感知社交价值有显著积极影响;

H8d：感知行为控制对企业认可价值有显著积极影响。

3.2.1.4 基于"社会网络成员"角色的影响因素

移动社会网络服务本质上仍是一种社会网络服务，用户参与的主要目的是能随时随地的与朋友们进行互动，发布自己的位置、照片等实时信息，使好友了解自己，并可以评论好友的实时动态和照片等以关注自己的好友，因此，社会认同是移动社会网络用户在关系网络群体中最基本的追求。同时，移动社会网络用户身处群体中，必然受到群体规则的约束，因此规范会影响移动社会网络用户的消费体验。此外，由于移动社会网络服务中的关系是现实社会关系的直接反映，社会网络成员提供信息时会受到非经济因素的影响，例如，微信用户因为是自己朋友圈可靠朋友提供的信息，往往会更加信服，并选择进一步分享，互惠与利他在一定程度上可以集中反映非经济因素对移动社会网络用户行为的影响。

（1）社会认同（social identity，简称 SI）

刘钊[237]认为，社会认同是指个体对其属于特定的社会群体，同时作为群体成员带给自身的情感和价值进行认同的一个过程。Lee 等[238]对社会网络服务中的音乐分享行为研究认为，社会认同是个人对自己在社会群组中会员资格及其情感重要程度的认知。一般来说，个体在一个群体中会努力寻找与其他个体的共同点，将自己融入群体中形成归属感，并且积极行动以提高自己在群体中的声望和地位。本书认为社会认同是个体对自身在某一群体成员中的身份认可和情感依附的感知，作为促进群体中人际互动意向形成的重要心理变量，社会认同表明移动社会网络用户可以影响社会网络其他用户对服务体验的感知，而服务体验感知可能影响到移动社会网络用户在群体中的参与行为。

虚拟网络环境中的用户大多是基于虚拟身份进行沟通，他们所扮演角色产生的自我身份验证和社会认同会促进个体的参与行为。一般社会认同越高，个体与虚拟社区的价值观越趋于一致，其与社区及社区成员之间的情感依附和关系承诺越强，虚拟环境中的关系越紧密，用户在虚拟社区中的参与行为越能引发共鸣。Füller 等[226]研究认为，虚拟社区成员通过一段时期在社区中展现他们的专业知识能够使他们在社区中形成一定的声誉和地位。Chiu 等[46]研究虚拟社区的知识分享行为时，验证了社会认同对个体知识贡献数量有显著的正向影响。Zhou[239]从社会认同视角对在线社区的参与行为实证研究发现，社会认同对社区成员的参与行为具有显著正向影响。Nambisan[240]对虚拟环境中的新产品开发研究认为,社交方面或者其他相关方面的互动,通常会使用户将自身视为社区或某个群体的成员,互动中成员身份的持续性有利于成员在未来的虚拟品牌社区关系中获益,会增强社区成员对未来与其他社区成员进行互动的期待。可见,虚拟环境下的社会认同感使得个体不仅在形式上加入社会网络服务平台,而且在情感上产生依附,对用户感知体验价值和后续的参与行为意愿、频率和深度等产生了一定影响。

社会认同会对用户的创造价值活动产生一定的影响。Nambisan 和 Baron[38]认为,为了获得声誉、地位及自我效能感,用户会自发地参与到虚拟环境的创造价值活动中。Bagozzi 和 Dholakia[241]对小群体品牌社区的用户参与行为研究认为,用户参与在线社区的创造价值活动,可能是为了得到来自其他成员的认可。Jeppesen 和 Molin[242]研究发现,渴望得到其他成员的认可会刺激用户参与共同创造价值活动。因此,得到其他成员的认可是用户参与创造价值活动的重要动机之一,用户保持与群体中其他成员之间的活跃关联,会使用户创造价值行为变得更加积极。

在移动社会网络中,用户间的交往是重要目的之一。在交往的过程,当移动社会网络成员融入了移动社会网络,并且认识到作为社会网络成员带来的社会认同感和价值意义,将直接影响移动社会网络用户对体验价值的判断。如移动社会网络用户可能因为周围的朋友都在使用移动社会网络服务,或身边人都在讨论移动社会网络服务中的热点话题,为了能融入朋友圈,他们会选择使用该项服务或参与主题社区,最终使自己获得朋友圈的认可。另外,移动社会网络用户创造的内容被社会网络其他用户的浏览和转发也可能彰显其在用户群体中的形象与社会地位,从而会获得良好的体验价值感知。总之,移动社会网络用户的创造价值行为,既需要通过社会网络群体中共同参与者彼此之间平等的身份认同与人际互动,还需要依赖由社会认同而形成的感知体验价值,促进移动社会网络用户体验的提升,进而刺激用户在社会网络群体中持续扩散。基于此,提出假设:

H9a:社会认同对感知功能价值有显著积极影响;

H9b:社会认同对感知享乐价值有显著积极影响;

H9c:社会认同对感知社交价值有显著积极影响;

H9d：社会认同对企业认可价值有显著积极影响。

（2）团队规范（team norms，简称 TM）

不管是现实社会还是虚拟环境下的社区都是建立在一定的规则之中，社区成员是在规则之下开展活动，必然会感受到规则的约束，只有对规则的认可和遵守，才能使社区成员更好地融入到整体环境氛围当中，更加积极地参与到社区群体活动中。主观规范常被用来表示这种规则的影响，主观规范是指个体在决定是否执行某特定行为时感知到的社会压力，它反映的是团体或他人对个体行为决策的影响[134]。Yu 等[243]提出，主观规范对虚拟社区的知识共享行为有正向影响。Hsu 和 Lin[41]认为，主观规范、社区归属感以及身份的认可对博客的持续创作与共享有显著作用。Fischer 等[244]对社会化媒体的研究认为，社群倾向、社群规范遵守程度能控制 Twitter 社会化互动活动的结果。Shin[245]发现，用户感知的主观规范显著影响其对社会化商务平台的使用意向。

然而个体所接触的环境毕竟有限，只能了解到以自我为中心的局部社会关系，因此，用户所受的社会压力也只可能是某个社会群体或某些成员。当用户参与到群体中时，他们能够理解群体目标、价值、惯例和约定，当他们发现自身的价值和目标与其他成员一致的时候，积极的规范会使其更愿意进行信息共享，在群体中的参与行为将变得更加积极主动。因此，本书用团队规范构念研究群体规则对用户行为的影响，团队规范构念对行为意图的作用方面，比主观规范具有更强的解释力。Baker 和 White[246]针对青少年用户频繁使用社会网络服务行为的研究发现，将团队规范整合到 TPB 模型中，主观规范不再显著影响行为意图，而包含团队规范构念显著影响预测行为意图的模型增加了 10％的解释力。

移动社会网络在显性化社会关系的同时，也将在现实社交中约束人们的社会规范引入到了网络环境中，企业与顾客之间、不同企业之间、顾客与其他顾客之间都是松散的网络关系，各网络节点用户在一定的制度环境下，通过共同遵守规章制度来规范和约束彼此的行为，他们的行为规范选择更多遵循的是团队规范。本书将移动社会网络中团队规范界定为：移动社会网络群体中对用户行为有一定调节作用的舆论、规范，会促使用户行为与群体或社会的要求或期望相一致。团队规范对于提升移动社会网络用户的感知体验价值有重要影响，而且会在移动社会网络用户的社会关系中相互传递，进而影响移动社会网络用户提供信息的行为态度及行为意向。移动社会网络用户感知到来自社会网络团体对获取信息或提供信息行为的支持程度,将会影响其对创造价值行为的选择。这种支持程度的社会影响越正向,移动社会网络用户的创造价值行为意向就越强。基于此,提出假设:

H10a:群体规范对感知功能价值有显著积极影响;

H10b:群体规范对感知享乐价值有显著积极影响;

H10c:群体规范对感知社交价值有显著积极影响;

H10d:群体规范对企业认可价值有显著积极影响。

(3)互惠与利他(reciprocity and altruistic,简称 RA)

互惠与利他是指不具有亲属关系的个体在互惠预期下交换利益或好处时的一种社会规范,揭示了社会网络中非亲属个体之间合作行为发生的社会意义。经济个体的行为并不完全受到"理性经济人"假设的约束,而是存在着一定程度的利他性动机,并且随着经济社会的发展,这种利他性动机将更加显著。如果用户认为在自己需要帮助与支持时能从他人那里获得帮助,那么用户也会愿意帮助和支持他人,这就是利他与互惠[247]。互惠与利他行为是个体对互惠与利他这一社会规范进行学习并内化的结果,社会网络满足了用户的社会需求,促进了用户之间的相互欣赏和理解,增进了他们之间的关系,并进一步让他们产生并遵循互惠与利他规范,这将鼓励他们进行更深层次的沟通和分享更多有价值的商业信息。

互惠与利他是个体自愿遵循的一种行为规范。Fang 和 Chiu[248]对虚拟社区知识持续分享行为的研究发现,利他主义是虚拟社区成员试图通过付出一定的时间、努力、成本等贡献他们的知识和经验,从而提高其他用户收益的行为。Hu 和 Korneliussen[249]认为,互惠主要出现于持久的伙伴关系、明确的社会关系或非经济事务中的相互关系,在互惠情境中人们对对方负有责任或义务。Davenport 和 Prusak[250]指出,互惠规范表示人们会以相似的行为友好地或者敌意地作出回应的一种行为模式。Chen 等[251]认为,基本的互惠规范在某种意义上是一种相互的债务,个人通过互惠对其从他人那里得到的收益作出偿还和报答,以保证持续积极的交换。本着互惠与利他心理的用户,认为在自己需要帮助与支持时能从他人那里获得帮助,就会愿意帮助和支持他人,一方面希望自己的商品信息能够帮助社会网络其他用户,另一方面希望他人也能积极地进行商品信息分享以便于自己的信息搜索。互惠与利他行为能够增加个人发展机会,方便他人,基于这一动机参与群体活动,使得越来越多的用户认为群体信息更为可信。

互惠与利他不仅适用于现实社会,而且也是虚拟社区的一般规则,参与用户保持这种互惠的心态来参与讨论、提供信息和分享知识。Lin[252]对在线购物的研究表明,互惠收益对知识共享意愿具有显著的正向影响,当用户感知到互惠收益时,会更加积极主动地去分享知识。谢佳琳和张晋朝[253]发现,感知娱乐性、预期互惠以及主观规范对微博用户生成内容的意愿有显著影响。Sun 等[254]、Tran 等[255]、Hsu 与 Lin[41]的研究均表明互惠、利他对虚拟社区、博客创作与知识共享意愿、行为有积极的影响。Chang 和 Chuang[256]研究表明互惠、利他对知识共享的质量和数量均有积极的影响。因为虚拟社区中的信息和知识交换不受经济契约约束,很大程度上依赖于社区成员进行交换活动时的互惠与利他规范,如果交换活动只是单方面的,分享信息的一方无法得到回报,那么这种交换关系将中止。换句话说,提供信息和知识的一方认为自己能从其他成员处获取信息,这种互惠感知会激励用户做出更多贡献,当其他成员感受到个体的分享行为后,如果未给予相应的回馈,将会感受到来自互惠规范的压力[257]。因此,互惠与利他规则是促进虚拟社区用户持续参与分享的动力之一。

不同于激励与命令等控制的外在形式,互惠与利他是依靠社会网络成员间的内部化和道德规则形成对交互过程中信息提供行为的影响。移动社会网络中,用户不是独立的个体,而是一个动态联系、互动频繁的社会群体,而移动信息技术大大降低了人们参与社交活动的成本,为了维持和增进亲密的社会关系,人们需要根据社会规则来选择积极的行为。这种行为规则是被社会所认可的,是基于双方利益的考虑,一方面给对方以帮助,另一方面也从对方那里获得不需要金钱回报的利益。表现为移动社会网络用户将非常乐意在移动社会网络中向他人提供自己的购物经历,既丰富了社会网络平台中的商品信息,又帮助社会网络其他用户进行商品选择,从而吸引更多寻求商品信息的社会网络其他用户加入,这意味着当移动社会网络用户需要寻求帮助时,将会有更多的信息资源,从而形成了提供信息活动的良性循环。本书中,互惠与利他是指移动社会网络用户认为帮助他人可从中获得乐趣,并会在将来得到相应回报。Chen 等[251]认为,体验分享是一种利他的价值创造,价值发起人是体验分享的参与者,因此,互惠与利他作为影响移动社会网络用户体验的重要因素之一,将影响移动社会网络用户持续浏览和内容提供的行为意愿。因此,提出以下假设:

H11a:互惠与利他对感知功能价值有显著积极影响;

H11b:互惠与利他对感知享乐价值有显著积极影响;

H11c:互惠与利他对感知社交价值有显著积极影响;

H11d:互惠与利他对企业认可价值有显著积极影响。

3.2.2　情感反应与行为反应间的关系

随着体验经济和体验价值理论的日益发展,理论界已经为体验价值对个体行为决策的影响提供了大量的依据。如 Guo 等[258]通过研究验证了,学生在线学习的体验能够有效提高在线学习的积极性与持续学习意愿。Zhou 等[259]对移动社会网络服务的研究发现,良好的用户体验是促使移动社会网络服务用户忠诚和持续参与的决定因素之一。Zhang 等[260]在技术环境和共同创造体验对用户参与行为的影响时发现,社会化商务的技术特征显著影响用户的实用性、社交性和享乐性等共同创造的体验价值,进一步影响用户未来参与企业共同创造价值活动的意向。Prayag 等[261]发现,情感体验可能对旅游市场的行为意向产生影响,绿色感知价值是绿色购买意向的直接前因[262]。周涛[263]研究表明,感知价值对移动商务用户的行为动机有显著影响。进一步地,Deng 等[264]对信息系统体验、满意和持续使用意图之间的关系研究中发现,个体体验结果与体验后态度、行为反应有重要关联,当用户使用信息系统并享受最佳体验时其满意度更高,持续使用意愿更强烈。这些研究结论表明,当虚拟社区用户获取了自身需要的体验价值后,进一步强化了相应行为或行为意向。

在移动社会网络服务中,当移动社会网络用户与企业或社会网络其他用户等相关主体互动时,如果获得了良好的体验,将会产生愉悦、放松、享受的心理状态,并提高浏览网站的次数,不断更新状态,提供相关信息内容,与好友分享等,从而增加使用移动社会网络服务的时间;反之,他将不会继续使用移动社会网络服务。也就是说,用户良好的体验价值感知,会影响用户参与行为意向及其参与行为的持续性。Hutchinson 等[265]将行为意向划分为重复浏览和口碑分享，Zhou[266]将移动商务用户的采纳后行为意向分为持续使用行为、推荐和抱怨。结合移动社会网络服务的用户信息消费行为特点，本研究认为，移动社会网络用户创造价值的行为表现为继续浏览社会网络平台信息（continued usage，CU），以及创造信息内容并推荐分享给社会网络其他用户，即内容提供（content providing，CP）行为。

移动社会网络用户在进行信息消费时，通过与不同的参与主体互动，产生良好的感知体验价值，可能直接与社会网络其他用户进行分享，也可能激发自身提供新的信息内容，方便社会网络其他用户搜集相关信息内容。Hutchinson 等[265]研究发现，价值比服务质量对于顾客的口碑沟通存在更积极的影响，因而，通过实现良好的感知体验价值，移动社会网络用户的持续使用行为和内容提供行为可能进一步得到持续和强化。基于此，提出下列两组假设：

H12a：感知功能价值对持续使用行为有显著积极影响；

H12b：感知享乐价值对持续使用行为有显著积极影响；

H12c：感知社交价值对持续使用行为有显著积极影响；

H12d：企业认可价值对持续使用行为有显著积极影响。

H13a：感知功能价值对内容提供行为有显著积极影响；

H13b：感知享乐价值对内容提供行为有显著积极影响；

H13c：感知社交价值对内容提供行为有显著积极影响；

H13d：企业认可价值对内容提供行为有显著积极影响。

移动社会网络用户的内容提供具有较强的针对性和参考价值，自身的持续使用行为会对内容创造或推荐分享形成一种积极的行为示范，因为，一般来说，用户持续浏览越频繁，越有可能进行内容创造和分享。这种内容提供借由移动用户的社会网络可以更快捷、更直接地进行，移动社会网络用户在此过程中将得到内在心理需求的满足，获得愉悦情感的感性价值，移动社会网络服务价值链中参与企业则获得品牌扩散和企业价值的提升。为此，提出以下假设：

H14：持续使用行为对内容提供行为有显著积极影响。

3.2.3 企业奖励的调节作用

只有满足了移动社会网络用户内在对信息消费过程中体验价值的感知和评价,移动社会网络用户的参与意愿才会增强,才可能会有创造价值行为的发生。但是其中隐含的转移机制可能会比较复杂,因为个体决策是自身条件与外部激励共同的作用结果。移动社会网络用户通过移动社会网络进行信息的浏览、创造或推荐分享,不仅是一种个体行为,更是移动社会网络用户与移动社会网络服务价值链中企业成员之间的一种交换活动,移动社会网络用户需要付出一定的时间与精力,而提供信息内容却不一定能得到明确的回报,因此只有在足够的激励下,移动社会网络用户的交换行为才有可能得到维持与强化。尤其是当移动社会网络用户的行为由被动的信息接受向主动的提供信息的转变,这一价值行为模式的转换往往需要一定的外部直接刺激。

已有研究将企业奖励(enterprise rewards,简称ER)或企业支持作为外部激励措施,已经证明能显著影响用户的参与行为。Eisenberger 等[267]研究表明,企业支持对用户参与、合作意愿和行为具有正相关关系,企业提供的物质激励是用户进行创新的外部动机[112]。徐岚[268]指出,企业提供物质奖励有利于增强用户在创新过程中的涉入程度和创新意愿。Hernandes 和 Fresned[269]对虚拟社区实践的研究表明,良好的激励机制也是虚拟社区成功的保证。Hennig 等[270]基于网站论坛研究发现,经济利益是导致用户在论坛上发表评论的主要原因。金晓玲等[271]研究发现,积分作为在线虚拟社区的重要激励机制,对用户持续贡献知识意愿有显著的正向作用,84%的受访者表示愿意将服务推荐给其他亲朋好友使用,但实质的折扣回馈或好处,似乎才是大部分受访者愿意推荐的重要原因。从创造价值的视角来看,企业发挥着引导、控制的作用。Kwon 和 Wen[272]基于TAM 修正模型研究用户参与社交网站的原因时发现,感知激励是用户参与行为的影响因素之一,感知激励间接作用于参与行为。Chen 等[251]发现,激励机制虽然对成员的满意度没有显著影响,但能充分调动虚拟社区成员知识转移的积极性,能显著预测成员的知识分享行为。Fang 等[273]认为,获得与产品有关的利益是用户参与产品创新,与企业一起进行价值创造的主要动机。Goldsmith 和

Horowitz[274]提出,只有当用户获得一定的经济利益时,用户才愿意将自己所掌控的信息传递给企业。可见,企业的奖励或支持视为用户参与行为的外部驱动因素,是揭示用户参与行为规律不能遗漏的因素。

社会网络平台为移动社会网络用户交流,知识创造、分享和转移提供了有利条件,但有些移动社会网络用户乐于接受服务/内容提供商提供信息或社会网络其他用户推荐分享的信息,却不愿意将自己掌握的信息提供给社会网络其他用户,这种"搭便车现象"的存在,制约着价值链中参与企业的价值提升。因此有必要借助外部的力量来激励移动社会网络用户频繁的互动交流,消除移动社会网络用户的搭便车心理,使他们积极将信息贡献到社会网络平台。

由于移动运营商或服务/内容提供商与移动社会网络用户存在直接的交易关系,是提供企业奖励措施的主要主体。本研究认为,企业奖励除了移动运营商可能提供的一般性物质奖励之外,还包括社会网络环境下服务/内容提供商提供的网络货币、积分、等级提升等奖励。企业奖励可以使移动社会网络用户体验到来自外部切实的优惠,如移动互联网时代,充足的流量是用户体验的前提,中国移动、中国电信等移动运营商纷纷推出不限量流量套餐;服务/内容提供商纷纷在提供信息/服务中设置积分、等级排行、高分分享等一系列奖赏标志,如以微信打造的精品社交小游戏——"跳一跳"刷爆朋友圈,使用户感受到了自身在好友圈里的被认同感,他们更加乐此不疲的参与到游戏中,不断分享自己的游戏心得。这些小小的激励机制,实现了激发用户参与行为的真正目的,使移动社会网络用户感知企业对其分享行为的重视与感谢,提升移动社会网络用户的参与度。此外,如果社会网络其他用户认为移动社会网络用户提供的信息很有参考意义时,可以对分享信息进行"点赞"或交流,也能使移动社会网络用户感知到提供信息行为带来的价值,促进移动社会网络用户持续使用、内容创造或推荐分享。移动运营商和服务/内容提供商可以通过各种措施激励、引导移动社会网络用户不断地加深参与层次、激励用户持续不断地贡献自己需求、偏好和知识等。虽然移动社会网络服务价值链中其他一些企业不能直接将体验赋予移动社会网络用户,但能通过企业奖励间接刺激移动社会网络用户持续浏览或内容提供行为的发生。基于此,提出假设:

H15a:企业奖励对持续使用行为有正向调节作用。

H15b:企业奖励对内容提供行为有正向调节作用。

3.3 移动社会网络用户创造价值行为研究模型

结合移动社会网络服务以及用户创造价值行为的特点,从移动社会网络用户不同角色引发的刺激因素(包括感知易用、隐私关注、互惠性和利他等)被作为影响移动社会网络用户感知体验价值的前因,移动社会网络用户的持续使用行为和内容提供行为视为移动社会网络用户参与创造价值活动的结果,移动社会网络用户感知体验价值不同维度则作为刺激因素引发的情感反应,并引入企业奖励作为感知体验价值和移动社会网络用户创造价值行为的调节变量。基于前述相关关系假设,构建移动社会网络用户创造价值行为的研究模型,如图 3.7 所示,图中射线箭头方向表示各种因素的影响路径,每一条射线均代表一组亟待验证的理论假设。

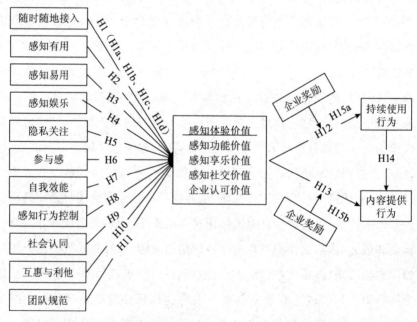

图 3.7 移动社会网络用户创造价值行为影响因素的研究模型

(注:由于研究模型的显示效果,图 3.7 中的假设 H1 代表了按感知体验价值不同维度分解的假设 H1a、H1b、H1c、H1d,其他假设 H2—H13 均参照此表达方式。)

　　基于前述的理论基础和文献综述,对移动社会网络用户创造价值的行为机理这一研究主题已经有了比较清楚的认识,该模型中包括感知有用、感知易用、隐私关注、社会认同和团队规范等构念。理论基础将决定构念的内涵,构念的有效性在很大程度上决定理论的有效性,是提出假设和命题的基础。虽然不可能测量构念的完整域,但是从潜在测量题项中得到的测量性样本能够充分表示构念,这将在后文的问卷设计中得以体现。

第四章 移动社会网络用户创造价值行为驱动机理的实证分析

基于第三章所构建的实证分析模型,本章首先借鉴国内外成熟的量表设计了移动社会网络用户创造价值行为实证研究的调查问卷,并通过小样本调研数据的分析结果修正问卷,选择样本完成了调查问卷的发放与样本数据的收集,然后对数据进行了描述性统计分析,并针对回收得来的有效问卷数据进行信度和效度检验,最后对构建的移动社会网络用户创造价值行为驱动机理概念模型以及相关假设进行验证和影响路径分析。

4.1 研究设计与数据收集

4.1.1 构念的测量题项与问卷设计

4.1.1.1 测量题项开发

为了保证测量变量的内容信度,量表的设计主要借鉴了国内外移动商务领域顶级期刊或国内外被引用较多文献的成果,构建的测量题项大多数直接来源于已有研究的成熟量表,少数测量题项则是在阅读文献基础上根据本书研究需要设计的,并多次与信息系统、电子商务、管理工程等相关专业的老师、同学讨论确定。在测量题项的数目上,大多数学者认为每个构念用 3-6 个项目测量,因此,本书一个构念至少使用了 3 个测量题项。

(1)前因变量的初始测量题项

从移动社会网络用户扮演技术使用者来看,用户选择移动社会网络还是固定社会网络进行创造价值行为的最大吸引力往往来自于"移动"这一技术特性。这一技术优势使得移动社会网络有着传统社会网络情境中所不具备的更多功能,有利于增强用户的感知易用、感知有用,促成移动社会网络用户的进一步使用。因此随时随地接入构念的测量题项来源于移动互联网或移动商务相关研究文献,结合移动社会网络情境进行调整;而感知易用、感知有用构念的测量题项均来自于 TAM 和 TPB 理论模型,因为这些变量在诸多领域的测量已经成熟。

表 4.1 移动技术使用者视角的影响因素测量题项

构念	测量题项	参考文献
随时随地接入（WWA）	我能在任何时间接入移动社会网络获取必要的信息或服务；	Parthasarathy 等[275]；Lee[276]
	我能在任何地点从移动终端接入移动社会网络获取信息或服务；	
	根据我的兴趣和所处位置,移动社会网络能向我提供最优信息或服务；	
	我觉得移动社会网络能实现固网社会网络的应用功能	
感知易用（PEU）	我觉得移动社会网络中各种应用程序的操作很简单；	Davis[133]
	我觉得移动社会网络的界面设计友好,很容易看明白；	
	我觉得移动社会网络的页面打开速度快,访问流畅；	
	我觉得通过移动社会网络获取信息或知识操作熟练,无需花费太多时间	
感知有用（PU）	我发现移动社会网络是有用的；	Davis[133]
	通过移动社会网络,我可以更加频繁与好友联系；	
	通过移动社会网络,我可以随时随地关注朋友；	
	移动社会网络提高了我对信息的分享与获取效率	

作为信息产品获取者,参照已有的关于虚拟社区用户娱乐性动机和社交网站隐私关注的研究,本书设计了移动社会网络用户创造价值行为影响因素——感知娱乐和隐私关注构念的测量题项,如表 4.2 所示。

表 4.2 感知娱乐、隐私关注的测量题项

构念	测量题项	参考文献
感知娱乐（PJ）	我觉得浏览移动社会网络界面是好玩有趣的； 我觉得通过移动社会网络创作并发布内容的过程是令人愉快的；	Li[277] Lee 和 Ma[278]
	我觉得移动社会网络能够让我放松、减少压力	
隐私关注（PC）	我相信该网站不会把我在移动社会网络上提供的信息用于商业目的，或分享给其他机构； 我相信移动社会网络上存在有效的机制（制度、技术）保护我的信息安全；	Chai 等[228]； Zhou 和 Li[229]
	我相信移动社会网络上其他成员提供的信息是可靠的	

本研究认为移动社会网络用户扮演信息产品提供者这一角色时，参与感、自我效能和感知行为控制是直接影响移动社会网络用户创造价值行为的重要因素，并在已有研究基础上，设计了这三种构念的测量题项，如表 4.3 所示。

表 4.3 参与感、自我效能和感知行为控制的测量题项

构念	测量题项	参考文献
参与感（SP）	我很有兴趣在移动社会网络中提供信息或知识； 我很享受创造过程本身所带来的体验； 通过提供信息或知识，我能获得一种新奇、独特和复杂的体验	Phelps 等[224]
自我效能（PSE）	只要我愿意，我就可以轻松地提供信息或知识，功能的技巧性使用是一件容易的事情； 我有信心会有社会网络其他用户对我所提供的信息或知识感兴趣； 我有信心我提供的信息或知识可以帮助他人解决问题； 提供信息或知识让我觉得在某方面胜过别人，使我更加喜欢参与移动社会网络	Chen 和 Hung[279]
感知行为控制（PBC）	手机是私密性的产品，我能够控制移动社会网络中信息或知识的接受与否； 我希望自己能够控制提供信息或知识的时间、地点和过程； 我可以自如地参与到提供信息或知识的活动	赵晓煜和孙福权[280]

作为移动社会网络成员，用户间的"互动"是移动社会网络最大的特点，由用户群体

引发的社会认同、团队规范和互惠与利他等可能使用户感受到更好的体验,也是移动社会网络用户主动参与互动、自愿提供内容的原因之一。基于已有研究,本书设计了移动社会网络环境下社会认同、团队规范和互惠与利他构念的测量题项,如表4.4所示。

表 4.4　社会认同、群体规范和互惠与利他的测量题项

构念	测量题项	参考文献
社会 认同 (SE)	我感觉自己在移动社会网络中能找到一种归属感; 作为该移动社会网络的一员,我感觉自豪; 提供信息或知识能提升我在移动社会网络成员中的声誉和地位	Chang 和 Chuang[256]; Lee 和 Ma[278]; Zhou 和 Li[229]
团队 规范 (TM)	在移动社会网络中提供信息或知识是受到认可或鼓励的; 移动社会网络成员都喜欢参与提供内容,激励着我也加入其中; 移动社会网络中的氛围很好,使我也充满激情地加入其中	Shen 等[281]
互惠与 利他 (RA)	我愿意为其他移动社会网络成员提供信息或知识; 我愿意帮助移动社会网络成员解决他们提出的问题; 当我提供信息或知识时,我相信其他成员也会提供其他信息或知识; 当我经常对他人发布的信息或知识做出回应时,我相信他人也愿意对我发布的信息或知识做出回应	Chang 和 Chuang[256]; Fang 和 Chiu[24]

(2)感知体验价值的初始测量题项

通过对文献的定性分析与归纳,本研究判断移动社会网络中用户感知体验价值可能存在感知功能价值、感知享乐价值、感知社交价值和企业认可价值四个维度的价值形态,并参考 Lee、Chiu、Hyun 等的测量量表,开发感知体验价值的测量题项,如表4.5所示。

表 4.5　感知体验价值的测量题项

构念	测量题项	参考文献
感知功能 价值(PFV)	我觉得通过移动社会网络交流很方便; 我觉得移动社会网络服务提供了对我有用的信息和服务; 我觉得移动社会网络平台的功能齐全,服务合理; 我觉得移动社会网络平台能帮助我解决遇到的问题	Chang 和 Zhu[282]; Lee 和 Ma[278]

续表

构念	测量题项	参考文献
感知享乐价值(PHV)	在这个平台交流,我获得了快乐;	Kim[199]
	通过在线互动交流,我获得了精神享受;	
	在创作与分享的过程中,我感到很愉悦	
感知社交价值(PSV)	我觉得提供信息或知识,很容易被社会网络其他成员接受;	Sweeny 和 Soutar[283]
	提供信息或知识,使我获得了社会认同感;	
	通过在线互动交流,我对该社会网络平台产生了情感依赖	
企业认可价值(ERV)	该移动社会网络平台以用户的利益为中心;	Hyun[284]
	我认为移动社会网络平台的信息或知识是令人信任的;	
	通过提供信息或知识,我更熟悉移动社会网络	

(3)企业奖励的初始测量题项

价值链中参与企业针对移动社会网络用户的持续使用行为或内容提供行为通常提供一些奖励,可能会直接或间接地促进移动社会网络用户创造价值活动的发生。因此,企业奖励作为影响移动社会网络用户创造价值行为的外部因素,可能在驱动移动社会网络用户创造价值行为方面起到调节效应。本研究参考Tedjamulia 等[285]的测量量表,设计移动社会网络服务价值链中企业奖励的测量题项,如表 4.6 所示,以验证企业奖励对移动社会网络用户创造价值行为的调节效应。

表 4.6　企业奖励的测量题项

构念	测量题项	参考文献
企业奖励(ER)	当通过移动社会网络提供信息或知识时,希望能够增加积分奖励	Tedjamulia 等[285]
	希望在提供信息或知识时,能得到奖金、优惠券等回报	
	在移动社会网络中因为积分较高或等级排名靠前可以获得更多特权	

(4)用户创造价值行为的初始测量题项

移动社会网络用户创造价值行为是本书研究模型中的因变量,是研究移动社会网络用户创造价值行为驱动机理关注的主要变量。根据前文分析,移动社会网络用户创造价值的表现形式是体验后的持续浏览行为和内容提供行为,其测量题项主要参考 Zeithamal 等[286]的研究。

表 4.7　用户创造价值行为的测量题项

构念	测量题项	参考文献
持续使用行为(CU)	我愿意花更多时间来继续浏览微信、QQ 等移动社会网络	Bhattacherjee[166]
	我经常登录移动社会网络获取信息或好友动态	Chang 和 Chuang[256]
	我经常更新动态,提供信息或知识	Lian 等[287]
内容提供行为(CP)	我愿意转发社会网络其他用户发布的信息、日志和图片等内容	Zeithamal 等[286]
	我会对社会网络其他用户提供的内容进行评论或留言	
	社会网络其他用户常对我提供的内容做出评论或转发	

4.1.1.2　初始问卷设计

本研究采用问卷调查的方式获取所需的实证分析数据。问卷设计过程中,向实证调研方面有丰富经验的专家请教,与移动商务、信息系统管理方面的从业者讨论,以确保问卷设计过程和所设计的问卷更科学,提高问卷质量和回收数据的可靠性。同时为了保证测量题项符合本书的研究对象——移动社会网络用户,对问卷测量题项中每个建构的指标进行了细微的修改,以贴近移动社会网络情境,备选答案项则遵循互斥性和完备性的原则。由于调查问卷在用词上应该保持中性,经过专家访谈后,修改完善了部分词句。

问卷结构设计上参照调查问卷的设计惯例,由问卷标题及引言部分、被访者背景信息、问卷题项、感谢语四个部分组成。引言部分的内容阐述了本次调研的目的、内容,包括问卷的标题、问候语、说明,并强调了本次调研的目的,确保受访人员放心地填写,此外还对移动社会网络中用户创造价值行为进行了描述说明,使受访人员能够了解基本研究问题,从而作出回答,提高调查数据的可靠性。问卷的第一部分内容是调查被访问者基本情况,主要包括受访人员的性别、学历、收入以及使用移动社会网络时间等简单信息,此部分数据搜集后可以统计得出移动社会网络用户群体的一些基本信息,进而归纳出移动社会网络用户的部分特征,为进一步的描述性统计分析做数据铺垫。第二部分内容是构念量表,也是本次调研问卷的核心内容,主要问题选项分为移动社会网络用户与不同对象互动时的角色行为影响因素、感知体验价值、企业奖励和用户创造价值行为四个部分，涵盖移动社会网络用户创造价值行为模型中所涉及所有潜在变量的观测变量，其中每个观测变量的题项备选答案均采用了著名的 Likert 七级量表，依次是"强烈不同意"、"不同意"、"有点不同意"、"一般"、"有点同意"、"同意"、"强烈同意"，在后续统计分析中会将这七个等级分别转化为可以计量的数值，依次为1、2、3、4、5、6、7。调查问卷的末尾是感谢语。

为了使调查问卷简洁易懂，更有效果，向移动商务、信息系统和统计学的教授、副教授发放了初始问卷，请他们指出问卷模糊不清的地方和问卷逻辑上的错误等，从而整理出了一份对本研究有价值的初始调查问卷，以进行小规模前测。

4.1.1.3 小规模前测

小规模前测进一步提高量表的信度和效度，能够保证大规模问卷发放后数据的质量。虽然本研究问卷中的测量题项主要来源于已有研究成果，并且经过多位相关研究领域的教授及团队成员的鉴定，然而由于与原有测量题项针对的是不同研究目的，为了保证量表的信度和效度，本研究进行了问卷的预测试，使用 SPSS17.0 统计软件对预测试数据进行分析，并根据分析结果对初始问卷进行修正，以形成最终的调查问卷。

这一阶段的工作安排在 2016 年 4 月—5 月，主要选择面对面访谈、回答问卷等方式，首先发放 100 份问卷进行了问卷的前测，发放对象主要是从事电子商务、信息系统和社会学研究的移动用户、在校大学生。通过面对面访谈讨论，根据被调研者的反馈来发现问卷中可能存在的问题，进一步删改相应的测量题项，确保问卷中量表的有效性和测量题项的科学性。

小规模前测中，对量表进行信度分析，是检测初始问卷的方法之一。信度主要是衡量测量题项的准确性和精确性，一般通过内部一致性的 Cronbach's Alpha 值（简称 Cronbach's α）和校正后单项目与总分相关性（Corrected Item-to-Total Correlation，CITC）两个指标来体现。对于分量表而言，吴明隆通过对不同学者观点的总结归纳认为，Cronbach's Alpha 系数大于 0.6 即可接受[288]，对于校正后项目与总分相关性指标，Hartono 等[289]的判断标准是当 CITC 值小于 0.35 且删除某测量题项后量表的 Cronbach's Alpha 系数增加，则最终删除这一测量题项。

本阶段的调研收回有效问卷 67 份,问卷有效率为 67%。通过对各构念及其相应测量题项的均值、标准差等描述性统计,然后进行因子分析,根据 Cronbach's Alpha 系数大于 0.7 和 CITC 值大于 0.35 两个规则,进行初始量表的信度分析。

(1)技术使用者视角的影响因素初始测量题项的调整

如表 4.8 所示,随时随地接入 4 个测量题项的 Cronbach's Alpha 值为 0.869,每个测量题项的 CITC 均大于 0.35,说明随时随地接入测量题项之间具有较好的内部一致性,而且能够较好地测量随时随地接入构念。感知易用 4 个测量题项的 Cronbach's Alpha 值为 0.863,每个测量题项的 CITC 均大于 0.35,说明感知易用测量题项之间具有较好的内部一致性,而且较好地测量了感知易用构念。感知有用 4 个测量题项的 Cronbach's Alpha 值为 0.906,每个测量题项的 CITC 均大于 0.35,说明感知有用测量题项之间具有较好的内部一致性,而且较好地测量了感知有用构念。

表 4.8　技术使用者视角影响因素初始测量题项的因子分析

测量题项	均值	标准差	CITC	项目删除后的 Cronbach's Alpha	Cronbach's Alpha
WWA1	5.24	1.558	0.715	0.835	
WWA2	4.97	1.642	0.753	0.820	
WWA3	4.97	1.497	0.767	0.814	0.869
WWA4	4.76	1.447	0.653	0.858	
PEU1	4.75	1.608	0.656	0.849	
PEU2	4.81	1.417	0.825	0.784	
PEU3	4.12	1.629	0.705	0.829	0.863
PEU4	4.72	1.535	0.675	0.840	
PU1	5.28	1.277	0.630	0.930	
PU2	5.22	1.555	0.832	0.866	
PU3	5.24	1.404	0.851	0.856	0.906
PU4	5.31	1.293	0.866	0.854	

(2)信息接受者因素初始测量题项的调整

如表 4.9 所示,感知娱乐 3 个测量题项的 Cronbach's Alpha 值为 0.905,每个测量题项的CITC均大于0.35,说明感知娱乐测量题项之间具有较好的内部一致性,而且能够较好地测量感知娱乐构念。隐私关注3个测量题项的Cronbach's Alpha值为0.925,每个测量题项的CITC均大于0.35,说明隐私关注测量题项之间具有较好的内部一致性,而且较好地测量了隐私关注构念。

表4.9　信息接受者视角影响因素初始测量题项的因子分析

测量题项	均值	标准差	CITC	项目删除后的 Cronbach's Alpha	Cronbach's Alpha
PJ1	5.15	1.362	0.800	0.874	
PJ2	5.19	1.328	0.830	0.849	0.905
PJ3	4.90	1.327	0.804	0.870	
PC1	4.13	1.841	0.857	0.883	
PC2	4.40	1.801	0.859	0.882	0.925
PC3	4.13	1.791	0.825	0.909	

(3)信息提供者因素初始测量题项的调整

如表4.10所示,参与感3个测量题项的Cronbach's Alpha值为0.812,每个测量题项的CITC均大于0.35,说明参与感测量题项之间具有较好的内部一致性,能够较好地测量参与感这一构念。自我效能4个测量题项的Cronbach's Alpha值为0.854,每个测量题项的CITC均大于0.35,说明自我效能测量题项之间具有较好的内部一致性,能够较好地测量自我效能这一构念。感知行为控制3个测量题项的Cronbach's Alpha值为0.642,小于0.7,并且PBC2测量题项的CITC接近0.35,删除这个测量题项后Cronbach's Alpha值增大,说明PBC2测量题项不能很好聚合在原变量下,因此正式问卷调查中将该项删除。

表4.10　信息提供者视角影响因素初始测量题项的因子分析

测量题项	均值	标准差	CITC	项目删除后的 Cronbach's Alpha	Cronbach's Alpha
SP1	4.93	1.521	0.572	0.838	
SP2	5.06	1.358	0.769	0.640	0.812
SP3	4.76	1.478	0.660	0.744	

续表

测量题项	均值	标准差	CITC	项目删除后的 Cronbach's Alpha	Cronbach's Alpha
PSE1	4.66	1.543	0.608	0.856	
PSE2	4.49	1.429	0.784	0.776	
PSE3	4.79	1.343	0.770	0.786	0.854
PSE4	4.84	1.344	0.641	0.837	
PBC1	4.72	1.695	0.399	0.636	
PBC2	5.72	1.433	0.373	0.334	0.642
PBC3	4.87	1.391	0.613	0.644	

（4）社会网络成员因素初始测量题项的调整

如表 4.11 所示，社会认同 3 个测量题项的 Cronbach's Alpha 值为 0.768，每个测量题项的 CITC 均大于 0.35，说明社会认同测量题项之间具有较好的内部一致性，能够较好地测量参与感构念。团队规范 3 个测量题项的 Cronbach's Alpha 值为 0.759，每个测量题项的 CITC 均大于 0.35，说明团队规范测量题项之间具有较好的内部一致性，能够较好地测量团队规范构念。互惠与利他 4 个测量题项的 Cronbach's Alpha 值为 0.863，每个测量题项的 CITC 均大于 0.35，说明互惠与利他测量题项之间具有较好的内部一致性，能够较好地测量互惠与利他构念。

表 4.11　社会网络成员影响因素初始测量题项的因子分析

测量题项	均值	标准差	CITC	项目删除后的 Cronbach's Alpha	Cronbach's Alpha
SE1	5.13	1.486	0.565	0.735	
SE2	4.82	1.266	0.640	0.655	0.768
SE3	4.60	1.415	0.610	0.679	
TM1	4.82	1.403	0.519	0.758	
TM2	4.78	1.253	0.532	0.740	0.759
TM3	4.70	1.425	0.735	0.494	

续表

测量题项	均值	标准差	CITC	项目删除后的 Cronbach's Alpha	Cronbach's Alpha
RA1	4.84	1.410	0.694	0.833	
RA2	4.97	1.370	0.781	0.798	0.863
RA3	4.88	1.409	0.669	0.843	
RA4	5.01	1.451	0.706	0.828	

(5)感知体验价值初始测量题项的调整

如表4.12所示,感知功能价值4个测量题项的Cronbach's Alpha值为0.865,每个测量题项的CITC均大于0.35,说明感知功能价值测量题项之间具有较好的内部一致性,能够较好地测量感知功能价值构念。感知享乐价值3个测量题项的Cronbach's Alpha值为0.833,每个测量题项的CITC均大于0.35,说明感知享乐价值测量题项之间具有较好的内部一致性,能够较好地测量感知享乐价值构念。感知社交价值3个测量题项的Cronbach's Alpha值为0.801,每个测量题项的CITC均大于0.35,说明感知社交价值测量题项之间具有较好的内部一致性,能够较好地测量感知社交价值构念。企业认可价值3个测量题项的Cronbach's Alpha值为0.775,每个测量题项的CITC均大于0.35,说明企业认可价值测量题项之间具有较好的内部一致性,能够较好地测量企业认可价值构念。

表4.12　感知体验价值初始测量题项的因子分析

测量题项	均值	标准差	CITC	项目删除后的 Cronbach's Alpha	Cronbach's Alpha
PFV1	5.39	1.279	0.670	0.846	
PFV2	5.12	1.398	0.777	0.802	0.865
PFV3	4.87	1.476	0.756	0.811	
PFV4	4.87	1.391	0.661	0.849	
PHV1	4.91	1.228	0.724	0.744	
PHV2	4.69	1.339	0.749	0.712	0.833
PHV3	4.81	1.373	0.617	0.848	
PSV1	4.78	1.216	0.606	0.770	

续表

测量题项	均值	标准差	CITC	项目删除后的 Cronbach's Alpha	Cronbach's Alpha
PSV2	4.61	1.370	0.733	0.631	0.801
PSV3	4.70	1.382	0.609	0.769	
ERV1	4.51	1.460	0.674	0.624	
ERV2	4.37	1.496	0.613	0.695	0.775
ERV3	4.81	1.351	0.551	0.760	

(6)用户创造价值行为初始测量题项的调整

如表 4.13 所示,持续使用行为 3 个测量题项的 Cronbach's Alpha 值为 0.718,每个测量题项的 CITC 均大于 0.35,说明持续使用行为测量题项之间具有较好的内部一致性,能够较好地测量持续使用行为构念。内容提供行为 3 个测量题项的 Cronbach's Alpha 值为 0.832,每个测量题项的 CITC 均大于 0.35,说明内容提供行为测量题项之间具有较好的内部一致性,能够较好地测量内容提供行为构念。

表 4.13 用户创造价值行为初始测量题项的因子分析

测量题项	均值	标准差	CITC	项目删除后的 Cronbach's Alpha	Cronbach's Alpha
CU1	4.85	1.395	0.455	0.732	
CU2	4.99	1.331	0.577	0.580	0.718
CU3	4.79	1.297	0.587	0.569	
CP1	4.72	1.380	0.665	0.798	
CP2	5.06	1.179	0.675	0.787	0.832
CP3	4.76	1.327	0.744	0.712	

(7)企业奖励初始量表的调整

如表 4.14 所示,企业奖励 3 个测量题项的 Cronbach's Alpha 值为 0.768,每个测量题项的 CITC 均大于 0.35,说明企业奖励测量题项之间具有较好的内部一致性,能够较好地测量企业奖励构念。

表 4.14　企业奖励初始测量题项的因子分析

测量题项	均值	标准差	CITC	项目删除后的 Cronbach's Alpha	Cronbach's Alpha
ER1	5.04	1.440	0.678	0.781	
ER2	4.94	1.526	0.808	0.644	0.768
ER3	5.01	1.441	0.600	0.854	

　　通过小规模前测和各测量模型的因子分析,删除了个别测量题项,形成了本研究最终的调查问卷,如附录 1 所示。最终调查问卷共 67 个问题项,其中 8 个问题属于客观问题,其余 59 个问题项用于测量本研究模型所涉及的 15 个构念。

4.1.2　样本数据获取

　　本书将移动社会网络用户视为一般性的个体,不考虑他们之间的差异性,因而可以用问卷调查方法获取的样本数据进行模型分析与验证。大规模问卷发放是获取样本数据的重要过程。

　　大规模问卷发放首先需要确定调查对象,即选择正式研究中的样本。移动社会网络用户创造价值行为是在移动互联网和社会网络服务使用过程中逐渐形成的,并非所有的移动社会网络用户都具有创造内容或推荐分享的经验和能力,只有那些对移动社会网络服务有了一定经验的用户,才会拥有创造价值的能力。因此,虽然调查问卷是针对所有的个体,但是为了准确、全面、真实地揭示移动社会网络用户创造价值行为的驱动机理,问卷中第一题的选项内容,将完全没有移动社会网络使用经验的用户排除在了研究之外,确保本研究选择的是已经积累了一定使用经验的移动社会网络用户作为研究对象。

　　本书的研究情境是移动社会网络,所以要选定典型的移动社会网络平台上的用户为调查对象,通过访谈和总结归纳,本书最终选取微信、手机 QQ、手机人人网等社会网络平台的移动用户作为研究对象,调查移动社会网络用户"提供内容"、"信息分享"、"评论"、"状态更新"、"关注"等创造价值行为。近几年来,由于社会网络传播范围广、可信度高、互动性强等特点,移动社会网络用户数量不断增加,主要用户群体呈年轻化的特点。根据 CNNIC 发布的《2014 年中国移动互联网用户行为研究报告》指出,智能终端上网用户主要以26—35岁为主,占全部移动用户数的50.7%;学生和企业职员是网民中规模较大的两类职业群体,占中国网民的40.2%,而且移动设备尤其是智能手机的拥有率在这两类群体中极高,他们对移动终端设备的依赖程度也非常高,加上都受到过良好的教育,对新兴事物的接受能力符合社会化商务发展的需要,并且他们大部分都有一定移动商务的使用经验。过往的经验已证明,新兴事物的发展大多以年轻群体为切入点,因此,本书主要选择高校学生和企业白领为研究样本,确保了被调研者能较便捷地参与本次问卷调查。

本书采用线上、线下同时发放问卷的方式进行调查。线上发放的问卷主要联合专业问卷发放网站——问卷星网站(www.sojump.com)来进行,并且运用该平台的样本抽样方法和服务功能,选择合适的样本对象来进行问卷的发放。此外,还通过微信、QQ空间等网站、校园论坛等渠道发布问卷的填写链接,实现被调查者的在线填写。然后再借助他们联系自己的同学、朋友、同事等朋友圈寻找调查对象。线下调查主要在盐城、连云港、南京等城市的商场、咖啡厅采用面对面发放问卷的形式进行。本次问卷调查仅供学术研究使用,采用完全不记名的方式进行,对所收集信息也严格保密,消除了受访人员的顾虑,保证了数据的真实性和准确性。

大规模问卷发放的日期为2016年5月12日,问卷回收的截止日期为2016年7月12日。对于正式调查的样本数量要求,应用比较广泛的有邱皓政和林碧芳[290]的观点:测量题项与回收问卷数量的比例最少保持在1:5以上,最好达到1:10。一般而言,大于200以上的样本,才可以称得上是一个中型的样本。目前学者普遍认为结构方程模型分析中样本量一般是测量题项的5~10倍,样本量最好大于200。本研究一共有59个测量题项,因此至少需要295个样本,实际调研中通过问卷星和线下共发放问卷400份,以保证能够获取充足的数据用于实证分析和模型检验,剔除一致填答与复选、关联问题自相矛盾或未认真填写的无效问卷,得到有效问卷308份,有效率为77%,本研究的样本量满足研究要求。

样本数据来源(如图4.1所示)中,通过手机终端提交的样本占94.12%,突出移动社会网络的"移动性"的特征。

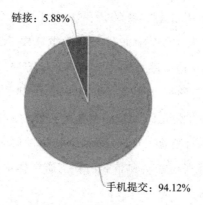

链接：5.88%

手机提交：94.12%

图 4.1　样本数据来源渠道比例

　　问卷填写者的性别、年龄、教育程度和收入等基本情况,如表 4.15 所示,反映了样本及问卷填写者的一般特征。从性别结构来看,女性比例高于男性,符合女性对社会关系的维系和依赖程度要高于男性的一般现象;从年龄结构来看,20~39 岁达到 91.558%,略高于中国互联网络信息中心(CNNIC)发布的《第 39 次中国互联网络发展状况统计报告》中对微信、QQ 等社会网络应用的年龄层次结构调查得到的 78.7%、85.8%;从学历层次来看,本科以上达到 76.948%,说明教育程度较高的人对创造内容、推荐分享等具有更强的接受能力;从收入来看,1 000 元以下和 4 000 元以上样本数较多,可能是由于调查对象大部分是在校大学生和企业白领,他们是微信、手机 QQ、手机人人网和定位服务的主要群体。综合来看,本调查选择的移动社会网络用户样本具有一定的代表性。

表 4.15　样本及问卷填写者基本特征

结构特征	分类	样本数	百分比(%)
性别	男	123	39.935
	女	185	60.065
年龄	20—39	282	91.558
	其他	26	8.442
教育程度	高中以下	55	17.857
	专科、本科	237	76.948
	硕士研究生以上	16	5.195

续表

结构特征	分类	样本数	百分比(%)
	1 000 元以下	105	34.091
收入	1 000—1 999	36	11.688
	2 000—3 999	42	13.636
	4 000 以上	125	40.585

样本调查对象对基本信息的回答中发现,调查对象平均每天使用微信、手机QQ 的时间 1 小时以上的达到 90.5%,关于使用微信、手机 QQ 等移动社会网络的原因(多选)中有 79.19% 的用户注重沟通交流,分享信息或知识达到61.54%。而相对固定网络,通过手机接入微信、手机 QQ 的目的中,随时随地使用这一点吸引了 71.95% 的受访者,接入容易、无需开电脑吸引了 54.75% 的受访者使用移动社会网络服务。

4.2　测量模型数据分析

测量模型分析的主要目的在于探讨观测变量的测量效果,也就是检验观测变量所得数据反映潜在变量的特质或抽象概念的情况,并可以将观测变量与潜在变量联系在一起帮助人们作出决策,主要工作内容是对问卷中观测变量所得数据进行描述性分析、正态性检验,并进一步对样本数据进行信度和效度分析。

4.2.1　样本的描述性分析

描述性统计分析是数据分析的第一步,主要是对观测变量所得数据进行简单的频数分析、集中趋势分析以及数据离散程度分析等。对移动社会网络用户创造价值行为驱动因素的各观测变量进行描述性分析,各测量指标的最小、最大值分别分布在[1,7]两端,具有一定的差异性;均值在 4.21 和 5.58 之间,标准差在 1.101 和 1.585 之间,说明样本数据具有较好的集中趋势,且样本数据与总体数据的差异性较小。

观测变量数据的正态分布性是结构方程模型分析的前提条件之一,可以用数据的偏度和峰度系数的大小来检验。一般统计学研究认为,当偏度绝对值不大于3,峰度的绝对值不大于10时,观测数据呈正态分布,不会对结构方程模型中运用极大似然估计方法造成太大的影响。若偏度系数和峰度系数过大,则必须对观测数据进行处理或重新收集数据。因此,本书采用有效样本数据的峰度系数和偏度系数两个指标来验证观测数据的正态分布,如表4.16所示。

表 4.16 变量的偏度与峰度统计结果

潜在变量	WWA1	WWA2	WWA3	WWA4	PEU1	PEU2	PEU3	PEU4	PU1	PU2
偏度系数	−0.880	−0.662	−0.740	−0.842	−0.611	−0.704	−0.518	−0.559	−1.074	−0.997
峰度系数	0.016	−0.485	0.235	0.471	−0.028	0.308	−0.136	−0.073	1.475	0.977
潜在变量	PU3	PU4	PJ1	PJ2	PJ3	PC1	PC2	PC3	SP1	SP2
偏度系数	−1.022	−1.028	−0.955	−0.797	−0.642	−0.324	−0.517	−0.317	−0.882	−0.694
峰度系数	0.928	1.488	0.895	0.867	0.272	−0.690	−0.441	−0.627	0.774	0.372
潜在变量	SP3	PSE1	PSE2	PSE3	PSE4	PBC1	PBC3	SE1	SE2	SE3
偏度系数	−0.690	−0.485	−0.396	−0.461	−0.369	−0.714	−0.706	−0.913	−0.569	−0.464
峰度系数	0.264	−0.252	0.452	0.270	−0.028	0.031	0.787	0.440	0.549	0.410
潜在变量	TM1	TM2	TM3	RA1	RA2	RA3	RA4	PFV1	PFV2	PFV3
偏度系数	−0.570	−0.300	−0.455	−0.730	−0.822	−0.872	−0.557	−0.853	−0.910	−0.613
峰度系数	0.490	−0.309	0.151	0.552	0.699	1.336	0.307	0.526	0.817	0.339
潜在变量	PFV4	PHV1	PHV2	PHV3	PSV1	PSV2	PSV3	ERV1	ERV2	ERV3
偏度系数	−0.494	−0.409	−0.463	−0.498	−0.367	−0.344	−0.584	−0.560	−0.332	−0.448
峰度系数	0.210	−0.343	0.314	−0.026	0.081	−0.354	0.170	0.181	−0.294	−0.085
潜在变量	ER1	ER2	ER3	CU1	CU2	CU3	CP1	CP2	CP3	
偏度系数	−0.470	−0.440	−0.661	−0.468	−0.586	−0.395	−0.414	−0.524	−0.549	
峰度系数	−0.076	−0.182	0.274	−0.052	0.039	−0.150	−0.209	0.024	0.208	

从表4.16可以看出观测变量各题项的偏度和峰度绝对值均小于3,可以认为本研究的有效样本观测数据基本上符合正态分布。

4.2.2　信度分析

本书研究移动社会网络用户使用行为,问卷中会涉及一些抽象变量,比如使用态度、使用意愿等,对回收来的样本数据进行可靠性分析和准确性分析是必不可少的。只有可靠的数据才有研究价值,因此首先要对所收集的问卷数据进行信度分析。信度是效度的前提条件,对量表的信度分析主要包括内在信度分析和外在信度分析。外在信度分析主要是针对不同时间的相同受访对象重复测量,是对同一受访对象是否提供真实数据的一种检验,内在信度分析则是对问卷中各题项得分间的一致性检验,适用于态度、意见式问卷(量表)的信度分析。由于客观条件的限制,本研究很难实现重复调查,所以信度分析主要采用内部一致性信度分析,可通过计算组合信度(Composite Reliability,简称 CR)来反映和解释。

本研究中测量模型的信度通过 Cronbach's Alpha 和 CR 指标进行检验。Cronbach's Alpha 测量变量之间的内部一致性,吴明隆[291]通过对不同学者观点的总结归纳,认为当总量表的 Cronbach's Alpha 系数大于 0.8 时,是较好的,在 0.7 和 0.8 之间,量表都是可接受的。Fornell 和 Larcker[292]建议组合信度值的临界值为 0.7 时,说明每个构念的测量题项具有内部一致性。

本研究首先利用 SPSS 软件对量表整体信度的 Cronbach's Alpha 系数进行计算,结果如表 4.17 所示:总量表的 Cronbach's Alpha 系数为 0.951,说明本研究所使用的数据整体具有较好的内在信度。

表 4.17　总量表的 Cronbach's Alpha 值

可靠性统计量	
Cronbach's Alpha	项数
0.951	59

然后,本研究借助 KMO 和 Bartlett 球度检验来解释每个构念的样本数据是否适合做因子分析,检验结果如表 4.18 所示。

表 4.18 KMO 和 Bartlett 球度检验

变量	KMO 值	Bartlett 球度检验		
		近似卡方	自由度(df)	显著性 Sig.
随时随地接入(WWA)	0.713	438.511	6	0.000
感知易用(PEU)	0.797	415.294	6	0.000
感知有用(PU)	0.784	490.690	6	0.000
感知娱乐(PJ)	0.718	346.188	3	0.000
隐私关注(PC)	0.719	395.964	3	0.000
参与感(SP)	0.687	256.604	3	0.000
自我效能(PSE)	0.780	405.205	6	0.000
感知行为控制(PBC)	0.500	74.082	1	0.000
社会认同(SE)	0.683	233.123	3	0.000
团队规范(TM)	0.691	226.657	3	0.000
感知功能价值(PFV)	0.767	388.861	6	0.000
感知享乐价值(PHV)	0.729	408.550	3	0.000
感知社交价值(PSV)	0.696	257.565	3	0.000
企业认可价值(ERV)	0.670	195.892	3	0.000
企业奖励(ER)	0.682	270.936	3	0.000
持续使用(CU)	0.672	201.770	3	0.000
内容提供(CP)	0.701	262.552	3	0.000

通过检验结果可见:KMO 值除了感知行为控制在 0.5 勉强可进行因子分析,其他都在 0.7 左右,同时 Bartlett 球度检验皆达到显著。因此,本研究所收集的移动社会网络用户创造价值行为的样本数据经检验发现,适合进行因子分析。

最后,对问卷中移动社会网络用户创造价值行为影响因素、感知体验价值和移动社会网络用户创造价值行为等潜在变量的测量模型进行因子分析,从而获取标准化因子载荷、组合信度(CR)和平均变异萃取量(Average variance extracted,简称 AVE),结果如表 4.19、4.20、4.21、4.22,以进行信度分析和下一步的效度分析。

如表 4.19 所示,随时随地接入构念 4 个观测变量的 Cronbach's Alpha 系数值为 0.805,组合信度为 0.872,大于 0.7,说明随时随地接入测量模型的信度较好。感知易用构念 4 个观测变量的 Cronbach's Alpha 系数值为 0.820,组合信度为 0.882,大于 0.7,说明感知易用测量模型的信度较好。感知有用构念 4 个观测变量的 Cronbach's Alpha 系数值为 0.836,组合信度为 0.891,大于 0.7,说明感知有用测量模型的信度较好。同理,感知娱乐、隐私关注、参与感、自我效能、社会认同、团队规范、互惠与利他等构念的观测变量 Cronbach's Alpha 系数值均大于 0.7,组合信度均大于 0.7,可以说明移动社会网络用户创造价值行为的这些刺激因素变量信度良好。感知行为控制构念 2 个观测变量的 Cronbach's Alpha 系数值为 0.627,略小于 0.7,组合信度为 0.846,大于 0.7,说明感知行为控制测量模型的信度可以接受。

表 4.19 移动社会网络用户创造价值行为影响因素测量模型的评价

测量题项	均值	标准差	标准化因子载荷	T 值
WWA（随时随地接入）Cronbach's Alpha＝0.805,Composite Reliability＝0.872,AVE＝0.631				
WWA1	5.13	1.489	0.805	11.767***
WWA2	4.82	1.570	0.833	12.371***
WWA3	5.08	1.388	0.784	13.570***
WWA4	5.12	1.314	0.754	15.082***
PEU（感知易用） Cronbach's Alpha＝0.820,Composite Reliability＝0.882,AVE＝0.651				
PEU1	5.06	1.358	0.791	13.555***
14.824***	PEU2	5.13	1.252	0.821
13.682***	PEU3	4.56	1.400	0.805
14.446***	PEU4	5.05	1.289	0.810
U（感知有用） Cronbach's Alpha＝0.836,Composite Reliability ＝0.891,AVE ＝0.672				
PU1	5.58	1.137	0.745	12.462***
16.239***	PU2	5.53	1.193	0.861
15.565***	PU3	5.48	1.196	0.850
15.119***	PU4	5.53	1.054	0.817

续表

测量题项	均值	标准差	标准化因子载荷	T 值
PJ(感知娱乐) Cronbach's Alpha＝0.829,Composite Reliability＝0.898,AVE＝0.746				
PJ1	5.39	1.179	0.857	15.816***
16.147***	PJ2	5.26	1.193	0.882
14.973***	PJ3	5.08	1.204	0.852
PC(隐私关注) Cronbach's Alpha＝0.848,Composite Reliability＝0.908,AVE＝0.767				
PC1	4.31	1.585	0.869	15.268***
17.086***	PC2	4.51	1.560	0.901
15.992***	PC3	4.21	1.509	0.857
SP(参与感) Cronbach's Alpha＝0.773,Composite Reliability＝0.870,AVE＝0.692				
SP1	5.00	1.243	0.789	13.178***
15.033***	SP2	5.22	1.105	0.860
14.666***	SP3	4.96	1.205	0.844
PSE(自我效能) Cronbach's Alpha＝0.804,Composite Reliability＝0.874,AVE＝0.636				
PSE1	4.89	1.287	0.735	12.760***
PSE2	4.77	1.195	0.858	16.361***
PSE3	4.99	1.149	0.840	15.251***
PSE4	4.76	1.216	0.749	12.286***
PBC(感知行为控制) Cronbach's Alpha＝0.627,Composite Reliability＝0.846,AVE＝0.733				
PBC1	4.86	1.434	0.856	11.629***
PBC3	5.06	1.207	0.856	14.947***
SE(社会认同) Cronbach's Alpha＝0.761,Composite Reliability＝0.863,AVE＝0.677				
SE1	4.97	1.346	0.814	13.101***
SE2	4.77	1.269	0.856	15.742***
SE3	4.74	1.183	0.798	12.772***

续表

测量题项	均值	标准差	标准化因子载荷	T 值
TM(团队规范)　Cronbach's Alpha＝0.760,Composite Reliability＝0.862,AVE＝0.675				
TM1	4.98	1.146	0.804	13.789***
TM2	4.91	1.231	0.818	13.530***
TM3	4.85	1.191	0.843	14.441***
RA(互惠与利他)　Cronbach's Alpha＝0.832,Composite Reliability＝0.888,AVE＝0.665				
RA1	5.14	1.188	0.828	14.580***
RA2	5.23	1.167	0.813	14.025***
RA3	5.12	1.134	0.808	14.505***
RA4	5.09	1.165	0.813	14.947***

如表 4.20 所示,感知功能价值 4 个观测变量的 Cronbach's Alpha 系数值为 0.804,组合信度为 0.872,大于 0.7,说明感知功能价值测量模型的信度较好。感知享乐价值的 Cronbach's Alpha 系数值为 0.854,组合信度为 0.911,大于 0.7,说明感知享乐价值测量模型的信度较好。感知社交价值 3 个观测变量的 Cronbach's Alpha 系数值为 0.776,组合信度为 0.872,大于 0.7,说明感知社交价值测量模型的信度较好。企业认可价值 3 个观测变量的 Cronbach's Alpha 系数值为 0.730,组合信度为 0.848,大于 0.7,说明企业认可价值测量模型的信度较好。

表 4.20　感知体验价值测量模型的评价

测量题项	均值	标准差	标准化因子载荷	T 值
PFV(感知功能价值)　Cronbach's Alpha＝0.804,Composite Reliability＝0.872,AVE＝0.630				
PFV1	5.54	1.179	0.791	13.107***
PFV2	5.30	1.184	0.837	14.363***
PFV3	5.03	1.189	0.774	12.636***
PFV4	5.00	1.143	0.772	13.752***

续表

测量题项	均值	标准差	标准化因子载荷	T 值
PHV(感知享乐价值)　Cronbach's Alpha＝0.854,Composite Reliability＝0.911,AVE＝0.774				
PHV1	5.18	1.110	0.868	14.866***
PHV2	4.95	1.188	0.896	15.995***
PHV3	5.09	1.176	0.875	18.638***
PSV(感知社交价值)　Cronbach's Alpha＝0.776,Composite Reliability＝0.872,AVE＝0.695				
PSV1	4.94	1.121	0.838	14.674***
PSV2	4.89	1.205	0.855	15.198***
PSV3	4.69	1.334	0.807	13.059***
ERV(感知功能价值)　Cronbach's Alpha＝0.730,Composite Reliability＝0.848,AVE＝0.650				
ERV1	4.69	1.328	0.797	10.460***
ERV2	4.57	1.340	0.843	12.906***
ERV3	5.11	1.123	0.777	14.499***

如表 4.21 所示,移动社会网络用户创造价值行为表现之一的持续使用行为 3 个观测变量的 Cronbach's Alpha 系数值为 0.783,组合信度为 0.850,大于 0.7,说明持续使用行为测量模型的信度较好。移动社会网络用户内容提供行为 3 个观测变量的 Cronbach's Alpha 系数值为 0.735,组合信度为 0.875,大于 0.7,说明内容提供行为测量模型的信度较好。

表 4.21　移动社会网络用户创造价值行为测量模型的评价

测量题项	均值	标准差	标准化因子载荷	T 值
CU(持续使用)　Cronbach's Alpha＝0.783,Composite Reliability＝0.850,AVE＝0.655				
CU1	4.85	1.234	0.761	10.609***
CU2	5.17	1.241	0.833	13.878***
CU3	4.89	1.252	0.831	13.257***

续表

测量题项	均值	标准差	标准化因子载荷	T 值
CP(内容提供)　Cronbach's Alpha＝0.735,Composite Reliability＝0.875,AVE＝0.699				
CP1	4.89	1.209	0.835	13.945 ***
CP2	5.08	1.101	0.855	14.446 ***
CP3	4.81	1.199	0.818	13.226 ***

如表 4.22 所示,企业奖励 3 个观测变量的 Cronbach's Alpha 系数值为 0.784,组合信度为 0.874,大于 0.7,说明企业奖励测量模型的信度较好。

表 4.22　企业奖励测量模型的评价

测量题项	均值	标准差	标准化因子载荷	T 值
ER(企业奖励)　Cronbach's Alpha＝0.784,Composite Reliability ＝0.874,AVE＝0.698				
ER1	5.14	1.190	0.793	11.121***
ER2	4.84	1.352	0.874	14.830***
ER3	5.00	1.213	0.838	12.712***

4.2.3　效度分析

效度(validity)主要用来反映问卷设计者的意图是否真正被调查者理解,即问卷题项能否有效地对每个变量进行测量。效度分析分为内容效度和结构效度,目的是确定测量题项能够反映对象特质的真实性和准确性程度,问卷的效度越高说明数据的正确性越高,越能体现研究对象的本质特征,高效度的数据对研究结果的正确性将给予强大的支持。

4.2.3.1　内容效度

内容效度又称逻辑效度,主要反映所设计的测量题项是否能代表所要测量的内容或主题。内容效度常常采用逻辑分析方法,即从逻辑上分析测量工作的目的和要求,并评价测量题项是否具有相应的效度。

本研究问卷中各潜在变量的问题项设置都有相应的理论基础,每个潜在变量均有 2 个以上的测量题项来估计,符合结构方程模型中的多元指标原则;而且测量题项均是借鉴国内外成熟量表进行设计,能够保证验证的有效性;对不符合使用情境的测量题项,本书结合专家的评定意见对测量题项进行了修改;然后使用文献研究法、访谈法对测量量表的指标内容、题项设置等方面进行了细致分析、修改;在问卷最终确定之前,进行了问卷小规模前测,根据前测结果并听取相关专家的反馈,对测量题项进行再次修正得到最终调查问卷,保证了测量题项具有较高的内容效度。

4.2.3.2 结构效度

结构效度主要包括聚合效度和区分效度,表示测量题项的内容能够反映或衡量某一构念的程度,或者说它是指测验分数能够说明心理学理论的某种结构或特质的程度。验证性因子分析方法是进行指标变量信度和效度检验的基础,通常被用来分析测量题项或手段的结构效度。

(1)聚合效度

聚合效度(Convergent Validity)利用观测变量的因子载荷和平均变异萃取量(AVE)两个指标来进行判断,通常观测变量的因子负荷大于 0.5,且达到显著性 0.05 的显著性水平,同时构念观测变量的 AVE 值大于 0.5,说明该构念的测量模型有高的聚合效度。

如表 4.19 所示,随时随地接入 4 个观测变量的因子载荷分别为 0.805、0.833、0.784 和 0.754,均大于 0.5,且在 0.95 的置信水平下是显著的(T 值均大于 1.96),随时随地接入 4 个观测变量的 AVE 值为 0.631,大于 0.5,说明随时随地接入测量模型的聚合效度较好。感知易用 4 个观测变量的因子载荷分别为 0.791、0.821、0.805、0.810,亦均大于 0.5,且在 0.95 的置信水平下是显著的(T 值均大于 1.96),感知易用 4 个观测变量的 AVE 值为 0.651,大于 0.5,说明感知易用测量模型的聚合效度较好。感知有用 4 个观测变量的因子载荷分别为 0.745、0.861、0.850、0.817,均大于 0.5,且在 0.95 的置信水平下是显著的(T 值均大于 1.96),感知有用 4 个观测变量的 AVE 值为 0.672,大于 0.5,说明感知有用测量模型的聚合效度较好。同理,感知娱乐、隐私关注、参与感、自我效能、感知行为控制、社会认同、团队规范、互惠与利他的因子载荷均大于 0.5,且在 0.95 的置信水平下是显著的(T 值均大于 1.96),他们的观测变量 AVE 值均大于 0.5,说明这些移动社会网络用户创造价值行为影响因素的聚合效度较好。

如表 4.20 所示,感知功能价值 4 个观测变量因子载荷分别为 0.791、0.837、0.774 和 0.772,均大于 0.5,且在 0.95 的置信水平下是显著的(T 值均大于 1.96),感知功能价值 4 个观测变量的 AVE 值为 0.630,大于 0.5,说明感知功能价值测量模型的聚合效度较好。感知享乐价值 3 个观测变量的因子载荷分别为 0.868、0.896、0.875,均大于 0.5,且在 0.95 的置信水平下是显著的(T 值均大于 1.96),感知享乐价值 3 个观测变量的 AVE 值为 0.774,大于 0.5,说明感知享乐价值测量模型的聚合效度较好。感知社交价值 3 个观测变量的因子载荷分别为 0.838、0.855、0.807,均大于 0.5,且在 0.95 的置信水平下是显著的(T 值均大于 1.96),感知社交价值 3 个观测变量的 AVE 值为 0.695,大于 0.5,说明感知社交价值测量模型的聚合效度较好。企业认可价值 3 个观测变量的因子载荷分别为 0.797、0.843、0.777,均大于 0.5,且在 0.95 的置信水平下是显著的(T 值均大于 1.96),企业认可价值 3 个观测变量的 AVE 值为 0.650,均大于 0.5,说明企业认可价值测量模型的聚合效度较好。

如表 4.21 所示,移动社会网络用户创造价值行为表现之一的持续使用行为 3 个观测变量的因子载荷分别为 0.761、0.833、0.831,均大于 0.5,且在 0.95 的置信水平下是显著的(T 值均大于 1.96),持续使用行为 3 个观测变量的 AVE 值为 0.655,大于 0.5,说明持续使用行为测量模型的聚合效度较好。移动社会网络用户内容提供行为 3 个观测变量的因子载荷分别为 0.835、0.855、0.818,均大于 0.5,且在 0.95 的置信水平下是显著的(T 值均大于 1.96),内容提供行为 3 个观测变量的 AVE 值为 0.699,大于 0.5,说明内容提供行为测量模型的聚合效度较好。

如表 4.22 所示,企业奖励 3 个观测变量的因子载荷分别为 0.793、0.874、0.838,均大于 0.5,且在 0.95 的置信水平下是显著的(T 值均大于 1.96),企业奖励 3 个观测变量的 AVE 值为 0.698,大于 0.5,说明企业奖励测量模型的聚合效度较好。

(2)区分效度

区分效度也称辨识效度,是各个潜在变量之间加以区别的程度,常用变量之间的相关矩阵来进行验证,变量的平均萃取变异量 AVE 的平方根需大于其与其他变量的相关系数[291],或者如果 AVE 的值大于两个潜在变量的相关系数平方,就说明具有良好的区分效度。

本研究计算了移动社会网络用户创造价值行为影响因素 11 个一阶潜在变量之间的相关系数,感知体验价值 4 个维度以及用户创造价值行为等二阶潜在变量之间的相关系数,然后将 AVE 值的平方根值置于相关系数矩阵表的对角线上进行比较,见表 4.23 和表 4.24。

表 4.23　一阶潜在变量的区分效度检验

构念	WWA	PEU	PU	PJ	PC	SP	PSE	PBC	SE	TM	RA
WWA	0.794										
PEU	0.618	0.807									
PU	0.469	0.585	0.820								
PJ	0.481	0.556	0.636	0.864							
PC	0.435	0.427	0.265	0.383	0.876						
SP	0.472	0.526	0.599	0.616	0.507	0.832					
PSE	0.482	0.605	0.537	0.543	0.551	0.718	0.797				
PBC	0.478	0.477	0.407	0.471	0.473	0.488	0.555	0.856			
SE	0.461	0.495	0.427	0.573	0.503	0.612	0.688	0.529	0.823		
TM	0.541	0.605	0.497	0.581	0.517	0.639	0.711	0.564	0.722	0.822	
RA	0.469	0.533	0.595	0.524	0.404	0.646	0.639	0.523	0.601	0.658	N/A

表 4.24　二阶潜在变量的区分效度检验

构念	PFV	PHV	PSV	ERV	CU	CP	ER
PFV	0.794						
PHV	0.667	0.880					
PSV	0.618	0.680	0.834				
ERV	0.577	0.584	0.702	0.806			
CU	0.606	0.638	0.637	0.563	0.809		
CP	0.484	0.619	0.581	0.507	0.654	0.836	
ER	0.553	0.541	0.510	0.419	0.531	0.481	N/A

表 4.23、4.24 的检验结果表明每个潜在变量的 AVE 平方根都大于横排和竖列的相关系数绝对值,说明均通过了区分效度检验。因此,移动社会网络用户创造价值的影响因素、感知体验价值和用户创造价值行为等潜在变量之间的区别效度较好。

4.3　验证性因子分析

通过对移动社会网络用户创造价值行为研究所涉及潜在变量的测量模型的信度和效度分析发现,各测量模型均能准确、有效地测量对应的潜在变量。为了进一步验证研究模型中所涉及潜在变量的因子结构,本部分对各潜在变量的测量模型进行验证性因子分析,应用各潜在变量与其观测变量以及潜在变量之间的标准化估计结果和拟合指数,进一步判断因子结构以及测量模型与实际收集数据是否适配。

有关领域学者对验证性因子分析结果的评价标准有:卡方自由度比(X^2/df)在 3—5 之间,表示模型可以接受,在 1—2 之间,表示模型的适配性良好;RMSEA 是渐进残差均方和平方根,一般 RMSEA 小于 0.08,表示模型拟合很好;GFI 是适配度系数,AGFI 是调整后的适配度系数,这两个值介于 0—1 之间,越接近 1,表示模型的适配度越佳,一般 GFI 大于 0.9、AGFI 大于 0.8,表示模型适配性良好。相对适配性指标 IFI、TLI、NFI 数值大多在 0—1 范围内,各指标值越趋向于 1,表示模型适配度越好,一般大于 0.9 是判断模型与实际数据是否适配的最优标准。此外,简约适配度指标需满足大于 0.5 的标准。这些拟合指数从不同方面衡量测量模型的因子结构和拟合优度,个别指标较差仍然可以接受测量模型。

4.3.1　移动社会网络用户创造价值行为影响因素

本部分对移动社会网络用户创造价值行为各影响因素的测量模型进行验证性因子分析,给出了移动社会网络用户创造价值行为影响因素与其观测变量以及潜在变量之间的标准化估计结果,如图 4.2 所示。

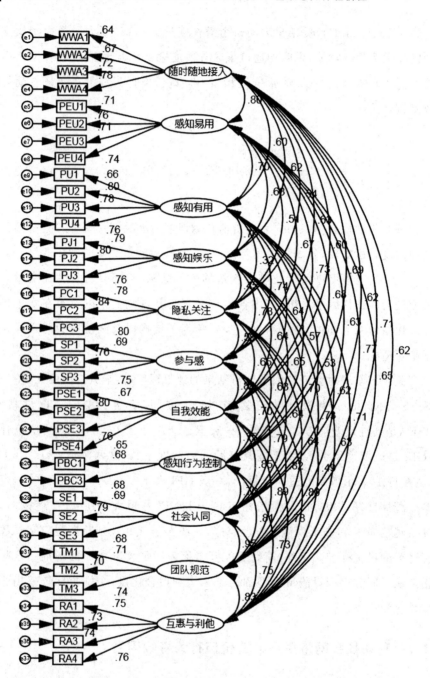

图 4.2 移动社会网络用户创造价值行为影响因素的验证性因子分析

移动社会网络用户创造价值行为影响因素潜在变量的测量模型拟合结果

为：$X^2 = 1202.873$，df$=574$，$X^2/$df$=2.096$，$P < 0.001$，RMSEA$=0.060$，GFI$=$

0.824,AGFI＝0.784,CFI＝0.900,NFI＝0.827,TLI＝0.884,PNFI＝0.713,RMR＝0.086。虽然 GFI 为 0.775,AGFI 为 0.725,小于 0.9,但都大于 0.7,处于可以接受的范围。移动社会网络用户创造价值行为影响因素测量模型的拟合指数都满足了结构方程模型分析的要求。

4.3.2　移动社会网络用户感知体验价值

本部分对移动社会网络用户感知体验价值的测量模型进行验证性因子分析,给出了移动社会网络用户创造价值行为感知体验价值的观测变量以及潜在变量之间的标准化估计结果,如图 4.3 所示。

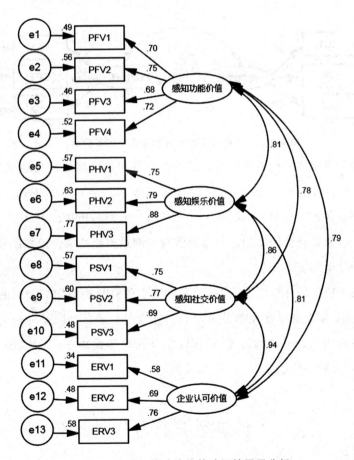

图 4.3　感知体验价值的验证性因子分析

感知体验价值的二阶潜在变量测量模型的拟合结果为:$X^2＝189.553,df＝59,$

$X^2/\mathrm{df}=3.213, P<0.001, \mathrm{RMSEA}=0.085, \mathrm{GFI}=0.904, \mathrm{AGFI}=0.852, \mathrm{CFI}=0.935, \mathrm{NFI}=0.909, \mathrm{TLI}=0.914, \mathrm{PNFI}=0.687, \mathrm{RMR}=0.075$。可见,感知体验价值测量模型的拟合指数都满足了结构方程模型分析的要求。图 4.3 给出了感知体验价值的二阶潜在变量与其观测变量以及潜在变量之间的标准化估计结果。

4.3.3 移动社会网络用户创造价值行为

本部分对移动社会网络用户创造价值行为的测量模型进行验证性因子分析,给出了移动社会网络用户创造价值行为与其观测变量以及潜在变量之间的标准化估计结果,如图 4.4 所示。

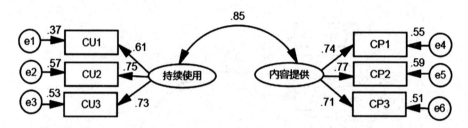

图 4.4 用户创造价值行为的验证性因子分析

移动社会网络用户创造价值行为的潜在变量测量模型的拟合结果为:$X^2=12.251, \mathrm{df}=8, X^2/\mathrm{df}=1.531, P<0.001, \mathrm{RMSEA}=0.042, \mathrm{GFI}=0.987, \mathrm{AGFI}=0.965, \mathrm{CFI}=0.993, \mathrm{NFI}=0.981, \mathrm{TLI}=0.987, \mathrm{PNFI}=0.523, \mathrm{RMR}=0.032$。可见,移动社会网络用户创造价值行为测量模型的拟合指数都满足了结构方程模型分析的要求。

综合测量模型的评价结果表明,本书研究中的测量模型均有较高的信度和效度,各观测变量能够很好地测量对应的潜在变量。验证性因子分析的结果表明各个潜在变量的因子结构合理,潜在变量及其观测变量关系正确,因此,可以进行下一步的结构分析。

4.4 结构模型分析与假设检验

结构方程模型(Structure Equation Modeling,简称 SEM)是应用线性方程

系统表示观测变量与潜在变量、潜在变量与潜在变量之间关系的一种统计建模技术,完整的结构方程模型包括测量模型和结构模型[290]。结构方程既可以测度潜在变量之间的关系,也能够同时顾及测量方程和结构,因此 SEM 分析能够得到相对于传统回归分析更为精确的结果。本节将构建移动社会网络用户创造价值行为驱动机理的结构模型,应用最大似然估计或者广义最小二乘等最优估计算法计算结构模型的拟合指数和影响路径,检验移动社会网络用户创造价值行为驱动模型中的假设关系。

4.4.1 结构模型分析

基于第三章所提出的研究假设,移动社会网络用户创造价值行为影响因素中的随时随地接入、感知易用、感知娱乐、团队规范等 11 个潜在变量显著影响感知体验价值,感知体验价值对移动社会网络用户创造价值行为有显著影响,而企业奖励对创造价值行为可能具有调节作用。因此,构建的移动社会网络用户创造价值行为结构模型将随时随地接入、感知易用、感知娱乐、团队规范等作为自变量,感知体验价值作为中介变量,用户创造价值行为中的持续使用行为和内容提供行为作为因变量,企业奖励作为调节变量,后文将另行验证企业奖励的调节效应,所以未将企业奖励纳入,从而构成如图 4.5 所示的整体结构模型。

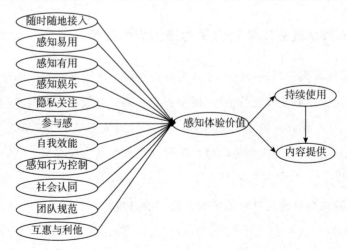

图 4.5 移动社会网络用户创造价值行为驱动机理的结构方程简图

注:图中未标出测量题项及其误差、外衍变量与内衍变量的残差。

根据图 4.5 所示的结构方程模型,列出移动社会网络用户创造价值行为驱动机理的结构方程式如式(4-1)所示。其中,外衍潜在变量有 11 个,分别是随时随地接入 ξ_1、感知易用 ξ_2、感知有用 ξ_3、感知娱乐 ξ_4、隐私关注 ξ_5、参与感 ξ_6、自我效能 ξ_7、感知行为控制 ξ_8、社会认同 ξ_9、团队规范 ξ_{10} 和互惠与利他 ξ_{11};内衍潜在变量有 3 个,感知体验价值 η_1、持续使用行为 η_2、内容提供行为 η_3。$\gamma_{1i}(i=a,b,c\cdots\cdots,k)$ 分别表示外衍潜在变量对于移动社会网络用户感知体验价值影响的路径系数,β_{21} 表示移动社会网络用户感知体验价值对于持续使用行为影响的路径系数,β_{31}、β_{32} 分别表示移动社会网络用户感知体验价值、持续使用行为影响内容提供行为的路径系数,ζ_1、ζ_2、ζ_3 分别为结构方程的残差项。

$$\begin{cases} \eta_1 = \gamma_{1a}\xi_1 + \gamma_{1b}\xi_2 + \cdots\cdots + \gamma_{1k}\xi_{11} + \zeta_1 \\ \eta_2 = \beta_{21}\eta_1 + \zeta_2 \qquad\qquad (i=a,b,c\cdots\cdots,k) \\ \eta_3 = \beta_{31}\eta_1 + \beta_{32}\eta_2 + \zeta_3 \end{cases} \qquad (4\text{-}1)$$

由于驱动移动社会网络用户创造价值行为的刺激因素较多,在结构模型分析中为了避免外衍潜在变量之间相互干扰而影响路径效果,本节主要考虑移动社会网络用户创造价值行为影响因素对感知体验价值不同维度的影响关系,而没有考虑移动社会网络用户创造价值行为刺激因素间的相关关系及其与感知体验价值整体的影响关系。

4.4.2 不同维度感知体验价值的结构模型分析

运用结构方程工具 AMO 软件分别对感知体验价值不同维度的结构模型进行拟合,选择极大似然法进行估计,模型拟合与路径系数显著性检验的部分详细结果见附录 2。图 4.6、图 4.7、图 4.8、图 4.9 分别从感知体验价值的不同维度,给出了移动社会网络用户创造价值行为驱动机理的结构模型拟合后路径系数和 R^2 值。

4.4.2.1 感知功能价值维度的结构模型评价与检验

结构模型的 AIC 值等于 2356.411,接近饱和模型的 AIC 值(=2256.000),也小于独立模型的 AIC 值(=9472.176);而结构模型的 CAIC 值等于3127.418,小于饱和模型的 CAIC 值(=7591.553),也小于独立模型的 CAIC 值

（＝9694.490），显示感知功能价值维度结构模型的整体适配度不错。

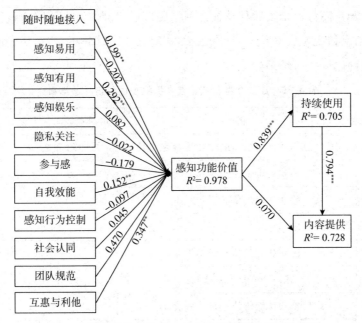

图 4.6 感知功能价值维度的结构模型路径系数与检验

注：* 表示 $p<0.1$；** 表示 $p<0.05$；*** 表示 $p<0.001$。

由附录 2 的结构模型拟合结果得：$X^2=2030.411$，df＝965，X^2/df 为 2.104，符合标准要求，$P<0.001$，RMSEA 为 0.060，满足小于 0.08 的标准要求；GFI 为 0.781，AGFI 为 0.744，CFI 为 0.872，NFI 为 0.783，TLI＝0.856，PNFI＝0.699，RMR＝0.086，符合有关领域学者对结构模型拟合结果的评价标准。

（1）感知功能价值维度结构模型解释力的评价

移动社会网络用户创造价值行为驱动机理的感知功能价值维度结构模型中，外衍潜在变量对感知功能价值的综合影响 R^2 达到了 0.978，解释了 97.8% 感知功能价值的方差，感知功能价值对持续使用行为的综合影响 R^2 达到了 0.705，即解释了 70.5% 持续使用行为的方差，持续使用行为对内容提供行为的综合影响 R^2 达到了 0.728，即解释了 72.8% 内容提供行为的方差。因此，各潜在变量被解释得都比较充分，这保证了研究结果的可信度和精确度，具有较好的拟合优度。

（2）感知功能价值维度结构模型的假设检验

从感知功能价值维度对移动社会网络用户创造价值行为的影响路径进行假设检验，结果如表 4.25 所示。从表 4.25 和图 4.6 可以分析，感知功能价值维度结构模型的假设检验结果。

表 4.25　感知功能价值维度结构模型的假设检验结果

假设	路径	路径系数	T 值	结论
H1a	感知功能价值←随时随地接入	0.199	2.620**	成立
H2a	感知功能价值←感知易用	−0.202	−0.962	不成立
H3a	感知功能价值←感知有用	0.292	2.375**	成立
H4a	感知功能价值←感知娱乐	0.082	0.535	不成立
H5a	感知功能价值←隐私关注	−0.022	−0.333	不成立
H6a	感知功能价值←参与感	−0.179	−0.713	不成立
H7a	感知功能价值←自我效能	0.152	2.515**	成立
H8a	感知功能价值←感知行为控制	−0.097	−0.740	不成立
H9a	感知功能价值←社会认同	0.045	0.103	不成立
H10a	感知功能价值←团队规范	0.470	0.690	不成立
H11a	感知功能价值←互惠与利他	0.347	1.976**	成立
H12a	持续使用←感知功能价值	0.839	9.162***	成立
H13a	内容提供←感知功能价值	0.070	0.484	不成立
H14	内容提供←持续使用	0.794	4.689***	成立

注：* 表示 $p < 0.1$；** 表示 $p < 0.05$；*** 表示 $p < 0.001$。

移动社会网络用户作为技术使用者时，三个主要因素对感知功能价值的影响假设中，H1a 和 H3a 得到了支持。其中，随时随地接入与感知功能价值之间的路径系数为 0.199，T 值为 2.620，大于 1.96，H1a 在 0.05 的显著性水平下是成立的，因此随时随地接入对感知功能价值是有显著积极影响的；感知有用与感知功能价值之间的路径系数分别为 0.292，T 值为 2.375，大于 1.96，H3a 在 0.05 的显著性水平下是成立的，因此感知有用对移动社会网络用户感知功能价值是有显著积极影响的。而感知易用与感知功能价值之间的路径系数为

−0.202，T 值为 −0.962，H2a 在 0.1 的显著性水平下不成立，因此感知易用对感知功能价值的影响是不显著的。

移动社会网络用户作为信息接受者时，两个因素对感知功能价值的影响假设中，H4a 和 H5a 均未得到支持，因为感知娱乐与感知功能价值之间的路径系数分别为 0.082、−0.022，T 值对应为 0.535、−0.333，H4a、H5a 在 0.1 的显著性水平下不成立，所以感知娱乐、隐私关注对感知功能价值的影响是不显著的。

移动社会网络用户作为信息提供者时，三个因素对感知功能价值的影响假设中，只有 H7a 得到了支持，即自我效能与感知功能价值之间的路径系数为 0.152，T 值为 2.515，大于 1.96，H7a 在 0.05 的显著性水平下成立，因此自我效能对感知功能价值是有显著积极影响的。而参与感、感知行为控制对感知功能价值之间的路径系数分别为 −0.179、−0.097，T 值分别为 −0.713、−0.740，H6a、H8a 在 0.1 的显著性水平下均不成立，因此参与感、感知行为控制对移动社会网络用户感知功能价值的影响是不显著的。

移动社会网络用户作为社会网络成员时，三个因素对感知功能价值的影响假设中，H11a 得到了支持，互惠与利他对感知功能价值的影响系数为 0.347，T 值分别为 1.976，大于 1.96，H11a 在 0.05 的显著性水平下成立，因此互惠与利他对感知功能价值是有显著积极影响的；而社会认同、团队规范与感知功能价值之间的路径系数分别为 0.045、0.470，T 值对应为 0.103、0.690，H9a、H10a 在 0.1 的显著性水平下均不成立，因此社会认同、团队规范对感知功能价值的影响是不显著的。

持续使用行为与感知功能价值之间的路径系数为 0.839，T 值为 9.162，H12a 在 0.001 的显著性水平下成立，因此感知功能价值对持续使用行为是有显著积极影响的；内容提供行为与感知功能价值之间的路径系数为 0.070，T 值为 0.484，H13a 在 0.1 的显著性水平下不成立，因此感知功能价值对内容提供行为的影响是不显著的；持续使用行为与内容提供行为之间的路径系数为 0.794，T 值为 4.689，H14 在 0.001 的显著性水平下成立，因此持续使用行为对内容提供行为是有显著积极影响的。

4.4.2.2　感知享乐价值维度的结构模型评价

由附录 2 的结构模型拟合结果得：$X^2 = 1878.296$，$df = 920$，X^2/df 为 2.042，

符合标准要求，$P<0.001$，RMSEA 为 0.058，满足小于 0.08 的标准要求；GFI 为 0.792，CFI 为 0.883，NFI 为 0.796，TLI＝0.868，PNFI＝0.708，RMR＝0.084，符合有关领域学者对结构模型拟合结果的评价标准。

结构模型的 AIC 值等于 2200.296，接近饱和模型的 AIC 值（＝2162.000），也小于独立模型的 AIC 值（＝9319.083）；而结构模型的 CAIC 值等于 2961.842，小于饱和模型的 CAIC 值（＝7275.238），也小于独立模型的 CAIC 值（＝9536.668），显示感知享乐价值维度结构模型的整体适配度不错。

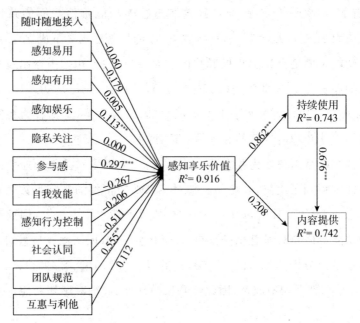

图 4.7　感知享乐价值维度结构模型的路径系数与检验

注：* 表示 $p<0.1$；** 表示 $p<0.05$；*** 表示 $p<0.001$。

（1）感知享乐价值维度结构模型解释力的评价

移动社会网络用户创造价值行为驱动机理的结构模型中，外衍潜在变量对感知享乐价值的综合影响 R^2 达到了 0.916，解释了 91.6％感知享乐价值的方差，感知享乐价值对持续使用行为的综合影响 R^2 达到了 0.743，即解释了 74.3％持续使用行为的方差，持续使用行为对内容提供行为的综合影响 R^2 达到了 0.742，解释了 74.2％内容提供行为的方差。各潜在变量被解释的都比较充分，这保证了研究结果的可信度和精确度，具有较好的拟合优度。

（2）感知享乐价值维度结构模型的假设检验

从感知享乐价值维度对移动社会网络用户创造价值行为的影响路径进行假设检验，结果如表4.26和图4.7所示。

表 4.26　感知享乐价值维度结构模型的假设检验结果

假设	路径	路径系数	T 值	结论
H1b	感知享乐价值←随时随地接入	−0.050	−0.231	不成立
H2b	感知享乐价值←感知易用	−0.179	−0.472	不成立
H3b	感知享乐价值←感知有用	0.005	0.021	不成立
H4b	感知享乐价值←感知娱乐	0.113	3.406***	成立
H5b	感知享乐价值←隐私关注	0.000	−0.002	不成立
H6b	感知享乐价值←参与感	0.297	2.664***	成立
H7b	感知享乐价值←自我效能	−0.267	−0.480	不成立
H8b	感知享乐价值←感知行为控制	−0.206	−0.905	不成立
H9b	感知享乐价值←社会认同	−0.511	−0.548	不成立
H10b	感知享乐价值←团队规范	0.555	2.035**	成立
H11b	感知享乐价值←互惠与利他	0.112	0.326	不成立
H12b	持续使用←感知享乐价值	0.862	9.539***	成立
H13b	内容提供←感知享乐价值	0.208	1.323	不成立
H14	内容提供←持续使用	0.676	3.863***	成立

注：* 表示 $p<0.1$；** 表示 $p<0.05$；*** 表示 $p<0.001$。

移动社会网络用户作为技术使用者时，三个主要因素对感知享乐价值的影响假设均未得到支持。其中，随时随地接入、感知易用、感知有用与感知享乐价值之间的路径系数分别为 −0.050、−0.179、0.005，T 值对应为 −0.231、−0.472、0.021，H1b，H2b 和 H3b 在 0.1 的显著性水平下均不成立，因此随时随地接入、感知易用、感知有用对感知享乐价值的影响是不显著的。

移动社会网络用户作为信息接受者时，所受的刺激因素对感知享乐价值的影响假设中，H4b 得到了支持，因为感知娱乐与感知享乐价值之间的路径系数为 0.113，T 值为 3.406，H4b 在 0.001 的显著性水平下成立，感知娱乐对感知享乐价值是有显著积极影响的；隐私关注与感知享乐价值之间的路径系数为 −0.000，T 值为 −0.002，H5b 在 0.1 的显著性水平下不成立，因此隐私关注对感知享乐价值的影响是不显著的。

移动社会网络用户作为信息提供者时,两个因素对感知享乐价值的影响假设中,H6b得到了支持,因为参与感对感知享乐价值影响的路径系数为0.297,T值为2.664,H6b在0.001的显著性水平下成立,所以参与感对感知享乐价值是有显著积极影响的。而自我效能、感知行为控制与感知享乐价值之间的路径系数分别为-0.267、-0.206,T值分别为-0.480、-0.905,H7b、H8b在0.1的显著性水平下均不成立,因此自我效能、感知行为控制对移动社会网络用户感知享乐价值的影响是不显著的。

移动社会网络用户作为社会网络成员时,三个因素对感知享乐价值的影响假设中,H10b得到了支持,团队规范对感知享乐价值影响的路径系数为0.555,T值为2.035,大于1.96,H10b在0.05的显著性水平下成立,因此团队规范对感知享乐价值是有显著积极影响的;而社会认同、互惠与利他对感知享乐价值影响的路径系数分别为-0.511、0.112,T值对应为-0.548、0.326,H9b、H11b在0.1的显著性水平下不成立,因此社会认同、互惠与利他对感知享乐价值的影响是不显著的。

持续使用行为与感知享乐价值之间的路径系数为0.862,T值为9.539,假设12b在0.001的显著性水平下成立,因此感知享乐价值对持续使用行为是有显著积极影响的;内容提供行为与感知享乐价值之间的路径系数为0.208,T值为1.323,H13b在0.1的显著性水平下不成立,因此感知享乐价值对内容提供行为的影响是不显著的;持续使用行为与内容提供行为之间的路径系数为0.676,T值为3.863,H14在0.001的显著性水平下成立,因此持续使用行为对内容提供行为是有显著积极影响的。

4.4.2.3 感知社交价值维度的结构模型评价

由附录2的结构模型拟合结果得:$X^2=1821.582$,df$=920$,X^2/df为1.980,符合标准要求,$P<0.001$,RMSEA为0.056,满足小于0.08的标准要求;GFI为0.796,AGFI为0.760,CFI为0.886,NFI为0.797,TLI$=0.872$,PNFI$=0.708$,RMR$=0.083$,符合有关领域学者对结构模型拟合结果的评价标准。

结构模型的AIC值等于2143.582,接近饱和模型的AIC值($=2162.000$),也小于独立模型的AIC值($=9049.443$);而结构模型的CAIC值等于2905.128,小于饱和模型的CAIC值($=7275.238$),也小于独立模型的CAIC值

（＝9267.028），显示感知社交价值维度结构模型的整体适配度不错。

（1）感知社交价值维度结构模型解释力的评价

在移动社会网络用户创造价值行为驱动机理的结构模型中，外衍潜在变量对感知社交价值的综合影响 R^2 达到了 0.992，解释了 99.2% 感知社交价值的方差，感知社交价值对持续使用行为的综合影响 R^2 达到了 0.797，即解释了 79.7% 持续使用行为的方差，持续使用行为对内容提供行为的综合影响 R^2 达到了 0.736，解释了 73.6% 内容提供行为的方差。本研究属于消费者行为研究领域，因此，各潜在变量被解释的都比较充分，这保证了研究结果的可信度和精确度，具有较好的拟合优度。

（2）感知社交价值维度结构模型的假设检验

从感知社交价值维度对移动社会网络用户创造价值行为的影响路径进行假设检验，结果如表 4.27 和图 4.8 所示。

表 4.27 感知社交价值维度结构模型的假设检验结果

假设	路径	路径系数	T 值	结论
H1c	感知社交价值←随时随地接入	0.129	2.503**	成立
H2c	感知社交价值←感知易用	−0.506	−1.025	不成立
H3c	感知社交价值←感知有用	0.034	0.130	不成立
H4c	感知社交价值←感知娱乐	0.073	0.222	不成立
H5c	感知社交价值←隐私关注	0.063	2.436**	成立
H6c	感知社交价值←参与感	0.012	0.023	不成立
H7c	感知社交价值←自我效能	0.185	0.278	不成立
H8c	感知社交价值←感知行为控制	−0.232	−0.846	不成立
H9c	感知社交价值←社会认同	0.787	0.642	不成立
H10c	感知社交价值←团队规范	0.838	1.975**	成立
H11c	感知社交价值←互惠与利他	0.063	2.140**	成立
H12c	持续使用←感知社交价值	0.893	9.651***	成立
H13c	内容提供←感知社交价值	0.126	2.608***	成立
H14	内容提供←持续使用	0.744	3.307***	成立

注：* 表示 $p < 0.1$；** 表示 $p < 0.05$；*** 表示 $p < 0.001$。

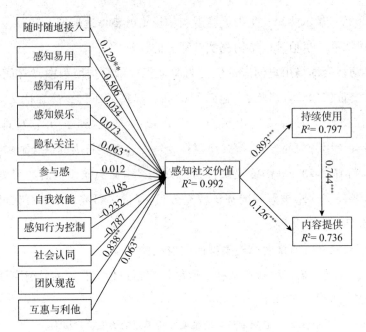

图 4.8　感知社交价值维度结构模型的路径系数与检验

注：* 表示 $p<0.1$；** 表示 $p<0.05$；*** 表示 $p<0.001$。

移动社会网络用户作为技术使用者时，三个主要因素对感知社交价值的影响假设中，随时随地接入与感知社交价值之间的路径系数为 0.129，T 值为 2.503，大于 1.96，H1c 是在 0.05 的显著性水平下成立的，因此随时随地接入对感知社交价值具有显著的积极影响；感知易用、感知有用与感知社交价值之间的路径系数分别为 −0.506、0.034，T 值对应为 −1.025、0.130，H2c、H3c 在 0.1 的显著性水平下均不成立，因此感知易用、感知有用对移动社会网络用户感知社交价值的影响是不显著的。

移动社会网络用户作为信息接受者时，两个因素对感知社交价值的影响假设中，H5c 得到了支持，因为隐私关注与感知社交价值之间的路径系数为0.063，T 值为 2.436，大于 1.96，所以 H5c 在 0.05 的显著性水平下成立，隐私关注对感知社交价值具有显著积极影响；感知娱乐与感知社交价值之间的路径系数为 0.073，T 值为 0.222，H4c 在 0.1 的显著性水平下不成立，因此感知娱乐对感知社交价值的影响是不显著的。

移动社会网络用户作为信息提供者时，三个因素对感知社交价值的影响假设均未得到支持,因为参与感、自我效能、感知行为控制与感知社交价值之间的路径系数分别为 0.012、0.185、 0.232,T 值对应为 0.023、0.278、$-$0.846,H6c、H7c、H8c 在 0.1 的显著性水平下均不成立,所以参与感、自我效能、感知行为控制对移动社会网络用户感知社交价值的影响是不显著的。

移动社会网络用户作为社会网络成员时,三个因素对感知社交价值的影响假设中 H10c、H11c 得到了支持,因为团队规范、互惠与利他对感知社交价值影响的路径系数分别为 0.838、0.063,T 值分别为 1.975、2.140,大于 1.96,H10c、H11c 在 0.05 的显著性水平下成立,所以团队规范、互惠与利他对感知社交价值具有显著积极影响;而社会认同与感知社交价值之间的路径系数为 0.787,T 值为 0.642,H9c 在 0.1 的显著性水平下不成立,因此社会认同对感知社交价值的影响是不显著的。

持续使用行为与感知社交价值之间的路径系数为 0.893,T 值为 9.651,H12c 在 0.001 的显著性水平下成立,因此感知社交价值对持续使用行为是有显著积极影响的;内容提供行为与感知社交价值之间的路径系数为 0.126,T 值为 2.608,H13c 在 0.001 的显著性水平下成立,因此感知社交价值对内容提供行为是有显著积极影响的;持续使用行为与内容提供行为之间的路径系数为 0.744,T 值为 3.307,H14 在 0.001 的显著性水平下成立,因此持续使用行为对内容提供行为是有显著积极影响的。

4.4.2.4 企业认可价值维度的结构模型评价

由附录 2 的结构模型拟合结果得:$X^2=1819.989$,$df=920$,X^2/df 为 1.978,符合标准要求,$P<0.001$,RMSEA 为 0.056,满足小于 0.08 的标准要求;GFI 为 0.796,AGFI 为 0.761,CFI 为 0.886,NFI 为 0.797,TLI$=$0.872,PNFI$=$0.708,RMR$=$0.083,符合有关领域学者对结构模型拟合结果的评价标准。

结构模型的 AIC 值等于 2141.989,接近饱和模型的 AIC 值($=$2162.000),也小于独立模型的 AIC 值($=$9047.708);而结构模型的 CAIC 值等于 2903.535,小于饱和模型的 CAIC 值($=$7275.238),也小于独立模型的 CAIC 值($=$9265.292),显示企业认可价值维度的结构模型整体适配度不错。

(1)企业认可价值维度结构模型解释力的评价

在移动社会网络用户创造价值行为驱动机理的结构模型中,外衍潜在变量对企业认可价值的综合影响 R^2 达到了 0.995,解释了 99.5% 企业认可价值的方差,企业认可价值对持续使用行为的综合影响 R^2 达到了 0.796,即解释了 79.6% 持续使用行为的方差,持续使用行为对内容提供行为的综合影响 R^2 达到了 0.736,解释了 73.6% 内容提供行为的方差。因此,各潜在变量被解释的都比较充分,这保证了研究结果的可信度和精确度,具有较好的拟合优度。

(2)企业认可价值维度结构模型的假设检验

从感知功能价值维度对移动社会网络用户创造价值行为的影响路径进行假设检验,结果如表 4.28 和图 4.9 所示。

表 4.26　企业认可价值维度结构模型的假设检验结果

假设	路径	路径系数	T 值	结论
H1d	企业认可价值←随时随地接入	0.131	0.508	不成立
H2d	企业认可价值←感知易用	−0.509	−1.029	不成立
H3d	企业认可价值←感知有用	0.030	0.116	不成立
H4d	企业认可价值←感知娱乐	0.067	0.201	不成立
H5d	企业认可价值←隐私关注	0.058	0.406	不成立
H6d	企业认可价值←参与感	0.029	2.055**	成立
H7d	企业认可价值←自我效能	0.179	0.268	不成立
H8d	企业认可价值←感知行为控制	−0.230	−0.837	不成立
H9d	企业认可价值←社会认同	0.788	3.641***	成立
H10d	企业认可价值←团队规范	0.843	0.936	不成立
H11d	企业认可价值←互惠与利他	0.059	0.131	不成立
H12d	持续使用←企业认可价值	0.892	9.646***	成立
H13d	内容提供←企业认可价值	0.127	0.618	不成立
H14	内容提供←持续使用	0.743	3.328***	成立

注:* 表示 $p<0.1$;** 表示 $p<0.05$;*** 表示 $p<0.001$。

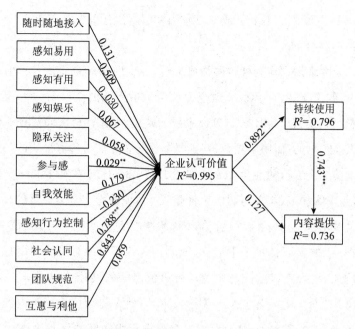

图 4.9　企业认可价值维度结构模型的路径系数与检验

注：* 表示 $p<0.1$；** 表示 $p<0.05$；*** 表示 $p<0.001$。

移动社会网络用户作为技术使用者时，三个主要因素对企业认可价值的影响假设均未得到支持。其中，随时随地接入、感知易用、感知有用与企业认可价值之间的路径系数分别为 0.131、-0.509、0.030，T 值对应为 0.508、-1.029、0.116，H1d、H2d、H3d 在 0.1 的显著性水平下是不成立的，因此随时随地接入、感知有用、感知易用对企业认可价值的影响是不显著的。

移动社会网络用户作为信息接受者时，两个主要因素对企业认可价值的影响假设均未得到支持，因为感知娱乐、隐私关注与企业认可价值之间的路径系数分别为 0.067、0.058，T 值为 0.201、0.406，H4d、H5d 在 0.1 的显著性水平下不成立，所以感知娱乐、隐私关注对企业认可价值的影响是不显著的。

移动社会网络用户作为信息提供者时，三个因素对企业认可价值的影响假设中，只有 H6d 得到了支持，因为参与感与企业认可价值之间的路径系数为 0.029，T 值为 2.055，大于 1.96，H6d 在 0.05 的显著性水平下成立，所以参与感对企业认可价值是有显著积极影响的。而自我效能、感知行为控制与企业认可价值之间的路径系数分别为 0.179、-0.230，T 值分别为 0.268、-0.837，H7d、

H8d 在 0.1 的显著性水平下不成立,因此自我效能、感知行为控制对企业认可价值的影响是不显著的。

移动社会网络用户作为社会网络成员时,三个因素对企业认可价值的影响假设中,H9d 得到了支持,社会认同对企业认可价值影响的路径系数为 0.788,T 值分别为 3.641,H9d 在 0.001 的显著性水平下成立,因此社会认同对企业认可价值是有显著积极影响的;而团队规范、互惠与利他对企业认可价值影响的路径系数分别为 0.843、0.059,T 值对应为 0.936、0.131,H10d、H11d 在 0.1 的显著性水平下不成立,因此团队规范、互惠与利他对企业认可价值的影响是不显著的。

持续使用行为与企业认可价值之间的路径系数为 0.892,T 值为 9.646,H12d 在 0.001 的显著性水平下成立,因此企业认可价值对持续使用行为是有显著积极影响的;内容提供行为与企业认可价值之间的路径系数为 0.127,T 值为 0.618,H13d 在 0.1 的显著性水平下不成立,因此企业认可价值对内容提供行为的影响是不显著的;持续使用行为与内容提供行为之间的路径系数为 0.743,T 值为 3.328,H14 在 0.001 的显著性水平下成立,因此持续使用行为对内容提供行为是有显著积极影响的。

4.4.3 企业奖励的调节效应

调节效应是由调节变量对两个变量之间关系的影响形成的,如本研究中企业奖励对感知体验价值与用户创造价值行为之间关系影响的检验模型,如图 4.10所示。其中感知体验价值为预测变量,移动社会网络用户创造价值行为为因变量,企业奖励就是两者之间关系的调节变量,如 H15a。即在不同的企业奖励情境中,移动社会网络用户创造价值的行为不同,感知体验价值和移动社会网络用户创造价值行为之间的关系可能也是不同的。

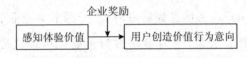

图 4.10　企业奖励调节效应检验模型图

本书中的调节变量(企业奖励)与预测变量(感知体验价值的维度)都是连续变量,在进行调节效应分析时[293],首先,将感知体验价值四个维度与企业奖励去中心化,以消除观测变量数量级的影响,并计算两者的交互项乘积,分别生成乘积变量 PFV * ER、PHV * ER、PSV * ER、ERV * ER;然后,依次将预测变量 PFV、PHV、PSV、ERV 和调节变量 ER 作为因变量——持续使用行为或内容提供行为的影响变量,对不同的感知体验价值维度进行回归,得出相对应的回归系数;最后,将企业奖励与感知体验价值不同维度的乘积项同时引入回归方程,进行感知体验价值维度、企业奖励、企业奖励和感知体验价值维度的乘积项与持续使用行为或内容提供行为的回归,验证企业奖励影响的显著性。

本书检验了企业奖励在感知功能价值、感知享乐价值、感知社交价值以及企业认可价值与用户持续使用行为之间关系的调节效应,如表 4.29 所示。

表 4.29　企业奖励在感知体验价值维度和持续使用行为之间的调节效应检验

路径	→模型				↓调节模型			
	系数	T 值	R^2	调整的 R^2	系数	T 值	R^2	调整的 R^2
PFV→CU	0.450	8.627***			0.446	8.314***		
ER→CU	0.283	5.417***	0.423	0.419	0.281	5.364***	0.423	0.418
PFV * ER→CU	—	—			−0.014	−0.297 (0.767)		
PHV→CU	0.496	9.889***			0.519	10.096***		
ER→CU	0.263	5.241***	0.457	0.453	0.271	5.406***	0.465	0.458
PHV * ER→CU	—	—			0.084	1.893* (0.059)		
PSV→CU	0.471	9.622***			0.479	9.744***		
ER→CU	0.297	6.074***	0.447	0.446	0.308	6.237***	0.458	0.448
PSV * ER→CU	—	—			0.065	1.674*		
ERV→CU	0.413	8.618***			0.413	8.586***		
ER→CU	0.359	7.488***	0.423	0.419	0.359	7.352***	0.423	0.417
ERV * ER→CU	—	—			0.003	0.075 (0.940)		

注:* 表示 $p<0.1$;** 表示 $p<0.05$;*** 表示 $p<0.001$。

从表 4.29 的多元回归结果中发现,在加入交互项 PFV * ER(感知功能价值

*企业奖励)之后,其调整的判定系数 R^2 变为 0.418,下降 0.001,同时交互项的标准化回归系数 β 为 -0.014,Sig. 为 0.767,即该结果在 0.1 的水平上并不显著,这意味着企业奖励对感知功能价值与持续使用行为的正向调节作用并不显著;在加入交互项 PHV*ER(感知享乐价值*企业奖励)之后,其调整的判定系数 R^2 变为 0.458,上升 0.003,同时交互项的标准化回归系数 β 为 0.084,Sig. 为 0.059,即该结果在 0.1 的水平上显著,这意味着企业奖励对感知享乐价值与持续使用行为的正向调节作用显著;在加入交互项 PSV*ER(感知社交价值*企业奖励)之后,其调整的判定系数 R^2 变为 0.448,上升 0.002,同时交互项的标准化回归系数 β 为 0.065,Sig. 为 0.101,即该结果在 0.1 的水平上显著,这意味着企业奖励对感知社交价值与持续使用行为的正向调节作用显著;在加入交互项 ERV*ER(企业认可价值*企业奖励)之后,其调整的判定系数 R^2 变为 0.417,下降 0.002,同时交互项的标准化回归系数 β 为 0.003,Sig. 为 0.940,即该结果在 0.1 的水平上并不显著,这意味着企业奖励对企业认可价值与持续使用行为的正向调节作用并不显著。

本书检验了企业奖励在感知功能价值、感知享乐价值、感知社交价值以及企业认可价值与用户内容提供行为之间关系的调节效应,如表 4.30 所示。

表 4.30　企业奖励在感知体验价值维度和内容提供行为之间的调节效应检验

路径	→模型				↓调节模型			
	系数	T 值	R^2	调整的 R^2	系数	T 值	R^2	调整的 R^2
PFV→CP	0.315	5.487***			0.298	5.205***		
ER→CP	0.305	5.326***	0.300	0.295	0.300	5.056***	0.304	0.297
PFV*ER→CP	—	—			−0.064	−1.255 (0.211)		
PHV→CP	0.508	9.730***			0.528	9.856***		
ER→CP	0.206	3.949***	0.410	0.409	0.213	4.082***	0.420	0.412
PHV*ER→CP	—	—			0.074	1.653* (0.092)		

续表

路径	→模型				↓调节模型			
	系数	T 值	R^2	调整的 R^2	系数	T 值	R^2	调整的 R^2
PSV→CP	0.438	8.406***			0.443	8.450***		
ER→CP	0.263	5.037***	0.376	0.371	0.270	5.112***	0.377	0.371
PSV＊ER→CP	—	—			0.042	0.891 (0.374)		
ERV→CP	0.371	7.269***			0.369	7.210***		
ER→CP	0.325	6.369***	0.344	0.340	0.332	6.388***	0.346	0.339
ERV＊ER→CP	—	—			0.035	0.739 (0.460)		

注:* 表示 $p<0.1$;** 表示 $p<0.05$;*** 表示 $p<0.001$。

从表 4.30 的多元回归结果中发现,在加入交互项 PFV＊ER(感知功能价值＊企业奖励)之后,其调整的判定系数 R^2 变为 0.297,上升 0.002,同时交互项的标准化回归系数 β 为－0.064,Sig. 为 0.211,即该结果在 0.1 的水平上并不显著,这意味着企业奖励对感知功能价值与内容提供行为的正向调节作用并不显著;在加入交互项 PHV＊ER(感知享乐价值＊企业奖励)之后,其调整的判定系数 R^2 变为 0.412,上升 0.003,同时交互项的标准化回归系数 β 为 0.074,Sig. 为 0.092,即该结果在 0.1 的水平上显著,这意味着企业奖励对感知享乐价值与内容提供行为的正向调节作用显著;在加入交互项 PSV＊ER(感知社交价值＊企业奖励)之后,其调整的判定系数 R^2 仍为 0.371,同时交互项的标准化回归系数 β 为 0.042,Sig. 为 0.374,即该结果在 0.1 的水平上并不显著,这意味着企业奖励对感知社交价值与内容提供行为的正向调节作用并不显著;在加入交互项 ERV＊ER(企业认可价值＊企业奖励)之后,其调整的判定系数 R^2 变为0.339,下降 0.001,同时交互项的标准化回归系数 β 为 0.035,Sig. 为 0.460,即该结果在 0.1 的水平上并不显著,这意味着企业奖励对企业认可价值与内容提供行为的正向调节作用并不显著。

Cohen[294]建议的公式(4-2)可以用来计算调节效应的强度。若 $0.02 \leqslant f^2 <$

0.15,为轻度调节效应;当 $0.15 \leqslant f^2 < 0.35$ 时,为中度调节效应;当 $f^2 \geqslant 0.35$ 时,为高度调节效应。

$$f^2 = [R^2(调节效应模型) - R^2(主效应模型)] / [1 - R^2(调节效应模型)]$$

(4-2)

本书参照公式(4-2)分别计算了企业奖励在感知体验价值不同维度与移动社会网络用户持续使用行为、内容提供行为之间的调节效应强度,其中具有一定调节效应的有:

(1)企业奖励在感知享乐价值与移动社会网络用户持续使用行为之间关系的调节效应强度:$f^2 = (0.465 - 0.457)/(1 - 0.465) = 0.015$,为轻度调节效应,即企业奖励轻度正向调节感知享乐价值和移动社会网络用户持续使用行为之间的关系。

(2)企业奖励在感知社交价值与移动社会网络用户持续使用行为之间关系的调节效应强度:$f^2 = (0.458 - 0.447)/(1 - 0.458) = 0.02$,为轻度调节效应,即企业奖励轻度正向调节感知社交价值和移动社会网络用户持续使用行为之间的关系。

(3)企业奖励在感知享乐价值与移动社会网络用户内容提供行为之间关系的调节效应强度:$f^2 = (0.420 - 0.410)/(1 - 0.420) = 0.017$,为轻度调节效应,即企业奖励轻度正向调节感知享乐价值和移动社会网络用户内容提供行为之间的关系。

综合以上分析,发现:

(1)企业奖励对感知享乐价值、感知社交价值与移动社会网络用户持续使用行为之间的关系具有轻度正向调节作用。移动社会网络用户创造价值行为的结构模型假设检验中,感知享乐价值、感知社交价值对移动社会网络用户持续使用行为影响显著,虽然服务/内容提供商提供的物质奖励没有显著影响移动社会网络用户参与信息创造和分享信息的行为,但是在一定程度上对移动社会网络用户的创造价值行为意愿有影响作用。

(2)企业奖励在感知享乐价值与移动社会网络用户内容提供行为之间关系具有轻度正向调节作用,而且这种调节效应非常微弱。因为感知享乐价值维度的结构模型假设检验中,感知享乐价值对内容提供行为并没有显著的影响,所以企业奖励在两者之间的轻度正向调节效应无法改变感知享乐价值对内容提供行为的影响路径。

（3）企业奖励在感知功能价值、企业认可价值和移动社会网络用户创造价值行为之间关系没有明显调节作用，或者所提供的奖励未能实现对不同参与动机用户有针对性的激励，从而使得企业奖励没有对移动社会网络用户的创造价值行为产生明显的影响。企业奖励对移动社会网络用户创造价值行为的影响假设有理可据，但一些学者在相似领域的研究为本研究的结论提供了支持，如邵兵家等[295]研究发现经济回报对用户网上参与产品信息反馈行为不会产生显著影响，即激励机制对用户的商品信息分享意愿有一定影响作用，但不足以显著改变用户的商品信息分享行为。

当然，企业奖励的调节作用不显著的原因还有可能是：

（1）未对企业奖励进行内涵细分。因为移动社会网络中，移动服务/内容提供商设置的奖励形式多样，积分等级、服务权限开放等，可以细化为物质激励、精神激励等，不同维度企业奖励的影响作用可能不同；

（2）当前实际应用中，移动社会网络平台的企业奖励措施不是很完善，更多采用的事后绩效奖励，而采用事前奖励或补贴的方法可能更有利于激发中国情境下的移动社会网络用户创造价值活动。

4.4.4　移动社会网络用户创造价值行为的路径分析

综合考虑各种刺激因素和感知体验价值影响移动社会网络用户创造价值行为的过程以及企业奖励的调节作用，本书得出了移动社会网络用户创造价值行为的驱动路径，如图 4.11 所示。

总体来看，图 4.11 中各种刺激因素对感知体验价值不同维度的影响有明显差异，感知体验价值不同维度在移动社会网络用户创造价值行为关系中起了一定的中介作用，而且对移动社会网络用户持续使用行为、内容提供行为的影响路径不同。

1.基于感知功能价值的移动社会网络用户创造价值行为影响路径

图 4.11 中，基于感知功能价值形成了移动社会网络用户创造价值行为的影响路径：随时随地接入、感知有用、自我效能和互惠与利他→感知功能价值→持

续使用行为→内容提供行为。

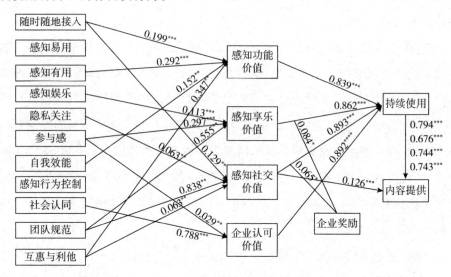

图4.11　移动社会网络用户创造价值行为的影响路径

　　其中,随时随地接入、感知有用、自我效能和互惠与利他直接影响移动社会网络用户的功能价值感知。李蒙翔等[296]验证了随时随地接入、感知有用两个因素对移动即时通讯服务持续使用行为的显著影响,而移动社会网络服务从功能上来说具有与移动即时通讯服务相似的接入、沟通、交流等特点,因此,随时随地接入、感知有用对感知功能价值的影响路径得到了有力支持。对于特定的尤其是相对比较成熟的社会网络平台来说,移动社会网络用户在不同终端之间切换,大都具备了丰富的产品知识、技术背景和超前需求,用户知道自己和社会网络其他用户的需求并且认知感强,自我效能支持用户在移动社会网络中的信息消费和信息提供,促使他们发现有用的信息,并对商品或服务发表评价等。移动社会网络服务的重要功能是为用户提供社会交换,用户在其"社交关系"中经常互动,并且彼此之间会相互帮助,这种互动与帮助会使用户感到参与移动社会网络服务非常有用或便捷,因此,互惠与利他因素对移动社会网络用户感知功能价值具有一定的影响。

　　感知功能价值会影响移动社会网络用户的持续使用行为,而持续使用行为又进一步影响内容提供行为,但感知功能价值没有直接对内容提供行为产生显著影响。这一结论与牛才华等[297]的研究结果相符,与张明立、涂剑波[298]研究影响口碑推荐行为的结论不一致。这可能是因为，对现在大部分移动用户而言，上网经验越来越丰富且大部分是具有较高学历的年轻人，方便、快捷、有效地使用移动社会网络的各项应用会促成用户持续性使用行为。然而，移动社会网络用户之间的强关系、互惠与利他等特性，使得移动社会网络用户选择进行内容提供之前会更加谨慎，只有通过对商品的亲身体验、使用，形成了对信息内容、商品/服务信息的可靠认知，才会利用平台与社会网络其他用户互动分享，帮助社会网络其他用户进行商品选购，促进知识效能的发挥，进而提升移动社会网络用户创造体验价值。移动社会网络用户自身的持续使用行为对内容提供行为形成了一种重要的行为示范，从而促进信息内容/服务的进一步扩散。

2. 基于感知享乐价值的移动社会网络用户创造价值行为影响路径

图 4.11 中，基于感知享乐价值形成了移动社会网络用户创造价值行为的影响路径：感知娱乐、参与感和团队规范→感知享乐价值→持续使用行为→内容提供行为，企业奖励在感知享乐价值与持续使用行为之间具有一定的正向调节作用。

用户在参与移动社会网络的过程中能否感知或享受到乐趣可以作为用户是否持续使用或提供内容的重要因素。移动社会网络用户的持续使用和内容提供行为与用户创新的参与方式、参与程度类似，Rodie 等[299]已经发现，用户通过参与产品创新可以更加开心、更加愉悦，从而更加积极主动地参与创新和服务。同时，参与社会网络中的信息消费和信息提供使得移动社会网络用户获得信息交换需求的满足，获得他人在网络上对自身提供内容的认可并进行口碑传播，从而满足自身的参与感和娱乐感，因此感知娱乐、参与感对移动社会网络用户感知享乐价值具有显著积极影响。社会网络中的团队规范，能够使移动社会网络用户主动深入地进行信息消费和信息提供，享受和感知参与的乐趣，并通过社会网络群体中的不断交流和学习提高自身的知识和能力，获得移动社会网络用户群体的肯定。

感知享乐价值会显著积极影响移动社会网络用户的持续使用行为，而持续使用行为又进一步影响内容提供行为，但感知享乐价值没有直接对内容提供行为产生显著影响。

3. 基于感知社交价值的移动社会网络用户创造价值行为影响路径

图 4.11 中，基于感知社交价值，移动社会网络用户创造价值行为的影响路

径有两条：随时随地接入、隐私关注、团队规范、互惠与利他→感知社交价值→持续使用行为→内容提供行为，企业奖励轻度正向调节感知社交价值与持续使用行为之间的影响；随时随地接入、隐私关注、团队规范、互惠与利他→感知社交价值→内容提供行为。

移动通信网络的随时随地接入特性使得社会网络用户能够不分时间、空间的创造内容和推荐分享，拓展了原来固定社会网络用户之间的弱联结关系，使得移动社会网络形成了强联结关系的叠加，提高交往活动的方便性和即时性，从而显著积极影响移动社会网络用户对社交价值的感知。又因为移动社会网络服务是建立在一定的网络规则之中，更需要用户之间的情感维系，用户对于自身隐私的关注，将导致用户感知风险的显著提升，尤其是在虚拟环境中，用户改变、推迟或取消某些行为的决策在很大程度上都受到隐私关注的影响，有 6.3％的互联网用户反感"隐私泄漏"（CNNIC），因此，移动社会网络用户在规则、情感和隐私关注多重作用下进行信息浏览、信息提供等交互活动，不可避免地对用户感知社交价值产生显著影响。

感知社交价值会显著积极影响移动社会网络用户的持续使用行为，而持续使用行为又进一步影响内容提供行为，企业奖励在感知社交价值与持续使用行为之间具有一定的正向调节作用。McAlex 等[39]指出，顾客非常重视自己在品牌社区中的社会身份和关系。Fink 等[300]实证研究发现，互惠能够提高关系性交易的绩效水平，只要每次达到互惠，就会使双方满意从而增强双方继续合作的意愿[301]。企业在社会网络服务中提供适当的奖励，如参与社会网络互动可以换取相应积分，积分会进行排名，达到一定数量可以兑换礼品、流量或游戏道具等，一定程度上将会影响移动社会网络用户的持续使用行为。因此，为了企业奖励、加强归属感和巩固社会网络关系，移动社会网络用户会更愿意提供信息，并与社会网络其他用户交流信息。

感知社交价值还对移动社会网络用户的内容提供行为有显著积极影响。Wiedemann 等[302]验证了相比传统的网络方式，用户通过移动终端和移动网络，评论将会传播得更快速而广泛，从而带来显著的口碑效应。移动用户参与社会网络的主要目的是为了社会交流、情感沟通，随着网络技术的普及，移动社会网络用户既希望同他人分享自身的经验，同时也期盼从其他成员的经验中汲取所需产品或服务信息[303]。在相互推荐分享中,移动社会网络用户更容易受到外界的影响,而只有在信任其他用户和社会网络平台的前提下,社会网络用户才会积极主动地提供更多有价值的内容来帮助其他用户快速找到合适的商品或服务。

4.基于企业认可价值的移动社会网络用户创造价值行为影响路径

图 4.11 中,基于企业认可价值,移动社会网络用户创造价值行为的影响路径为:参与感、社会认同→企业认可价值→持续使用行为→内容提供行为。

用户创新行为的相关研究表明,有些企业赋予参与产品创新的用户一定的权力,使用户在产品创新的过程中产生自治感,能根据自己的需求和愿望支配所掌握的资源和权力,并为他们提供愉悦的创新环境和便捷的创新工具,让用户真正享受到来源于自由选择参与创新的乐趣[304],而用户在参与产品创新的过程中,会实现自己的价值,获得心理上的满足感和愉悦感[305]。移动社会网络用户创造价值行为与用户创新行为类似,尤其是信息提供过程中,将自己对产品的使用技巧和经验传授给他人,希望自己的观点和创意被企业采纳,从而更好地展现出自己的能力,获得企业的认可,所以参与感对移动社会网络用户感知企业认可价值具有显著正向影响。当前比较普及的微信、手机 QQ 等移动终端平台中,有部分信息内容仍来自于商家或商家雇佣的买手,使得用户间的社会交往信息逐渐被商家的营销信息所取代,只有当用户得到朋友圈的肯定,才会使移动社会网络用户产生可信口碑和进一步的内容提供。

第五章 移动社会网络用户创造内容行为对相关主体关系的影响

前两章的实证分析表明移动社会网络环境的技术特性和内容特性均会对用户的相关行为产生影响,并且企业奖励对用户创造价值行为有一定的调节效应,这说明移动社会网络服务价值链中企业对用户创造价值行为的影响。而用户创造价值行为会改变价值链结构,必然会引起价值链上各方主体的行为策略变化。本章主要研究移动社会网络用户创造内容行为对价值链相关参与企业运行机制的影响,首先,分析基于用户创造内容的移动社会网络服务价值链中的主体关系;其次,分析移动社会网络用户创造内容行为对移动运营商、服务/内容提供商的价格、收益和合作方式的影响;最后,构建移动社会网络用户与服务/内容提供商合作创造内容的演化博弈模型,并基于系统动力学模拟分析这一博弈的演化趋势。

5.1 基于用户创造内容的移动社会网络服务价值链主体关系

随着用户需求的个性化和"内容为王"理念的进一步深化,内容成为社会网络服务和社会化商务中的重要信息资源。在 Web2.0 技术支持下,网络上的信息内容不再仅仅来自于服务/内容提供商,社会网络用户已成为信息内容的创造者和提供主体。如 Youtube、第二人生、eBay、Facebook、Twitter 等都是由用户创造信息内容而催生的社会网络服务网站,他们的商业价值很大一部分是由用户创造的。2008 年,中国开始出现以视频类为主的移动用户创造内容业务,在移动通信技术的支持下,固定网络的创造内容用户可以自然过渡到移动情境中,增强了社会网络服务的社会性和关系紧密性,用户创造内容成为移动社会网络用户创造价值行为的直接表现。移动社会网络用户不再局限于被动的接受信息和知识,除了传统的点击浏览,还在网上开辟自己的信息空间,随时随地共享信息、创造并分享内容,为移动营销和社会化商务提供了良好的社会网络环境。

随着用户参与程度的深入,移动社会网络服务的商务模式更具社会性、协同性,基于用户创造内容的移动社会网络服务参与主体角色和合作关系也发生了变化,进一步促进移动社会网络服务价值链的裂变、整合。本部分的研究考虑移动社会网络服务的关键参与主体,构建了移动社会网络服务中主要参与主体间的关系模型,具体由图5.1给出:椭圆形代表价值链核心主体,普通箭线代表信息/服务/物理商品流;参与主体间的合作主要是提供信息内容,不涉及实物产品买卖等方面的应用,如移动购物、移动支付等;考虑到移动社会网络服务价值链的复杂性,仅在图中标出了价值流的方向,即箭头所示的方向。该关系模型中,价值链参与主体的收益最终都来源于移动社会网络用户向移动运营商支付的通讯费、服务使用费等,服务/内容提供商可以既提供服务也提供内容,也可以只提供服务,向内容提供商购买内容。如果服务/内容提供商同时提供信息服务和信息内容,则作为移动运营商的重要合作伙伴,将与移动运营商按照一定的比例进行收益分成;如果服务提供商仅提供增值服务,则一般通过向内容提供商购买内容使用权的形式,将部分收益转移给了内容提供商,本书主要考虑前一种。

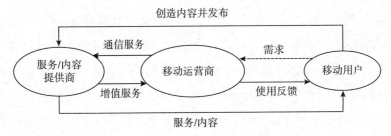

图5.1　基于用户创造内容行为的移动社会网络服务价值链关系模型

在图5.1中,移动社会网络服务价值链中参与主体围绕信息内容的创造与传递进行价值交换,使得各参与主体创造价值活动的效率与效果均得到了大力提升。移动社会网络服务价值链参与主体的创造价值活动过程可分为三个阶段:

（1）创造使用价值。这是由价值链中参与企业协作完成的，围绕移动社会网络用户需求进行服务活动或信息内容的开发、设计和传递，所有增值活动按照信息内容的加工顺序连接起来。在这一阶段，以移动运营商、服务/内容提供商为代表的价值链中参与企业为了共同利益形成互惠互利的关系，他们是创造服务、内容等产品使用价值的源泉及利益分配的主导方。良好的企业关系能够促使企业持续投资和维护彼此之间的关系。

（2）实现交换价值。随着移动用户对社会网络服务的采纳、接受，通过向移动运营商支付费用，与服务/内容提供商进行交换与互动，移动社会网络用户获得了信息内容、经验和技能等良好的消费体验。

（3）创造体验价值。移动社会网络用户在特有的情境下，以信息提供者的身份参与到企业的信息生产过程，并向社会网络其他用户进行推荐分享。通过持续不断的互动，移动社会网络用户创造的内容向价值链上游参与企业反向传递，是企业创新性活动的源泉，而在与社会网络其他用户的内容分享中，会促进用户群体的激增和产品销售，从而实现价值增值。体验价值是以移动社会网络用户为核心，交换使用价值是体验价值的基础和前提，因此，移动社会网络用户既与提供信息的企业不断互动与协调，共同创造良好的体验环境，又与社会网络其他用户保持良好的社会关系，促进社会网络用户之间自发进行推荐，从而引发更大范围的用户创造价值活动。

移动社会网络服务价值链中主体关系的变化，促使移动服务相关企业重新审视移动社会网络用户在价值链中的角色，不但能在价值链的某些环节上激活、创造出增值服务，而且能够整合相关合作企业，促进价值链中的参与企业和移动社会网络用户积极的互动，塑造良好的合作伙伴关系，更好地满足移动社会网络用户个性化需求，实现共同创造价值，这些将成为社会化商务环境中新的价值源泉。用户需求的多样性使得价值链中任何一个环节都有可能成为创造价值的起点，从而带动价值链整体的价值增值。因此，有必要确定每个参与主体在价值链中的位置，充分发挥价值链中主体之间的关系价值。

5.2 基于用户创造内容的移动运营商和服务/内容提供商关系研究

5.2.1 问题提出

移动社会网络用户创造价值行为机理的实证研究指出,用户既是社会网络服务中的信息接受者,也是信息提供者。用户进行内容创造、分享或搜索,已经成为移动社会网络服务价值链的重要特征之一。移动社会网络用户与固网社会网络用户的根本区别是每部手机都有唯一号码,并且手机用户是可管理的,这意味着用户的基本数据和使用行为数据都是可以捕捉的。移动运营商目前仍然掌控着强大的资费系统和移动通信网络系统,从而在用户接入、流量控制、前向收费等活动中拥有主动权,尤其是移动资费的下调,增加了移动用户在网络中的活跃程度,促进了用户获取信息、提供信息行为的发生;移动运营商还向服务/内容提供商收费,通过刺激流量、获得广告收益等获得较多利润。由于移动终端的私有性,服务/内容提供商提供信息、技术、平台支持移动社会网络用户的创造内容,并就具有增值价值的内容进行版权保护和收入分成,通过提供奖励或补贴使移动社会网络用户参与分成。

2015 年原中国移动游戏基地推出"咪咕游戏",并提出了"版权方—内容服务商—渠道—运营商"四方分成新模式,使得版权方参与到整条移动游戏产业链中,有时作为合作伙伴参与到游戏设计乃至运营推广中,"版权方—内容服务商"将成为"内容为王"新的组合,而"渠道—运营商"将形成服务渠道并很好地围绕上游企业活动,这种"内容为王"的模式彻底改变以往"渠道为王"的格局。2016年,为了吸引更多视频制作人才,Twitter 在与 CBS 和 NFL 等媒体和娱乐公司分享视频收入的基础上,将为所有 Twitter 视频制作用户提供 70% 的收入分成。YouTube 则会将 55% 的广告收入分享给了内容制作者。现在不少社会化网络服务 App 允许用户彼此之间通过移动钱包进行打赏,这为内容创造者提供了可观的收入来源。随着移动运营商对于微信的价值判断越来越高,根据腾讯与

CNNIC 的调研数据显示,2014 至 2016 年,手游市场超过 50％的新用户是由腾讯贡献的,除此之外,腾讯也在为市场培养更多成熟用户,提高玩家参与度。这些合作中的典型现象是,社会网络服务中原有的移动运营商、服务/内容提供商等参与主体,都在积极占据移动服务的主导地位,以获取更大的增值空间,并且纷纷将用户纳入合作框架,针对用户创造内容的行为提供收入分成方案。这就带来以下研究问题:

(1)移动运营商和服务/内容提供商对移动社会网络用户创造内容行为决策的影响

移动社会网络服务价值链向用户提供的产品是服务产品,不可能提前生产并储存的"库存",因而无论是信息内容提供商还是移动运营商,都必然是需求拉动的[306]。然而,现有移动服务价值链的研究虽然考虑了需求因素,但没有对影响用户创造内容需求的行为因素及感知价值进行深入分析。移动社会网络用户的创造内容行为是用户个体决策的结果,受到产品专业评论、顾客评论、品牌质量、移动广告、企业激励等企业提供服务因素的影响,用户信息消费时并不能确切判断是否会发生内容创造行为,而是根据服务质量、价格、企业奖励等因素随机决定创造内容行为。企业的服务质量、服务价格等直接影响移动社会网络用户创造内容行为的发生,为此,需要研究这些因素对移动社会网络用户创造内容行为的影响方式,以揭示移动社会网络用户的创造价值行为的规律。

(2)考虑用户创造内容行为下移动运营商和服务/内容提供商的策略选择

移动社会网络用户创造内容行为的发生会影响价值链中参与企业的策略选择和利益分配,造成价值链成员的行为失调和利益与风险分担不均衡。考虑用户创造内容行为后,移动社会网络服务价值链中主体的决策模式有两种:集中决策和分散决策,如图 5.2 所示。集中决策如图 5.2(a)所示,移动运营商与服务/内容提供商就像一个行动整体,共同决策应对移动社会网络用户的创造内容行为,如中国电信联合服务/内容提供商推出的套餐服务中,对微信、QQ 等应用服务提供免流量服务,降低移动用户获取信息和创造内容的成本,用户提供内容甚至可以获得流量奖励。服务/内容提供商向移动运营商提供服务或内容,移动运营商通过流量的扣减或奖励,对移动社会网络用户的获取信息进行收费或对创造内容提供补贴。分散决策如图 5.2(b)所示,移动运营商和服务/内容提供商分别针对移动社会网络用户的创造内容行为进行策略选择,如移动运营商根据用户流量使用状况进行扣减与奖励,服务/内容提供商根据用户创造内容质量提供奖励,如免费体验付费服务等,这种分散进行的决策不可避免地会改变价值链中集中决策的收益分配格局。

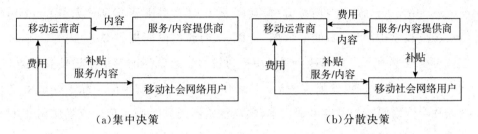

（a）集中决策　　　　　　　　　　　　（b）分散决策

图 5.2　基于用户创造内容的价值链中企业主体决策模式

已有研究成果表明移动社会网络服务价值链中企业主体的合作模式会影响服务质量、服务价格与企业奖励的制定。那么,考虑用户创造内容行为后,移动社会网络服务价值链集中决策时,参与企业确定服务价格、奖励以及收益目标等,对价值链中参与主体能否得到与贡献相匹配的合理利益与效用的影响;分散决策中,考虑服务价格、奖励以及收益等因素以及参与主体之间收益分享参数对参与企业收益的影响,这些问题的解答能够更好地协调价值链中参与主体的关系。

基于移动运营商和服务/内容提供商之间的关系,本节逆向分析移动社会网络服务价值链的创造价值活动。首先,分析移动社会网络用户创造内容行为的规律;然后,考虑移动社会网络用户创造内容行为时的移动运营商和服务/内容提供商的策略选择,分析集中决策时,用户创造内容行为对移动运营商和服务/内容提供商的影响。最后,分析考虑移动运营商与服务/内容提供商分别进行决策时,用户创造内容行为对移动运营商和服务/内容提供商的影响。

5.2.2　基本假设

随着社会化商务的发展,移动精准广告、基于位置的服务、品牌推荐社区等都为移动社会网络服务带来了大量盈利。实际中,有些移动社会网络服务,如微信、QQ 等,对用户是免费的,但这类服务中的参与企业能够通过移动社会网络用户使用的流量、点击量、浏览和分享等获取盈利,并通过移动社会网络用户的访问流量和信息消费确定信息服务价格 p,这也是移动社会网络服务价值链的主要收益来源。

移动社会网络服务价值链的业务活动可抽象为:服务/内容提供商(service/content provider,模型中简称 S)将其服务/内容产品置于移动运营商(mobile operator,模型中简称 M)的通信网络,服务/内容提供商提供服务/内容产品的单位可变成本为 c_S。移动社会网络用户通过移动运营商的网络渠道接收服务/内容产品,花费单位可变成本为 c_M,这是由移动运营商制定的。除了移动用户获取社会网络服务的单位可变成本,移动运营商还同时制定单位流量使用费用标准 p_M,并且代替服务/内容提供商向移动社会网络用户收取信息服务费 p_S。

假设移动运营商与服务/内容提供商按收入比例分享流量收益和信息服务收益,移动运营商目前凭借其在此类移动社会网络服务价值链中的地位优势,在决定收入分享比例 $\kappa(\kappa \in [0,1])$ 时拥有主导力量,κ 取决于移动运营商和移动服务/内容提供商之间的实力强弱、信誉和协商能力等综合因素,则移动社会网络服务价值链的收益分享契约为 (p,κ)。移动运营商按照收益分享契约提取单位流量费收入 $p_M = \kappa p$,服务/内容提供商的信息服务单位收入为 $p_S = (1-\kappa)p$。

假设移动社会网络中的用户消费单位服务/内容产品,服务/内容产品的消费数量与移动社会网络用户数量一致,订购服务/内容产品的移动社会网络用户数量为 q。市场上的用户整体规模为 X,是连续随机变量,其分布函数与密度函数分别为 $G(\cdot)$ 和 $g(\cdot)$,且 $\bar{G}(\cdot) = 1 - G(\cdot)$。

移动社会网络中的用户拥有的知识、能力、信任等非交易型的资源不同,使得他们在创造内容方面的能力和体验价值感知程度不一样,从而用户创造内容行为表现出差异性。按照在移动社会网络中的活跃程度,将移动社会网络中的用户分为两种类型:一类是活跃用户(记为 A),另一类是非活跃用户(记为 B)。活跃用户的具体行为表现有随时随地地创造和分享照片、日志和视频等内容以及位置信息,并进行社会交互,比如互相评论、转发朋友日志、对共同话题进行探讨等,活跃用户也是进行信息内容创造的主体之一。非活跃用户则不易受周围人员决策的影响,一般仅被动接受并阅读信息,不会引起进一步的扩散,只有偶尔感觉移动服务或信息有用,才可能会去创造内容、评论或推荐分享。活跃用户的创造内容行为更有可能对价值链中参与企业产生冲击,假设初始活跃用户在用户群体中的比例为$\theta(0<\theta\leqslant1)$,$u$表示该类用户的预期效用感知,$u$是区间$[u,+\infty)$上的连续随机变量,其分布函数与密度函数分别为$F(\cdot)$和$f(\cdot)$,且$\overline{F}(\cdot)=1-F(\cdot)$;非活跃用户在用户群体中的比例为$1-\theta$,其预期效用感知为$v,v<u$。为简化计算,不失一般性,将$v$正则化为0。

移动社会网络服务中,以服务/内容提供商、移动运营商为代表的价值链中参与企业主体提供的服务质量信息,如网络通信渠道是否畅通,服务操作是否简洁以及信息内容有无夸大或虚假等,会影响移动社会网络用户选择创造内容或不创造内容。假设影响移动社会网络用户行为类型的信息为Y_i,$i\in\{1,2\}$,Y_1表示让用户选择创造内容行为的信息,Y_2表示让用户选择不创造内容行为的信息。通常,为了促进移动社会网络用户积极的参与行为,价值链中参与企业会通过广告、声誉等方式宣传其服务质量信息,移动社会网络用户对该服务质量信息的认识准确性高,其选择创造内容或不创造内容的准确度就高。假设移动社会网络用户根据价值链中参与企业提供的服务质量信息Y_i,准确判断行为类型信息的概率为$\lambda\left(\lambda\in\left[\dfrac{1}{2},1\right]\right)$,则不能准确判断行为类型的可能性为$1-\lambda$。虽然理论上,$\lambda$应该在$[0,1]$,但是文中只讨论$\lambda\in\left[\dfrac{1}{2},1\right]$这一种情形,即用户对自身行为类型的判断准确比例高于不准确比例,因为只有对行为类型判断的准确程度高,才能揭示创造内容行为对移动社会网络服务价值链的影响,如果λ太低,表明移动社会网络用户不能根据服务质量信息Y_i准确判断其行为类型,将会失去分析的意义。

假设移动运营商或服务/内容提供商对移动社会网络中的用户投入精力、流量或智力创造内容行为给予奖励$R(R\leqslant p)$。奖励的形式可能是奖励游戏币、流量或其他服务的抵扣使用。

综合以上假设,相关符号说明如表5.1。

表5.1　相关运算符号说明

$p(p\geqslant0)$	信息服务/内容的价值,一般由价值链参与企业确定,也是向移动社会网络用户传递的某种信号,通常由移动社会网络用户的访问流量和获取信息服务的价格决定

续表

q	移动服务/内容产品订购数量
c_S	服务/内容提供商用于生产信息服务产品的单位可变成本
c_M	移动运营商将服务/内容产品传递给移动社会网络用户的单位可变成本
κ	移动运营商与服务/内容提供商之间的收益分享比率,则移动社会网络服务价值链的收益分享契约为(p,κ)
$p_M = \kappa p$	移动运营商按照收益分享契约提取流量服务单位收入
$p_S = (1-\kappa)p$	服务/内容提供商的信息服务单位收入
X	移动社会网络服务市场上的用户规模
θ	初始活跃用户比例
u	活跃用户对信息内容产品的预期效用感知
$Y_i,(i \in \{1,2\})$	影响移动社会网络中的用户选择创造或不创造行为类型的信息
λ	移动社会网络用户判断行为类型信息的准确概率
$R(R \leqslant p)$	移动运营商或服务/内容提供商对用户创造内容行为的奖励

5.2.3 模型分析与求解

5.2.3.1 移动社会网络用户创造内容行为分析

移动社会网络中的用户信息消费是创造内容行为的基础,用户本身所具有的行为特征随着时间和环境的变化而变化,移动社会网络中的用户是根据贝叶斯法则修正对自己行为类型的判断,只有判断修正后的行为类型为创造内容,移动社会网络中的用户才可能去创造内容。移动社会网络中的用户行为类型转变隐含着假设 $E\max(\theta u, R) - p < 0$,即如果收到完全没有参考价值的服务质量信息(修正前后用户创造内容的比例没有影响),移动社会网络中的用户感知效用不会产生创造价值的预期,也就不会产生创造内容的行为。

移动社会网络中的用户初始信息消费后,将在继续浏览或积极创造之间做出选择,以最大化个人效用。移动社会网络中的用户行为决策通常会表现出随机性,尤其是其创造内容行为经常受到某些不确定因素影响,因此,对移动社会网络用户的创造内容行为进行某些随机假定是合理的。根据影响移动社会网络中的用户选择创造或不创造行为类型的信息 Y_i，如果收到有参考价值的信息，将按 Bayes 法则修正用户创造内容行为的后验概率。移动社会网络中的用户接收到创造内容的行为类型信息 Y_1 后，活跃用户最终仍创造内容的后验概率，记为 h_A；移动社会网络中的用户接收到不创造内容的行为类型信息 Y_2 后，非活跃用户选择创造内容的后验概率，记为 h_B，为：

$$h_A = P(A \mid Y_1) = \frac{\lambda\theta}{\lambda\theta + (1-\lambda)(1-\theta)} \tag{5-1}$$

$$h_B = P(A \mid Y_2) = \frac{\theta(1-\lambda)}{\lambda(1-\theta) + \theta(1-\lambda)} \tag{5-2}$$

式(5-1)中，$\lambda\theta$ 表示，移动社会网络用户本身是活跃用户，收到准确判断其创造内容的行为类型信息 Y_1 的比例(判断结果与修正后的一致)；$(1-\lambda)(1-\theta)$ 表示，移动社会网络用户本身是非活跃用户，收到创造内容的行为类型信息 Y_1 的比例，则最终创造内容的移动社会网络用户比例为 $\delta = \lambda\theta + (1-\lambda)(1-\theta)$。

式(5-2)中，$\theta(1-\lambda)$ 表示，移动社会网络用户本身是活跃用户，但没有准确判断不创造内容的行为类型信息 Y_2 的比例(判断结果与修正后不一致)，也就是可能创造内容的用户比例。

活跃用户的预期效用感知为 u，初始信息消费后创造内容行为的效用值修正为 $h_A u$。服务/内容提供商为移动社会网络用户创造内容提供奖励 R，如果 $h_A u \geqslant R$，活跃用户将会积极创造内容；如果 $h_A u < R$，活跃用户可能会存在"搭便车"行为，即满足于服务/内容提供商的奖励或非活跃用户的内容分享而选择不进行创造内容与分享，如有些微信用户为了获得服务/信息评论的经验值、积分等奖励，可能会直接复制社会网络中其他用户的评论。

移动运营商或服务/内容提供商所制定的移动服务最高价格应该是 $E\max(h_A u, R)$。只要移动服务价格不高于 p，收到行为类型信息为创造内容并修正为活跃型的用户都会积极进行内容创造。此时，移动社会网络用户对服务/内容产品服务的需求量为 $E\min(q, \delta X)$。

移动社会网络用户创造内容行为的发生前提是 $h_A u \geqslant R$，即 $u \geqslant \dfrac{R}{h_A}$，此时产

生创造内容行为的活跃用户累积概率为 $\int_{\frac{R}{h_A}}^{+\infty} u dF(u) = 1 - F\left(\frac{R}{h_A}\right) = \overline{F}\left(\frac{R}{h_A}\right)$。因此,最终进行创造内容的移动社会网络用户数量为 $\overline{F}\left(\frac{R}{h_A}\right) E\min(q, \delta X)$。

由于

$$E\max(h_B u, R)\Big|_{\lambda=1/2} = E\max(\theta u, R), \text{且} \frac{dh_B}{d\lambda} < 0,$$

得:

$$\frac{dE\max(h_B u, R)}{d\lambda} < 0$$

则,当 $\frac{1}{2} \leqslant \theta \leqslant 1$ 时,有:

$$E\max(h_B u, R) < E\max(\theta u, R) < p$$

亦即 $E\max(h_B u, R) - p < 0$。

结论 5-1 当移动社会网络用户初始信息消费后,如果用户收到选择不创造内容行为的信息时,仍然选择创造内容,则他们获得的期望剩余将会为负值。

结论 5-1 表明,移动社会网络用户受到外界影响投入时间和精力进行内容创造,如果对行为类型信息的判断不准确,将会产生觉得不值得或者后悔的负效应,即修正后的效用值与移动服务价格的差值为负,从而影响下一阶段的创造内容行为决策。如有些对广告抵触的微信用户浏览朋友圈中信息,如果没有发现隐含的广告信息,并进行了编辑或转发,将会产生负的剩余效用。非活跃用户开始仅仅是浏览朋友圈中的信息内容,对内容的创造或分享并没有什么兴趣,但是当看到其他朋友的分享,受到其他人的影响如果进行内容的整合或转发,他们最终会觉得不值得,甚至产生后悔、厌烦等负面情绪和感知效用。这就如同微信中,非活跃用户选择跟风发布相关信息内容,而没有及时发现广告信息或虚假信息,最终会影响他们进一步的内容提供行为。从另一视角来看,这一结论隐含移动社会网络用户提供内容行为产生正的期望剩余有两种情形:一种是原来是活跃用户,仍然收到选择提供内容行为信息,他们将保持原有的创造积极性,另一种是原来是非活跃用户,但是收到选择创造内容行为的信息时,他们的行为类型修正为创造内容。

另外,因为 $p = E\max(h_A u, R)$,通过积分公式转换得:

$$p = h_A \int_{\frac{R}{h_A}}^{+\infty} u \, dF(u) + RF\left(\frac{R}{h_A}\right) \tag{5-3}$$

对式(5-3)求关于 λ 的偏导数,得:

$$\frac{dp}{d\lambda} = \frac{dh_A}{d\lambda} \int_{\frac{R}{h_A}}^{+\infty} u \, dF(u)$$

由于

$$\frac{dh_A}{d\lambda} = \frac{\theta(1-\theta)}{[\lambda\theta + (1-\lambda)(1-\theta)]^2}, \frac{1}{2} \leqslant \theta \leqslant 1,$$

因此, $\dfrac{dh_A}{d\lambda} \geqslant 0$;

同时, $\displaystyle\int_{\frac{R}{h_A}}^{+\infty} u \, dF(u) = \bar{F}\left(\frac{R}{h_A}\right) > 0$,则: $\dfrac{dp}{d\lambda} > 0$。因此,得出下一结论。

结论 5-2　考虑移动社会网络用户接收到选择创造内容的行为类型信息,如果表征服务/内容提供商服务或内容质量信息的准确性越高,服务/内容提供商对服务或内容产品的定价也将越高。

移动社会网络用户选择创造内容,取决于服务/内容提供商所提供的服务质量信息,服务质量信息主要来源于移动运营商和服务/内容提供商创造价值阶段形成的商誉、两者之间的关系以及过往的信息服务经历等。如微信用户转发某产品品牌信息,当感觉到外界对产品品牌商评价很好,而且与产品品牌商合作的企业都很可靠,该微信用户就会积极转发,或者即使购买一些应用需要付出更高的费用,也会完成内容的整合或推荐分享。因为移动运营商和服务/内容提供商所营造出的良好商誉、合作关系质量和合作氛围,为移动社会网络用户在移动社会网络中创造内容提供了可信、愉悦的暗示,意味着移动社会网络用户感知产品、服务或信息的可信度较高时,即使服务/内容提供商的服务价格随之升高,移动社会网络用户创造内容的热情也不会随着价格的升高而降低,反而感觉创造的内容价值更高,可能引起社会网络其他用户的进一步分享和扩散,进入到信息传播的良性循环之中。反之如果发现服务/内容提供商的服务质量信息与宣传的不符时,会严重影响社会网络用户的参与积极性,如 Facebook 虽然提供信息安全和隐私保护协议,但是当出现用户信息泄露时,会大大影响用户后续提供内容行为,此时根据结论 5-2,社会网络服务不仅应该完善信息安全和隐私保护协议,而且可以通过降低价格门槛或联合移动运营商降低用户费用,以扩大用户基础,促进用户之间的良好口碑传播。

移动社会网络用户对服务/内容提供商的服务质量的认知是在信息消费过程中不断积累形成的客观评价,并向社会网络其他用户传递,对消费者购买决策起到重要参考作用。在社会化商务环境下,网络社区在构建社会化口碑方面的作用开始凸显,企业更加注重产品在社交网络中的声誉和口碑,Tang 等[307]的研究已经表明,提供者声誉正向影响个人内容创建行为。因此,移动运营商和服务/内容提供商可以通过设置更好的主题、品牌体验等,提高自身发布内容的质量,从而制定相适应的价格策略,激励移动社会网络用户去创造内容,增加信息/服务质量与价格之间的匹配程度。

5.2.3.2　移动社会网络服务价值链参与主体集中决策分析

当移动社会网络服务价值链中的移动运营商和服务/内容提供商有良好的合作关系时,他们会统一就相关信息内容、定价、收益分配等进行决策,以实现整个价值链系统的整体最优。如果移动运营商与服务/内容提供商进行合作,实现价值链一体化的集中决策,此时他们两者之间不存在转移支付,并以移动社会网络服务价值链整体收益最大化作为目标,确定合适的移动社会网络服务中的用户规模 q 来实现移动社会网络服务价值链的收益目标。

在合作博弈过程中,移动运营商和服务/内容提供商的共同目标是追求移动社会网络服务价值链整体收益最大化,此时价值链整体的期望收益等于价值链中创造价值活动产生的预期收益扣减移动社会网络服务价值链的服务成本,可表述为:

$$\pi_T = pE\min(q,\delta X) + (p-R)\overline{F}\left(\frac{R}{h_A}\right)\min(q,\delta X) - c_M q - c_s q \qquad (5\text{-}4)$$

式(5-4)中,$pE\min(q,\delta X)$ 表示移动社会网络服务价值链中参与企业为用户提供内容而产生的期望收益;$(p-R)\overline{F}\left(\dfrac{R}{h_A}\right)\min(q,\delta X)$ 表示由移动社会网络用户创造内容而产生的预期收益;$c_M q + c_s q$ 表示移动社会网络服务价值链的信息服务成本。

当移动社会网络服务价值链整体达到预期收益最大化时,由式(5-4)得:

$$\frac{\partial \pi_T}{\partial q} = 0 。$$

则移动社会网络服务价值链中参与企业集中决策时,最优的移动社会网络中用户注册规模为:

$$q_T^* = \delta \bar{G}^{-1} \left[\frac{c_M + c_S}{p + (p - R)\bar{F}\left(\frac{R}{h_A}\right)} \right] \tag{5-5}$$

为了揭示移动社会网络用户创造内容行为对移动运营商和服务/内容提供商的收益影响,进一步分析移动社会网络中行为类型信息准确性概率 λ、移动社会网络用户创造内容行为的奖励 R 和初始活跃用户比例 θ 与移动社会网络服务价值链整体收益之间的关系。

根据包络定理:最大值函数与目标函数的关系中,当给定某参数之后,目标函数中的选择变量可以任意取值,如果恰好取到此时的最优值,则目标函数即与最大值函数相等,则下式成立:

$$\frac{\mathrm{d}\pi_T^*}{\mathrm{d}\lambda} = \frac{\partial \pi_T^*}{\partial \lambda}\bigg|_{q=q_T^*} + \frac{\partial \pi_T^*}{\partial q}\bigg|_{q=q_T^*} \frac{\mathrm{d}q_T^*}{\mathrm{d}\lambda} = \frac{\partial \pi_T^*}{\partial \lambda}\bigg|_{q=q_T^*} 。$$

将式(5-5)代入得:

$$\frac{\mathrm{d}\pi_T^*}{\mathrm{d}\lambda} = \left[\int_{\frac{R}{h_A}}^{+\infty} u dF(u) + \frac{R^2 \bar{F}\left(\frac{R}{h_A}\right)}{h_A^2} \right] \frac{\mathrm{d}h_A}{\mathrm{d}\lambda} E \min(q_T^*, \delta X)$$

$$+ h_A \frac{\mathrm{d}\delta}{\mathrm{d}\lambda} \int_{\frac{R}{h_A}}^{+\infty} u dF(u) + \int_0^{\frac{q_T^*}{\delta}} X dG(X) \tag{5-6}$$

式(5-6)中,因为:

$$\int_{\frac{R}{h_A}}^{+\infty} u dF(u) + \frac{R^2 \bar{F}\left(\frac{R}{h_A}\right)}{h_A^2} = \left(1 + \frac{R^2}{h_A^2}\right) \bar{F}\left(\frac{R}{h_A}\right) > 0, \frac{\mathrm{d}h_A}{\mathrm{d}\lambda} \geqslant 0 。$$

则:

$$\left[\int_{\frac{R}{h_A}}^{+\infty} u dF(u) + \frac{R^2 \bar{F}\left(\frac{R}{h_A}\right)}{h_A^2} \right] \frac{\mathrm{d}h_A}{\mathrm{d}\lambda} E \min(q_T^*, \delta X) \geqslant 0;$$

同时,有:

$$\frac{\mathrm{d}\delta}{\mathrm{d}\lambda}\int_{\frac{R}{h_A}}^{+\infty}udF(u)=\frac{\mathrm{d}\delta}{\mathrm{d}\lambda}\overline{F}\left(\frac{R}{h_A}\right)$$

$$=\frac{\mathrm{d}[\lambda\theta+(1-\lambda)(1-\theta)]}{\mathrm{d}\lambda}\overline{F}\left(\frac{R}{h_A}\right)$$

$$=(2\theta-1)\overline{F}\left(\frac{R}{h_A}\right)。$$

因为，$\frac{1}{2}\leqslant\theta\leqslant1$，所以有：

$$0\leqslant h_A\,\frac{\mathrm{d}\delta}{\mathrm{d}\lambda}\int_{\frac{R}{h_A}}^{+\infty}udF(u)\leqslant\overline{F}\left(\frac{R}{h_A}\right)。$$

并且：

$$\int_0^{\frac{q_T^*}{\delta}}XdG(X)=\frac{q_T^*}{\delta}>0。$$

因此：$\frac{\mathrm{d}\pi_T^*}{\mathrm{d}\lambda}>0$。

因此，得出下一结论。

结论 5-3 当移动运营商和服务/内容提供商考虑移动社会网络用户创造内容行为的随机性进行集中决策时，随着影响用户选择创造或不创造内容的行为类型信息准确概率增强，则包括移动运营商、服务/内容提供商和移动社会网络用户在内的移动社会网络服务价值链整体收益会增加。

因为初始的内容产品质量信息是由创造使用价值的移动运营商和服务/内容提供商在内的价值链中参与企业所决定，随着价值链环境中信息内容的可信程度提升，移动社会网络用户选择创造内容行为类型的可能性增加，创造内容的积极性相应增加，对移动社会网络服务价值链参与者各方都是有利的。因此，移动社会网络服务价值链中参与企业主体都应该认真打造良好的品牌形象、良性的合作关系，提高影响用户选择创造或不创造行为类型信息的准确性，从而增加移动社会网络用户由非活跃用户转变为活跃用户的可能性，提升移动社会网络用户群体进行内容创造的信心和积极性。

同理，根据包络定理有：

$$\frac{\mathrm{d}\pi_T^*}{\mathrm{d}R}=\frac{\partial\pi_T^*}{\partial R}\bigg|_{q=q_T^*}+\frac{\partial\pi_T^*}{\partial q}\bigg|_{q=q_T^*}\frac{dq_T^*}{dR}=\frac{\partial\pi_T^*}{\partial R}\bigg|_{q=q_T^*}。$$

则：

$$\frac{\mathrm{d}\pi_T^*}{\mathrm{d}R} = -F\left(\frac{R}{h_A}\right)E\min(q_T^*, \delta X) - h_A F\left(\frac{R}{h_A}\right)$$

因此：$\dfrac{\mathrm{d}\pi_T^*}{\mathrm{d}R} < 0$。

因此，得出下一结论。

结论 5-4　当服务/内容提供商和移动运营商对用户创造内容行为提供奖励时，随着移动社会网络用户获得的奖励增加，移动运营商和服务/内容提供商集中决策的移动社会网络服务价值链整体收益递减。

服务/内容提供商给予移动社会网络用户内容创造行为相应的奖励，引起移动社会网络服务价值链系统的整体收益减少，这是因为支付给移动社会网络用户的奖励，间接降低了信息服务价格，进而减少了价值链整体的收益。这一结论隐含着移动运营商和服务/内容提供商集中决策，实质上与移动社会网络用户的收益是"此消彼长"的关系，仍然没有真正将移动社会网络用户视为价值链中创造价值的参与主体。随着移动社会网络用户创造内容行为的普及，服务/内容提供商如果仍简单地通过提供奖励促进移动社会网络用户的内容创造，将会减少用户内容创造行为给移动社会网络服务价值链带来的预期收益。因此，移动运营商和服务/内容提供商应该思考移动社会网络用户之间的内在心理、情感联系，通过非物质激励方式推动移动社会网络用户创造内容，提高移动社会网络用户在内容提供活动中的主体地位。

综合结论 5-3 和结论 5-4 可以发现，移动运营商和服务/内容提供商应该合力提高移动社会网络用户的使用体验，创造良好的体验环境，增强移动社会网络用户创造内容的行为意愿，并积极营造良好的氛围促进移动社会网络服务价值链中所有企业参与主体的合作，提高移动社会网络服务中初始活跃用户比例，将用户的"被动"信息消费变为"主动"的信息消费和合作提供信息内容。

5.2.3.2　移动社会网络服务价值链分散决策分析

由于供应链中存在领导者、主参与者、弱参与者、次弱参与者、非参与者五种类型的参与企业[308]，其博弈结构契合 Stackelberg 主从对策问题。移动社会网络服务价值链中的参与主体也不可避免地存在主次之分，尤其在移动运营商与服务/内容提供商的合作博弈中,移动运营商凭借其地位优势和用户资源,拥有制定收入分享契约的权利,并根据自己的收益最大采取最优策略;服务/内容提供商根据自己利益最优制定最优策略,并从移动运营商处分得一部分收益。如2010年,中国移动公司对数据业务分成模式进行改革,将服务提供商和内容提供商的收入分开,内容提供商将直接和中国移动公司建立合作关系,使得中国移动公司能够吸纳和聚拢大量内容资源;对手机用户来说,由于中国移动公司对内容的掌控加强,不良服务提供商乱扣费的现象遭到遏制,手机上提供的内容更安全可靠。移动社会网络用户创造内容行为所产生的成本是由服务/内容提供商直接给予奖励,而用户创造内容产生的绩效是由移动社会网络服务价值链中参与企业所共享,因此,移动运营商通过收益共享契约,或者服务/内容提供商购买移动社会网络用户创造内容的方式,实现与服务/内容提供商的"风险共担、收益共享"。

移动运营商对移动社会网络用户的创造内容行为提供间接的网络、通道、技术等硬件支持,而服务/内容提供商为社会网络用户提供直接的创造平台,并给予移动社会网络用户相应的奖励。移动运营商和服务/内容提供商之间的收益共享契约,涵盖了对移动社会网络用户感知体验价值的风险共担和收益共享考虑。利益分配比率是价值链成员对于合作关系建立与否的主要考虑因素,价值链中各环节的合作模式和利益分配方案会影响各参与方的努力程度,最终会影响整个产业链的收益水平和进一步发展,基本假设中将收益分配比率(合作关系系数)设为 κ。移动社会网络服务价值链中参与企业实际上没有对移动社会网络用户创造内容产生的价值收益制订直接的承担与分享协议,而是通过由参与合作生产的服务/内容提供商提供相应的用户奖励 R 间接体现出来,移动运营商再针对用户创造内容提供合理的收益分配比例给服务/内容提供商。此处假设移动运营商向服务/内容提供商提供的补贴系数是 r,亦是移动运营商和服务/内容提供商两者之间存在的转移支付比例。

移动运营商的期望收益用 π_M 表示,由移动社会网络用户消费服务/内容产品得到的预期收益,和从服务/内容提供商获得的转移支付预期收益,扣除移动社会网络服务价值链中的信息服务成本构成:

$$\pi_M = p_M E \min(q, \delta X) - r E \min(q, \delta X) - c_M q$$

$$= \kappa p E \min(q, \delta X) - r E \min(q, \delta X) - c_M q \tag{5-7}$$

服务/内容提供商的期望收益用 π_S 表示,由服务/内容提供商直接从信息消费产品得到的预期收益,因提供内容而由移动运营商支付的补贴,以及移动社会网络用户提供信息内容而获得的预期净收益,扣除服务/内容提供商的转移支付和价值链中信息服务成本得到:

$$\pi_S = p_S E \min(q, \delta X) + (p_S - R) \bar{F}\left(\frac{R}{h_A}\right) E \min(q, \delta X) - c_S q$$

$$= (1 - \kappa) p E \min(q, \delta X) + [(1 - \kappa p - R] E \min(q, \delta X)$$

$$+ r E \min(q, \delta X) - c_S q] \tag{5-8}$$

移动社会网络服务价值链分散决策系统中,移动运营商在制定收益分享契约时,会考虑服务/内容提供商对自己决策的反应,因此采用逆向归纳法。

首先,由 π_S 得到服务/内容提供商的最优用户规模为:

$$q_S^* = \delta \bar{G}^{-1} \frac{c_S}{(1 - \kappa) p + r + [(1 - \kappa) p - R] \bar{F}\left(\frac{R}{h_A}\right)} \tag{5-9}$$

然后,当 $q_S^* = q_T^*$ 时,移动运营商由于用户创造内容行为提供的补贴能协调移动社会网络服务价值链,则得:

$$r^* = \left(1 - \frac{c_s}{c_m + c_s}\right) \kappa p \left[1 - \bar{F}\left(\frac{R}{h_A}\right)\right] - \frac{c_m}{c_m + c_s} \left[p + (p - R) p \bar{F}\left(\frac{R}{h_A}\right)\right]$$

$$\tag{5-10}$$

最后,将 q_S^* 和 r^* 代入式(5-7),得移动运营商的预期收益函数 π_M^* 为:

$$\pi_M^* = \sigma p E \min(q, \delta X) - r E \min(q, \delta X) - c_M q$$

$$= (\kappa p - c_M) q_T^* - r \left[\bar{F}\left(\frac{R}{h_A}\right) + \lambda \int_0^{\frac{q_T^*}{\delta}} X d G(X)\right] < 0$$

因此,得出下一结论。

结论 5-5 当移动运营商和服务/内容提供商考虑移动社会网络用户创造内容行为的随机性并进行分散决策时,服务/内容提供商对用户创造内容行为提供奖励,并实现预期收益最大化,而移动运营商的预期均衡收益为负。

结论 5-5 表明,虽然收益分享契约或合作关系系数是由移动运营商通过综合考虑其与服务/内容提供商的地位、实力、信誉和协商能力等多种因素决定的,但移动社会网络用户创造内容行为的出现,改变了移动运营商的预期收益和一般供应链中企业间合作关系。随着具有创造内容行为的移动社会网络用户规模变大,服务/内容提供商的收益随着与移动社会网络用户的合作提供内容规模扩大而递增,而移动运营商如果仍然沿用事先确定收益分享契约的静态方式,其收益空间将递减。这就相当于服务/内容提供商与用户合作提供内容,做大了内容服务这块蛋糕,而移动运营商如果仍固守原有的收益分配模式,其最终收益将会减少。例如微信中服务/内容提供商的发展,随着微信用户规模的扩大,其价值收益大大增加,而移动运营商为了促进移动社会网络用户对信息内容的消费,大幅降低大幅降低 4G、5G 流量资费,减少了其预期收益。因此,移动运营商必须考虑到具有创造内容行为的移动社会网络用户规模动态变化,重新探索新的收益分享方式以应对社会网络用户深度参与给价值链带来的变革,还要特别注意对移动社会网络用户网络规模的构建和社会网络用户群的培养,即通过社会网络成员之间的相互影响来不断提高自身的收益。

下面考察收益分配比率 κ 的变化对移动运营商的收益 π_M^*、服务/内容提供商的收益 π_S^* 所产生的影响。因为:

$$\frac{\mathrm{d}\pi_M^*}{\mathrm{d}\kappa} = -p\left[1 + \overline{F}\left(\frac{R}{h_A}\right)\right] < 0;$$

$$\frac{\mathrm{d}\pi_S^*}{\mathrm{d}\kappa} = 2p\left[1 + \overline{F}\left(\frac{R}{h_A}\right)\right] > 0。$$

因此,得出下一结论。

结论 5-6 移动运营商和服务/内容提供商考虑移动社会网络用户创造内容行为随机性而进行分散决策时,移动运营商的均衡收益随着 $\kappa(1 \leqslant \kappa \leqslant 0)$ 的增大而减小,而服务/内容提供商的均衡收益随着 κ 的增大而增大。

结论 5-6 表明,因为 $\frac{\mathrm{d}\pi_M^*}{\mathrm{d}\kappa} < 0$ 和 $\frac{\mathrm{d}\pi_S^*}{\mathrm{d}\kappa} > 0$,移动运营商的收益是 κ 的减函数,而服务/内容提供商的收益是 κ 的增函数。当 $\kappa \to 0$ 时,移动运营商与服务/内容提供商不存在明确的合作,移动运营商不需进行移动服务渠道的收益分配,此时移动运营商的收益最大,而服务/内容提供商的收益最小;虽然移动运营商完全占有移动服务渠道,并将业务向移动社会网络服务价值链的前端和后端延伸,集移动运营商、服务/内容提供商等多重角色于一身,现实中这种情况几乎无法实现,因此,$\kappa \to 0$ 的情况一般不会出现。当 κ 不断增加时,移动运营商的收益随之减小,服务/内容提供商的收益不断增加;当 $\kappa \to 1$ 时,移动运营商的收益最小,而服务/内容提供商的收益最大,表现为移动运营商趋近于放弃为用户创造内容而产生的移动服务渠道收益。原因是,移动社会网络用户创造内容行为增强了服务/内容提供商在价值链中的议价能力,当服务/内容提供商预期收益低至其均衡收益时,服务/内容提供商参与移动社会网络服务价值链,并与移动运营商签订收益共享契约是不经济的,因为此时服务/内容提供商与移动运营商的合作积极性会下降。

结论 5-6 是一个有趣的结论,因为通常 κ 是移动运营商分配给服务/内容提供商的收益比例,颠覆了直觉所认为的 κ 越大,移动运营商的收益分配比例越大,获得的收益自然越高。结论 5-6 也与刘薇[309]的研究结论相悖,这是因为移动运营商更多地关注易于实现的经济奖励,提高收益分享系数,并将收益补贴给服务/内容提供商,而服务/内容提供商更易于洞察用户创造内容行为的自愿性、娱乐性、社会性等动机,在决策时会减少对移动社会网络用户创造内容行为的经济奖励,而增加移动社会网络用户的情感依赖,此时,服务/内容提供商的收益反而大幅增加。因此,服务/内容提供商与移动社会网络用户合作提供内容将成为移动社会网络服务价值链绩效提升的关键。

综合来看,收益共享契约由于直接涉及移动运营商和服务/内容提供商等移动社会网络服务价值链中参与企业的收益分配问题,尤其收益分享契约中分享系数的存在,能在某种程度上较好地对价值链的内部收益实现再分配,分享比例的确定往往取决于价值链中各个成员的议价能力。而当移动社会网络用户存在创造内容行为时,预示着移动社会网络中用户对服务/内容提供商的黏度变强,两者共同提供内容做大了"内容生产"这块蛋糕,将会慢慢改变价值链中移动运营商居于主导地位的格局,分享比例的取值就会变小。并且,收益分享契约中收益再分配的流向是单一的,移动运营商显然会更满足这种收益再分配的单向流动机制,可是当服务/内容提供商在价值链中的地位越来越强势时,他将会不满足于这种单向流动机制。因此,在考虑移动社会网络用户创造内容行为下,收益共享契约并不能有效协调考虑用户创造内容行为的移动社会网络服务价值链,需要进一步研究收益分配模式,移动运营商和服务/内容提供商将会产生新的收益博弈问题。

5.3 基于用户创造内容的服务/内容提供商和移动社会网络用户关系分析

5.3.1 研究问题提出

从服务/内容提供商推送内容到用户自己创造内容,再到以用户关系为核心的社会网络应用,网络服务的社会化进程不断加快,移动社会网络提供了一个更加开放、丰富的平台,支持社会网络用户与服务/内容提供商以不同的方式和渠道共同提供信息内容。

服务/内容提供商发布的主要是与产品/服务直接相关的视频、图像或文字等不同形式信息内容,目的是提高品牌信息的传播广度,这些信息内容会对产品/服务的功能性形象产生重要影响。在 Web2.0 和移动通信技术支持下,移动社会网络用户创建的评论、图片、视频等内容因为语言风格、透明化和更新及时在用户群体中更有吸引力,有助于提升产品/服务的品牌形象[310],并通过用户的社会网络迅速传播。2006 年,YouTube 上的用户每天就有超过一亿次视频浏览次数和大约 65000 个新上传的视频;Foursquare 除了提供用户定位的社交网络服务,还提供开放的编程接口(API),以方便用户利用 Foursquare 平台提供自己的特色服务;豆瓣网所有的内容均由主动型的网民提供:所读过的书、看过的电影、相关评论和博客等,相关内容的分类、筛选、排序也都由用户产生和决定。用户创造的内容日益成为服务/内容提供商产品的补充和提升,甚至成为社会网络服务平台上服务/内容产品的主要来源。伴随着内容创造、传播关系的形成,通过嵌入信息和劝说效果,企业提供内容和用户生成内容共同影响顾客的购买行为,而用户生成内容比企业生成内容对顾客再次购买行为的影响更大[311]。用户群体成为服务/内容提供商的动态联盟,为移动社会网络平台相关主体带来收益,然而提供信息内容需要付出知识、时间、精力、费用(流量)等方面的成本,移动社会网络用户获得的收益却没有契约的保证,这就需要探究移动社会网络用户创造内容的行为动机和作用、对服务/内容提供商提供内容活动的影响以及两者在提供内容过程中的合作机理。

随着信息技术的发展,用户在社会网络服务价值链的角色发生了改变,与此同时,服务/内容提供商对用户内容提供方面的支持也发生了改变,从而带来服务/内容提供商的角色演变,如图 5.3 所示。

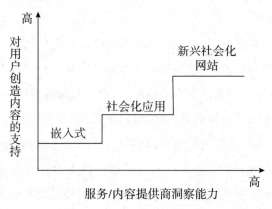

图 5.3　移动社会网络中服务/内容提供商的演变

早期,个别服务/内容提供商对用户创造内容的关注主要是基于社会网络平台宣传产品,通常是在已有电子商务平台上,嵌入或增加某些功能,以借助用户的社会网络关系进行产品宣传。如 eBay 开始提供客户评价功能,诱使更多的消费者在其网站上购物。到了 2011 年,部分服务/内容提供商开始认识到社会化网络中的用户联结及其对社会化商务的推动作用,纷纷开发社会化应用,制订专门的用户推荐计划,对用户的推荐分享行为给予奖励。而从 2012 年开始,随着移动终端的不断普及,服务/内容提供商提供了一系列用户参与创造内容的操作流程和协定,由移动社会网络用户提供的信息内容成为服务/内容提供商拓展服务/内容产品,增强竞争优势的重要内容资源。随着服务/内容提供商为移动社会网络用户创造内容提供相关技术、知识等的支持力度越来越大,根据服务/内容提供商洞察用户创造内容行为的能力,服务/内容提供商历经从短视型服务/内容提供商,应对型服务/内容提供商向合作型服务/内容提供商的身份演变。

服务/内容提供商在与用户合作提供内容过程中,会与移动社会网络用户共同分享一定的收益。如移动 YouTube 会根据用户上传视频节目的数量以及观众收看视频节目的次数向提供者付费,因此上传视频短片的用户不仅可以与他人共享视频内容,而且还可以从中获取相应的收入。英国"3M"公司与 YoSpace 合作推出移动视频共享业务——See Me TV,用户可以通过手机发布自己创造的视频内容,除了与他人进行分享,还可以从自己创造的内容下载费中获得 10%的分成。可见,移动社会网络用户与服务/内容提供商共同提供内容,在内容创造与分享方面既有合作意愿,也有利益分配上的冲突。这就带来以下研究问题:

(1)服务/内容提供商与移动社会网络用户合作提供内容的过程,如图 5.4 所示。移动运营商和服务/内容提供商一起向社会网络用户提供通信服务、增值服务,移动社会网络用户通过使用增值服务,利用移动运营商的通信服务、服务/内容提供商的平台支持可以创造信息内容,服务/内容提供商直接向社会网络用户提供信息内容,并与用户就提供的内容进行收益分成。在此过程中,针对用户提供内容的行为决策,服务/内容提供商对用户提供内容的洞察能力不同,会采取不同的行为决策。剖析用户提供内容对服务/内容提供商行为决策的影响,以及在合作提供信息内容过程中,双方行为决策的动态演化规律,有助于服务/内容提供商与移动社会网络用户营造良好的合作关系。

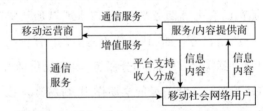

图 5.4 服务/内容提供商与移动社会网络用户的合作模式

(2)服务/内容提供商在用户提供内容方面的平台投入、获得的收益,移动社会网络用户在提供内容时的投入、收益,是影响双方合作提供内容决策的关键。探索投入、收益参数对各自提供内容行为的影响,能够进一步解释移动社会网络用户和服务/内容提供商合作提供内容行为的演化过程。

本节运用演化博弈论的方法来分析移动社会网络服务价值链中服务/内容提供商与移动社会网络用户合作提供内容的策略选择,并基于系统动力学模型仿真分析两者之间的隐性博弈过程。

5.3.2　模型构建与分析

移动社会网络用户与服务/内容提供商两者之间在合作提供内容方面可能的合作情形有：

(1)服务/内容提供商意识到大部分移动社会网络用户具有主动的创造内容行为，与用户合作共同提供信息内容，服务/内容提供商加大平台建设投入，为移动社会网络用户内容创造提供更加便捷、高效的平台；

(2)服务/内容提供商不具有市场前瞻性，未能意识到移动社会网络用户的内容创造可能带来的影响，或少数用户的创造需求不足以吸引服务/内容提供商，服务/内容提供商对移动社会网络用户共同创造价值平台的建设动力不足；

(3)虽然移动社会网络用户创造的内容只能满足自身的部分需求，但仍可以通过移动社会网络进行传播和扩散，服务/内容提供商仍能获得部分效益；

(4)移动社会网络用户不进行内容创造，而服务/内容提供商进行用户创造内容平台的建设和维护，移动社会网络用户仍然可以在现有需求的基础上，利用服务/内容提供商的资金和技术支持，获取信息并进行更加便捷的社会交互。

服务/内容提供商与移动社会网络用户对于是否合作提供内容，各自的决策基础不同。服务/内容提供商往往具有较多的信息，从而能够做出理性的决策。而不同移动社会网络用户所拥有的信息和分析计算能力均不同，且大都分散行动，行为方式符合演化博弈理论中惯性、短视等有限理性的假设和范式。本节针对移动社会网络用户与服务/内容提供商的决策理性基础和四种合作情形，构建模型推导分析两者合作提供内容过程中的行为演化规律。

5.3.2.1　基本假设

移动社会网络服务中的内容提供方包括移动社会网络用户和服务/内容提供商。移动社会网络用户有"提供"内容和"不提供"内容两个选择，选择提供内容的可能性为 $x(0 \leqslant x \leqslant 1)$，选择不提供内容的概率为 $1-x$；服务/内容提供商有"合作"和"不合作"两个选择，选择合作的可能性为 $y(0 \leqslant y \leqslant 1)$，则其不合作的概率为 $1-y$。

如果移动社会网络用户不提供内容，只是被动地浏览信息，则假设其不能获得由于提供内容而产生的相关收益增值,而服务/内容提供商也没有意识到移动社会网络用户可能会创造信息内容,也就不存在因为用户提供内容而增加的收益,此时两个群体的行为策略为(不提供,不合作),双方的得益均为(0,0)。这是一般移动社会网络服务价值链中不考虑用户提供内容行为时的常见现象,服务/内容提供商属于短视型,缺乏对移动服务市场发展的前瞻眼光。

如果服务/内容提供商能够洞察到移动社会网络用户潜在的创造意愿及用户提供内容带来的预期收益,就会提前投入用户提供内容所需的平台、知识和技术支持,最大程度地促进移动社会网络用户进行内容创造和分享。此时,服务/内容提供商的投入资源、信息和技术的成本为 $e(e>0)$,不管用户提供内容与否,服务/内容提供商都将获得因超强洞察力而产生的口碑、声誉等社会收益 $f(f>0)$,当然由于移动社会网络用户没有实际投入创造内容,用户感知的提供内容收益为 0,此时移动社会网络用户和服务/内容提供商的行为策略为(不提供,合作),双方得益为 $(0,f-e)$。在一段时期内由于移动社会网络用户的积极性太低,导致服务/内容提供商的收益比较缓慢,一般有 $f<e$。

移动社会网络用户选择提供内容后,投入的时间、精力和知识等成本为 c,社会网络其他用户的浏览、分享等所获得的扩散收益为 r。即使服务/内容提供商没有意识到移动社会网络用户的创造内容需求,没有及时为他们提供平台、技术等支持,但仍将获得用户提供内容所带来的社会收益 q,这是由于移动社会网络用户无偿公开自身所创造内容而使服务/内容提供商获得的收益。此时移动社会网络用户和服务/内容提供商的行为策略为(提供,不合作),双方得益为 $(r-c,q)$。

服务/内容提供商选择及时为用户提供创造内容支持后,移动社会网络用户由此获得的需求满足、情感感知、独特体验等综合预期收益为 m,用户提供内容为服务/内容提供商带来的收益,不仅包括因洞察用户提供内容行为而构建内容创造平台带来的社会效益 f,还包括用户群扩大、声誉提高、品牌推广等价值增值收益 h,这一收益会吸引更多的其他主体利用内容创造平台参与提供内容。此时移动社会网络用户和服务/内容提供商的行为策略为(提供,合作),双方收益为 $(m-c,f+h-e)$。由于缺少服务/内容提供商的创造内容平台支持,移动社会网络用户预期收益 r 小于博弈双方合作情况下移动社会网络用户的预期收益 m,即 $r<m$。

假设　为了满足博弈描述的经济含义,假设 $m>c,f-e<h,q<h$。

$f-e<h$ 表明,服务/内容提供商对用户提供内容行为展开合作获得的社会效益大于其投入内容创造平台的成本;$q<h$ 则表明,移动服务/内容提供商对于用户不合作的决策,获取的扩散效益小于合作情形下的社会效益。这表示在合作提供内容模式下,移动社会网络用户和服务/内容提供商将会达到双赢:移动社会网络用户和服务/内容提供商选择合作时,各自获得的收益均大于只有一方投入的情形。这里博弈中的参与人甚至可以不知道自己的 e,m,f,h,r 等支付参数,因为他们只需对既往的博弈结果加以统计,便可以得到上述各种平均支付水平的有关信息。

移动社会网络用户与服务/内容提供商合作提供内容过程中的完全信息静态博弈矩阵如表 5.2 所示。

表 5.2　移动社会网络用户与服务/内容提供商博弈的支付矩阵

		服务/内容提供商	
		合作 y	不合作 $1-y$
移动社会网络用户	提供 x	$(m-c,h+f-e)$	$(r-c,q)$
	不提供 $1-x$	$(e,f-e)$	$(0,0)$

根据 $f<e$ 可以得出,该博弈存在两个纯策略纳什均衡(提供,合作)和(不提供,不合作),其中(提供,合作)极有可能是帕累托最优均衡,帕累托劣解均衡(不提供,不合作)极有可能是风险占优均衡,从而使得移动社会网络用户不提供内容,而服务/内容提供商仍沿用传统的服务提供方式及内容创造平台。

如果存在 $f>e$,表示服务/内容提供商提供内容创造平台后所获取的社会效益大于其投入,则博弈拥有唯一的占优策略均衡(提供,合作)。从社会整体和长远利益考虑,$f>e$ 是成立的,但对于单个服务/内容提供商来说,在短期内获得 $f>e$ 的结果是不现实的。因此,服务/内容提供商对于用户内容创造平台的构建与升级存在动力不足的问题,这也再次证明市场经济分散配置资源的环境下,个体理性和社会理性的冲突问题。

5.3.2.2　演化博弈分析

演化博弈理论是基于有限理性的假设,考虑参与人行为的路径依赖特性和行为惯性,研究参与人在不完全信息条件下通过反复学习和试错不断接近最优策略的互动机制,在互动过程中,具有高于平均支付水平的行为在下一期被参与人复制。本书采用演化博弈理论中常见的复制动态模型,分析移动社会网络用户提供内容行为和服务/内容提供商相应的合作策略。

移动社会网络用户采取"提供"策略时的期望收益 U_1^1,采取"不提供"策略时的期望收益 U_1^2 和移动社会网络用户平均期望收益 $\overline{U}_1$ 分别有如下支付函数:

$$U_1^1 = y(m-c) + (1-y)(r-c) \tag{5-11}$$

$$U_1^2 = y * e + (1-y) * 0 \tag{5-12}$$

$$\overline{U}_1 = xU_1^1 + (1-x)U_1^2 = x[y(m-e-r) + (1-y)(r-c)] + ye \tag{5-13}$$

同理,服务/内容提供商采取"合作"策略时的期望收益 U_2^1,采取"不合作"策略时期的望收益 U_2^2 和服务/内容提供商平均期望收益 $\overline{U}_2$ 分别有如下支付函数:

$$U_2^1 = x(h+f-e) + (1-x)(f-e) \tag{5-14}$$

$$U_2^2 = x * q + (1-x) * 0 \tag{5-15}$$

$$\overline{U}_2 = yU_2^1 + (1-y)U_2^2 = y[x(h+f-e-q) + (1-x)(f-e)] + xq \tag{5-16}$$

然后,根据 Malthusian 动态方程[312],可以得到移动社会网络用户提供内容行为的复制动态方程 $F(x)$。

$$F(x) = \frac{dx}{dt} = x(U_1^1 - \overline{U}_1)$$
$$= x(1-x)[y(m-c-e) + (1-y)(r-c)] \tag{5-17}$$

同理,可以得到服务/内容提供商合作行为的复制动态方程 $G(y)$。

$$G(y) = \frac{dy}{dt} = y(U_2^2 - \overline{U}_2)$$
$$= y(1-y)[x(h+f-e-q) + (1-x)(f-e)] \tag{5-18}$$

复制动态方程是描述参与人某种行为策略被采用的频数或频度的动态微分方程,实际上反映不同参与人在行为策略选择中的学习速度和方向。复制动态方程 $F(x)$、$G(y)$ 分别表示移动社会网络用户采取"提供"内容策略和服务/内容提供商采取"合作"策略的概率变化率。当复制动态方程等于 0 时,移动社会网络用户和服务/内容提供商的博弈达到一种相对稳定的均衡状态。

令 $F(x) = \dfrac{\mathrm{d}x}{\mathrm{d}t} = 0$，得：

$$x = 0, x = 1, y = \frac{r-c}{r+e-m} \left(0 \leqslant \frac{n}{f-q} \leqslant 1 \right).$$

令 $G(y) = \dfrac{\mathrm{d}y}{\mathrm{d}t} = 0$，得：

$$y = 0, y = 1, x = \frac{f-e}{q-h} \left(0 \leqslant \frac{m-r}{e-n-r} \leqslant 1 \right).$$

由上述分析结果，复制动态方程得到 5 个均衡点：$E_1(0,0)$、$E_2(1,0)$、$E_3(0,1)$、$E_4(1,1)$、$E_5(x^*,y^*)$。其中 $E_1(0,0)$、$E_2(1,0)$、$E_3(0,1)$、$E_4(1,1)$ 为纯策略均衡点，$E_5(x^*,y^*)$ 为混合策略均衡点。

由于复制动态方程求出的平衡点不一定是系统的演化稳定策略（Evolutionary Stable Strategy，简称 ESS），描述移动社会网络用户和服务/内容提供商合作提供内容的动态微分方程系统均衡点的稳定性，由雅可比矩阵（Jacobi）局部稳定分析得到。依据移动社会网络用户和服务/内容提供商合作提供内容时各自的收益状况，对 x,y 的变化趋势展开讨论。

1. 移动社会网络用户提供内容行为策略的演化稳定性分析

（1）当 $y = \dfrac{r-c}{r+e-m}$ 时，$F \equiv 0$，意味着所有 x 值都是移动社会网络用户提供内容行为的演化稳定策略（ESS）。

当 $y \neq \dfrac{r-c}{r+e-m}$ 时，根据微分方程的稳定性定理和演化稳定策略的性质可知，当 $\left. \dfrac{\partial F}{\partial x} \right|_{x=x^*} < 0$ 时，x^* 为演化稳定策略。则有：

（2）当 $y > \dfrac{r-c}{r+e-m}$ 时，此时 $\left. \dfrac{\partial F}{\partial x} \right|_{x=0} < 0$，$\left. \dfrac{\partial F}{\partial x} \right|_{x=1} > 0$，$x=1$ 是移动社会网络用户提供内容行为的演化稳定策略。

（3）当 $y < \dfrac{r-c}{r+e-m}$ 时，此时 $\left. \dfrac{\partial F}{\partial x} \right|_{x=0} > 0$，$\left. \dfrac{\partial F}{\partial x} \right|_{x=1} < 0$，$x=0$ 是移动社会网络用户提供内容行为的演化稳定策略。

2. 服务/内容提供商合作行为策略的演化稳定性分析

（1）当 $x = \dfrac{f-e}{q-h}$，$G \equiv 0$，意味着所有 y 值都是服务/内容提供商合作行为决策

的演化稳定策略(ESS)。

(2)当 $x > \dfrac{f-e}{q-h}$ 时,此时,$\left.\dfrac{\partial G}{\partial y}\right|_{y=0} < 0$,$\left.\dfrac{\partial G}{\partial y}\right|_{y=1} > 0$,$y=1$ 是服务/内容提供商合作行为决策的演化稳定策略。

(3)当 $x < \dfrac{f-e}{q-h}$ 时,此时 $\left.\dfrac{\partial G}{\partial y}\right|_{y=0} > 0$,$\left.\dfrac{\partial G}{\partial y}\right|_{y=1} < 0$,$y=0$ 是服务/内容提供商合作行为决策的演化稳定策略。

3.移动社会网络用户和服务/内容提供商策略选择的稳定性分析

由以上分析可知:在一定条件下,$E_1(0,0)$ 和 $E_4(1,1)$ 是移动社会网络用户和服务/内容提供商提供内容博弈过程中的演化稳定策略,其决策演化过程如图 5.5 所示。

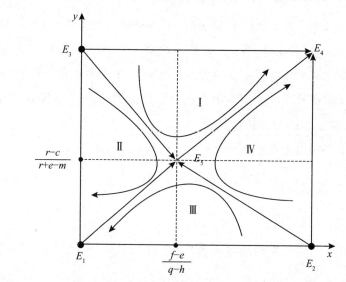

图 5.5　移动社会网络用户与服务/内容提供商合作提供内容的博弈路径图

从演化路径图可以看到,移动社会网络用户和服务/内容提供商提供内容的博弈过程存在两个收敛均衡点 $E_1(0,0)$ 和 $E_4(1,1)$,合作提供内容对应的行为策略分别为(不提供,不合作)和(提供,合作)。显然,移动社会网络用户和服务/内容提供商都希望实现的是(提供,合作)这个均衡状态,而双方行为的初始状态落在均衡区域决定了移动社会网络用户和服务/内容提供商提供内容行为的长期均衡结构。双方决策究竟沿哪条路径到达哪一状态与博弈的支付矩阵以及博弈发生时的初始状态密切相关,即系统演化结果对初始状态具有依赖性。

当初始状态落在四边形 $E_1 E_2 E_5 E_3$ 中时,$E_3(0,1)$ 将是移动社会网络用户和服务/内容提供商的均衡结果收敛之处,双方将选择"不提供"和"不合作"策略。此时移动社会网络用户和服务/内容提供商提供内容行为的概率至少有 $x<\dfrac{f-e}{q-h}$ 或 $y<\dfrac{r-c}{r+e-m}$,这也说明移动社会网络用户和服务/内容提供商,至少有一方感觉进行内容提供或创造内容平台的收益,不足以弥补其参与过程中投入的成本。

当初始状态落在 $E_2E_5E_3E_4$ 中时,合作提供内容的系统收敛于点(1,1),移动社会网络用户和服务/内容提供商均选择"合作"策略。此时,双方选择"提供"和"合作"的概率至少有一方满足 $y>\dfrac{r-c}{r+e-m}$ 或 $x>\dfrac{f-e}{q-h}$,即移动社会网络用户和服务/内容提供商,至少有一方对于合作提供内容有较为乐观的预期,认为用户提供内容能够给自身带来相应的增量收益,从而积极致力于提供内容或促进移动社会网络用户的提供内容行为。

移动社会网络用户和服务/内容提供商合作提供内容的行为区域边界,最终是由鞍点 E_5 的坐标 $\left(\dfrac{f-e}{q-h},\dfrac{r-c}{r+e-m}\right)$ 确定的,构成博弈双方收益函数的参数初始值及其变化将导致演化系统向不同的均衡点收敛。移动社会网络用户和服务/内容提供商合作提供内容行为收敛于何种状态,还取决于双方采取策略的概率,即通过调整双方在不同策略选择下的参数值来改变 $\dfrac{f-e}{q-h}$ 和 $\dfrac{r-c}{r+e-m}$ 的值,从而调整四边形的面积,促进博弈双方行为朝预期的方向演变。

5.3.3　参数讨论

移动社会网络用户和服务/内容提供商的合作提供内容行为,都是可以控制和被激励的。由演化动态过程图 5.5 可知,整个行为动态系统有四个吸引盆:区域Ⅰ、区域Ⅱ、区域Ⅲ、区域Ⅳ,预期的结果是能够扩大区域Ⅰ和区域Ⅳ,从而使均衡点(1,1)的吸引盆变大,这样获得希望的收敛结果(提供,合作)可能性才更大。这个结果是由鞍点 $E_5(x^*,y^*)$ 确定的,要扩大区域Ⅰ和区域Ⅳ的边界,必然要求 E_5 在动态演化路径图中向左下方移动,此时 x^* 和 y^* 的值都变小。通过调整演化博弈模型中的参数来调整区域面积,进而分析合作提供内容系统朝预期方向发展的内外部条件。

（1）移动社会网络用户提供内容的收益增加会促进初始策略（提供，不合作），最终趋于（不提供，不合作）；服务/内容提供商的收益增加会促使（提供，合作）均衡的实现。

参数 m 是移动社会网络用户提供内容而获得的预期收益，参数 f、h 分别是服务/内容提供商建设用户提供创造内容平台而获得的预期社会收益和扩散收益。当 m 增加时，点 E_5 向上移动，图 5.5 中四边形 $E_1E_2E_5E_3$ 的面积增大，四边形 $E_2E_5E_3E_4$ 面积缩小，合作提供内容系统的均衡策略最终演化至 $(1,1)$ 的可能性减少。因为移动社会网络用户的收益增加，会使得服务/内容提供商疏于对移动社会网络用户的分享行为进一步的激励，或者用户创造内容平台的建设跟不上移动社会网络用户提供信息内容的步伐，长期以后，移动社会网络用户的内容提供积极性得不到很好的支持，将会失去兴趣，趋近于不提供内容。

而当 h、f 增加时，点 E_5 向下移动，图 5.5 中四边形 $E_1E_2E_5E_3$ 面积减小，四边形 $E_2E_5E_3E_4$ 面积增大，合作提供内容系统的均衡策略最终演化至 $(1,1)$ 的可能性增加。服务/内容提供商洞察移动社会网络用户提供内容行为仍处于起步阶段，也就意味着未来一段时间，仍将存在 $f<e$，因此，h、f 的增加，使得合作提供内容系统营造出双方共赢局面。这也说明移动社会网络用户提供内容的根本动机是为了满足自身某种需求，一旦自身需求得到满足以后，移动社会网络用户可能就不会进行内容的提供，因此，虽然移动社会网络用户是创造体验价值的主体和源头，但服务/内容提供商的激励是用户持续提供内容的动力来源。服务/内容提供商要充分发挥其在共同创造价值行为系统中的作用，提供一系列激励移动社会网络用户提供内容的措施（包括为移动社会网络用户提供便利的参与途径，搭建双方沟通平台，为用户提供模式化的创造工具箱简化内容创造流程，提供一定的资金支持和相应的技术支持，建立用户提供内容行为的补偿机制等等），从而调动移动社会网络用户的创造积极性。正是因为服务/内容提供商在用户激励中的主导地位，其自身收益的显著增加，将对合作提供内容带来更大的助力。

（2）服务/内容提供商不提供内容创造平台支持，将会使合作提供内容系统的均衡策略最终演化至（不提供、不合作）。

参数 r 是移动社会网络用户提供内容而产生的预期收益，q 是因移动社会网络用户无偿公开提供内容,服务/内容提供商获得的扩散收益。假设当 r 增大时,q 同时增大,此时点 E_5 向右上方移动,图 5.5 中四边形 $E_1E_2E_5E_3$ 面积增大,四边形 $E_2E_5E_3E_4$ 面积缩小,合作提供内容系统的均衡策略最终演化至 $(0,0)$ 的可能性增加,反之则减少。

由于服务/内容提供商在不建设内容创造平台情形下,仍能够获得移动社会网络用户创造内容的扩散效应,这可能导致服务/内容提供商对移动社会网络用户的内容创造行为不进行任何支持和激励。从长期来看,移动社会网络用户和服务/内容提供商合作提供内容的演化过程,由于移动社会网络用户的内容创造行为得不到来自服务/内容提供商的激励和支持,慢慢降低参与内容创造与分享的积极性,最终将以较大的可能性演变为双方都在内容提供方面不合作的局面。此时,移动社会网络用户群体对信息服务的期望要求将变得更高,而服务/内容提供商群体将更难洞察移动社会网络用户的需求,在不断开发新的内容产品和服务方面的投入将更大。

(3)移动社会网络用户和服务/内容提供商合作提供内容的成本增加,将会使合作提供内容系统的均衡策略最终演化至(提供、合作)。

这两个参数分别是移动社会网络用户和服务/内容提供商合作提供内容时的投入,也即合作提供内容系统的成本。当 c 增加时,点 E_5 向左下方移动,图 5.5 中四边形 $E_1E_2E_5E_3$ 面积缩小,四边形 $E_2E_5E_3E_4$ 面积变大,合作提供内容系统的均衡策略最终演化至 $(1,1)$ 的可能性增加。这一结论颠覆了现实情境中关于移动社会网络用户参与成本太高将会阻碍用户参与的直观认识,也是移动社会网络用户需求多样性的体现。换句话说,移动互联网情境下,创造成本、费用仅仅是移动社会网络用户考虑的一方面,其在娱乐、情感、体验方面的价值收益将是移动社会网络用户长期追求的。

当 e 增加时,点 E_5 向左下方移动,可知四边形 $E_1E_2E_5E_3$ 面积缩小,图 5.5 中四边形 $E_2E_5E_3E_4$ 面积变大,提供内容的行为系统最终演化至均衡策略 $(1,1)$ 的可能性增加。因为构建用户创造内容平台投入成本的沉没,服务/内容提供商为了获得投资回报,将会在较长一段时间内积极迎合移动社会网络用户群体提供内容的需求。然而,双方参与成本的增加有可能会带来社会资源的配置失衡,这就需要外部主体提供一定的激励机制或协调措施。如移动运营商可以通过对网络通信渠道的控制,引导服务/内容提供商理性建设用户创造内容平台;政府和其他相关组织充分发挥引导、支持作用,通过多种方式宣传、倡导、鼓励和扶持移动社会网络用户的提供内容行为,修改和完善相关的网络知识产权保护,为移动社会网络用户提供内容行为营造良好的外部发展环境。

5.3.4　基于系统动力学的算例模拟

为了进一步分析移动社会网络用户与服务/内容提供商提供内容的策略选择过程,本部分将在上述演化博弈分析结果的基础上,基于服务/内容提供商与移动社会网络用户博弈双方合作提供内容的动态决策过程,构建系统动力学(System Dynamics,简称 SD)模型进行仿真模拟。这是对移动社会网络中合作提供内容行为复杂动态演化过程的一种辅助分析,目的是为移动社会网络用户内容提供行为的演化提供模拟仿真分析,以描述博弈系统中双方主体决策行为的长期动力学趋势。

为了反映移动社会网络用户和服务/内容提供商之间对内容提供行为的选择,将演化博弈中随时间演变的复制动态方程转化为系统动力学中的方程组模型,如式(5-19)所示。

$$
\begin{cases}
\dfrac{\mathrm{d}x}{\mathrm{d}t} = x(x-1)(U_1^1 - U_1^2) \\[2mm]
\dfrac{\mathrm{d}y}{\mathrm{d}t} = y(y-1)(U_2^1 - U_2^2)
\end{cases}
\tag{5-19}
$$

其中,引入的辅助变量是不同策略选择下,移动社会网络用户和服务/内容提供商提供内容的成本和收益,方程组如式(5-20)所示:

$$
\begin{cases}
U_1^1 = y(m-c) + (1-y)(r-c) \\
U_1^2 = ye \\
U_2^1 = x(h+f-e) + (1-x)(f-e) \\
U_2^2 = xq
\end{cases}
\tag{5-20}
$$

根据式(5-19)的方程组,博弈双方的策略选择都是随时间变化而变化的变量,可以作为系统动力学模型中的流率变量,将移动社会网络用户和服务/内容提供商提供内容的策略选择概率视为流位变量,由此构建相应的系统动力学流图,如图 5.6 所示。

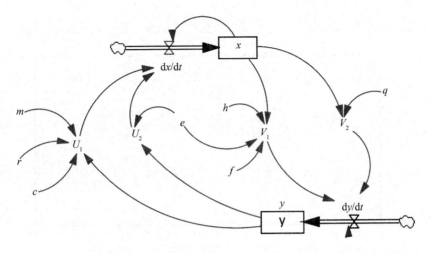

图 5.6　移动社会网络用户和服务/内容提供商行为选择的系统动力学流图

动力学模型的行为模式与结果主要取决于模型结构,模型结构对参数的准确度有适当的要求,为此选择从模型中子系统的内部结构与部分变量之间的相互关系来确定主要参数的值,对移动社会网络用户和服务/内容提供商合作提供内容行为的系统动力学模型进行模拟。在该模型中,各参数之间存在下列隐含关系:

$$\begin{cases} r > q \\ m - r - e < c - h \\ e - f < h - q \\ c > r \end{cases}$$

选取系统动力学模拟软件中的 Vensim PLE 作为模拟工具,基于移动社会网络用户和服务/内容提供商合作提供内容行为的系统动力学模型设计和参数取值,进行模拟分析。Vensim PLE 软件的初始设置:INITIAL TIME 为 0,FINAL TIME 为 30,TIME STEPT 为 1,UNITS FOR TIME 为 Day。

参照移动社会网络用户和服务/内容提供商合作提供内容行为的系统动力学模型中各参数之间的隐含关系,假设初始状态下各参数值的设置如下:$m = 18, f = 1, h = 16, r = 10, q = 8, c = 11, e = 4$。

在本次模拟中,当 $0.25 < y < 1, x = 1$ 是移动社会网络用户提供内容行为的演化稳定策略。假设 y 的初始值为 $0.3, x$ 的初始值为 0.1 并每隔 0.1 变化一次,对移动社会网络用户和服务/内容提供商合作提供内容行为的动力学模型连

续模拟 10 次,模拟结果如图 5.7(a)、5.7(b)所示。

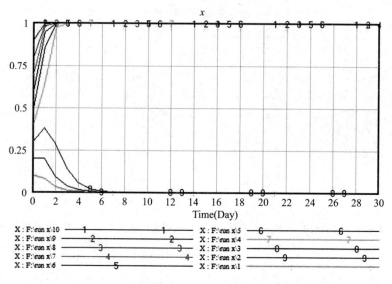

(a)y 初始值为 0.3 时,x 的变化趋势

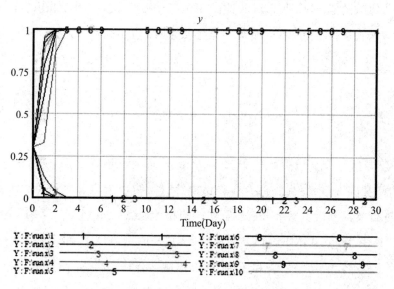

(b)y 初始值为 0.3 时,y 的变化趋势

图 5.7 y 初始值固定时,合作双方的变化趋势

由图 5.7(a)、5.7(b)可知,随着 x 由 0→1 的增大,y 收敛于 0 的速度越来越慢,直到 x 达到 0.5,之后 y 开始转向收敛于 1,且随着 x 值→1 的继续增大,y 收敛于 1 的速度越来越快。这验证了移动社会网络用户选择提供内容行为的概

率,会影响服务/内容提供商对用户提供内容行为的支持决策,当洞察到用户选择参与提供内容行为的概率大于 0.5 时,服务/内容提供商最终的决策策略将是积极参与,移动社会网络用户和服务/内容提供商博弈的最终结果是收敛于(1,1),即移动社会网络用户和服务/内容提供商选择合作提供内容。也就是说,双方博弈时,移动社会网络用户创造价值意识的增强,则用户和服务/内容提供商最终均选择合作提供内容策略的概率增大。然而,由于移动社会网络用户的提供内容行为更多取决于其内在的需求、兴趣爱好或特有的触发点等因素,服务/内容提供商需要积极采取措施以引导和激励移动社会网络用户积极创造内容。

模拟中发现,当 $0.38 < x < 1, y = 1$ 是服务/内容提供商合作行为决策的演化稳定策略。假设 x 的初始值为 0.4,y 的初始值为 0.1 并且每隔 0.1 变化一次,对移动社会网络用户和服务/内容提供商合作提供内容行为的动力学模型连续模拟 10 次,模拟结果如图 5.8(a)、5.8(b)所示。

由图 5.8(a)、5.8(b)可知,随着 y 由 0→1 的增大,x 收敛于 0 的速度越来越慢,直到 y 达到 0.3 时,x 开始转而收敛于 1,且随着 y→1 的增大,收敛的速度越来越快。这表明,服务/内容提供商选择合作提供内容策略的概率,直接影响移动社会网络用户选择提供内容行为;当服务/内容提供商选择合作提供内容策略的概率大于 0.3 时,移动社会网络用户和服务/内容提供商博弈的最终结果是收敛于(1,1),即双方选择合作提供内容。从实践中看,服务/内容提供商提供一定的奖励或提供模块化的工具等平台建设的投入,是对移动社会网络用户的创造价值行为最重要的激励因素之一。从系统的长期演化过程来看,当缺少外部主体的激励时,移动社会网络用户的创造积极性会降低,因此,为了挖掘移动社会网络用户创造的价值,服务/内容提供商可以构建移动社会网络服务平台,为移动社会网络用户提供奖励或补贴,可以达到引导和激励移动社会网络用户内容提供行为的目的。

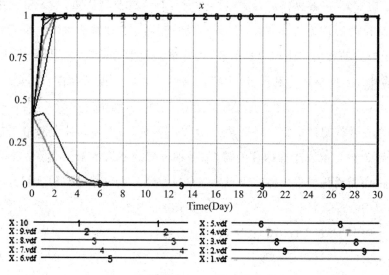

(a)x 初始值为 0.4 时的变化趋势

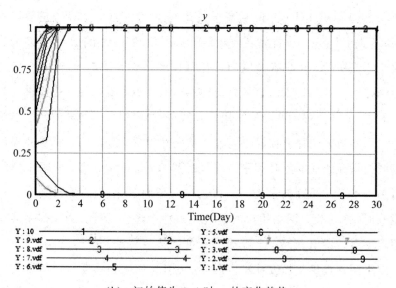

(b)x 初始值为 0.4 时，y 的变化趋势

图 5.8　x 初始值固定时，合作双方的变化趋势

第六章 研究结论与展望

　　在移动社会网络服务平台上,人们不仅可以获取信息,而且可以创造和分享信息,每个用户节点既是服务/内容的消费节点,也是潜在的信息和内容创造节点,这就意味着每个用户都可能成为移动社会网络的价值创造者。为此,把握移动社会网络用户的行为特征及其相关的影响因素,充分发挥用户的创造性,成为移动社会网络环境下迫切需要解决的管理问题。本书一方面采用实证研究方法,研究移动社会网络环境下,用户创造价值行为的影响因素,另一方面构建定量模型分析考虑移动社会网络用户创造价值行为情况下,移动社会网络服务价值链上相关企业主体的策略选择。

6.1　主要研究结论

　　本书是基于移动社会网络、价值创造、价值链、互惠等相关理论,对移动社会网络用户的创造价值行为进行系统的探索性研究,采用了实证分析与定量模型分析相结合的方法,一方面基于用户角色理论和刺激—反应—行为理论,构建了移动社会网络用户创造价值行为影响因素和路径的实证分析模型,利用结构方程模型进行了实证分析;另一方面,基于博弈论等理论和方法,考虑移动社会网络用户创造价值行为,构建定量模型,研究价值链中主体间的关系和相应的策略选择,讨论相关主体对移动社会网络用户价值创造行为的激励机制设计。本书研究的主要工作总结如下:

　　1.基于刺激—反应—行为模型,分析了移动社会网络用户创造价值的行为过程和影响因素,构建了移动社会网络用户创造价值行为研究的实证模型。

随着信息技术的快速发展,移动社会网络用户不再仅是信息的接受者,而且正成为越来越重要的信息创造者,成为移动社会网络中重要的价值创造者之一。本书从用户在移动社会网络中所扮演的技术使用者、信息接收者、信息提供者和社会网络成员等4种不同角色出发,分析了相应的刺激因素,明确了用户感知体验价值包括感知功能价值、感知享乐价值、感知社交价值和企业认可价值,而所可能产生的行为主要有对移动社会网络的持续使用和内容提供。在此基础上,本书构建了移动社会网络用户价值创造行为影响因素和路径的实证分析模型,提出了相关的研究假设。

2. 实证研究了移动社会网络用户价值创造行为的主要影响因素及其影响路径。

基于已有文献成果,结合本书问题研究的需要,本书设计了模型中各个构念的测量项,形成了调查问卷,并收集数据,采用结构方程建模的方法对所构建的实证模型进行分析。研究结果表明:随时随地接入、感知有用、自我效能和互惠与利他显著积极影响感知功能价值;感知娱乐、参与感和团队规范显著积极影响感知享乐价值;随时随地接入、团队规范和互惠与利他显著积极影响感知社交价值;参与感和社会认同显著积极影响企业认可价值;感知体验价值各个维度对持续使用行为有显著积极影响,持续使用行为对内容提供行为有显著积极影响,只有感知社交价值对内容提供行为有显著积极影响;企业奖励对感知享乐价值、感知社交价值与移动社会网络用户的持续使用行为之间的关系具有轻度正向调节效应,对感知享乐价值与移动社会网络用户的内容提供行为之间的关系具有轻度正向调节效应。

3. 构建博弈模型,分析移动社会网络用户创造行为对移动运营商和服务/内容提供商关系的影响,分别讨论两者集中决策和分散决策时,价值链整体收益的变化,以及对移动社会网络用户创造内容行为给予奖励带来的影响。

创造内容行为是移动社会网络用户创造价值行为的重要表现之一,移动社会网络用户创造内容将会改变价值链中内容生产中的主体关系。本书通过考虑移动社会网络用户创造内容行为的特性,构建博弈模型研究不同的价值链决策机制下,移动社会网络价值链中参与主体的价格、奖励策略。研究结论有:考虑移动社会网络用户接收到的是否创造内容的行为类型信息,如果表征服务或内容质量信息的准确性越高,服务/内容提供商对服务或内容产品的定价也将越高;当移动运营商和服务/内容提供商考虑移动社会网络用户创造内容行为的随机性进行集中决策时,随着影响用户选择创造或不创造内容的行为类型信息准确度的增强,则价值链整体收益会增加;分散决策时,移动运营商的均衡收益随着收益分配比例的增大而减小,服务/内容提供商的均衡收益则随之增大而增大。

4.构建移动社会网络用户和服务/内容提供商之间共同提供内容活动的演化博弈模型,分析两者之间博弈的动态变化特点。

服务/内容提供商在内容提供方面直接面向社会网络用户,通过为用户创造内容提供平台实现与社会网络用户共同提供内容。本研究基于演化博弈理论,构建服务/内容提供商与移动社会网络用户之间合作提供内容活动的演化过程模型,研究发现:合作提供内容活动对服务/内容提供商和社会网络用户的初始状态具有依赖性,双方行为的初始状态区域决定了两者合作提供内容长期行为的均衡结构;移动社会网络用户和服务/内容提供商行为收敛于哪种状态还取决于双方采取"参与"策略的概率,即通过调整双方在不同策略选择下的参数值,从而促进博弈双方朝预期的共同提供内容方向演变发展。

这些问题的探索和解答,一定程度上是建立社会化商务或新兴电子商务理论体系的根基所在。从行为视角对社会化商务各类参与者(包括消费者、企业和政府等)在参与电子商务活动时的新模式、新特征加以研究,发现和诠释社会化商务运行的基础规律,构建社会化商务参与者行为理论体系,对我国电子商务乃至国民经济的发展具有重大的理论意义和实践价值。

6.2 理论贡献和管理启示

6.2.1 理论贡献

本研究的理论贡献主要有以下四个方面:

(1)基于价值创造理论提出了移动社会网络用户创造价值行为和感知体验价值的概念。移动社会网络用户创造价值是指用户通过移动社会网络进行的评论、推荐、创造内容等参与行为。感知体验价值是移动社会网络用户在服务前与企业、用户互动中形成的对产品/服务的认知及偏好影响,以及服务过程中,对产品/服务的功能效用、内在愉悦、社交等心理需求被满足而获得的情感反应。在此基础上,进一步深入研究了移动社会网络用户创造价值的行为表现、特点以及感知体验价值的结构维度。已有的研究强调企业与用户的价值共创行为,将两者的价值创造行为混为一谈,本书立足于移动社会网络用户自身提出用户创造价值行为和感知体验价值概念,同时移动社会网络用户创造价值行为不仅仅是自身的一种深度参与行为,而且会对价值链中的主体关系、企业对用户的激励机制产生重要影响。而原有的价值创造研究中仅局限于考虑用户的参与者角色,本书的移动社会网络用户创造价值行为研究将用户在创造活动中的角色扩展到了创造者、主导者,将有助于更加深入和全面地认识用户创造价值行为在促进社会化商务发展方面的重要性。

(2)基于感知体验价值构建了移动社会网络用户创造价值行为的理论模型。根据用户角色理论和感知体验价值的概念,本书研究中将感知体验价值划分为感知功能价值、感知娱乐价值、感知社交价值和企业认可价值维度,以刺激因素——情感反应——行为反应为主线,从外部刺激因素和内部情感反应等方面构建了各种外部刺激因素、感知体验价值和用户创造价值行为之间的研究模型,研究用户创造价值的行为机理无疑是更加全面的,为从新的角度探索用户创造价值行为的驱动机理提供了理论基础。理论和实证分析的结果也表明,从感知体验价值的不同维度探索用户创造价值行为的机理更能从多视角充分解释用户创造价值的行为规律,是具有一定可行性的,能够更加全面地揭示用户创造价值行为的影响因素。

(3)对移动社会网络用户创造价值行为影响价值链中相关参与主体的决策进行了更深入地剖析。尽管已有大量的理论、实证研究价值链中相关主体的价值创造活动和相互之间的关系,但是仅仅将用户作为价值的接受者,在讨论价值链相关主体关系时鲜少考虑用户创造价值行为。本书考虑移动社会网络用户创造价值行为,构建了移动社会网络服务价值链中不同决策方式下移动运营商、服务/内容提供商的决策策略研究模型,结果表明当移动运营商和服务/内容提供商考虑移动社会网络用户创造内容行为的随机性进行集中决策时,随着影响用户选择创造或不创造内容的行为类型信息准确度的增强,则价值链整体收益会增加;分散决策时,移动运营商的均衡收益随着收益分配比例的增大而减小,服务/内容提供商的均衡收益则随之增大而增大。本研究还基于演化博弈理论对移动社会网络用户与服务/内容提供商共同提供内容关系展开研究。用户创造价值行为对价值链中相关主体的影响研究,为更加全面和深刻地揭示用户创造价值行为的机理提供了一定的理论启发。

6.2.2 管理启示

用户创造价值已经成为移动社会网络服务价值链的竞争优势与价值创造的重要来源之一。本书对移动社会网络用户创造价值行为及其影响展开研究,可以得出一些对实际具有指导意义的研究结论,从而对移动社会网络服务价值链中参与企业的实践活动具有重要的启示。

1.企业应为用户创造价值行为营造良好情境

移动社会网络用户创造价值行为实证研究表明价值链中企业提供的技术特性、便利的服务和关系网络平台是影响用户创造价值行为的必要条件,也是用户创造价值行为发生的重要情境。随着用户参与价值创造的深度和广度不断扩大,价值链中的参与企业不能再一味固守"为用户创造价值"的传统观念,而要对"用户创造价值"给予充分的关注,树立激励用户参与价值创造的观念,采取各种措施来创造促进用户创造价值的良好情境,增强移动社会网络用户的感知有用、感知娱乐、参与感等感受,提升用户在与各种主体互动时的体验感知,吸引和保留更多的用户,拓展用户创造价值行为的范围和深度。

一方面服务/内容提供商、社会网络平台服务企业可以通过版块的设计构建吸引各类用户参与的话题区域,促进用户之间对产品/服务的使用经历、技术、知识等方面的交流,如微信上开发的各类服务公众号、手机 QQ 各类应用专区、活动专区、服务专区等,通过营造良好的用户体验,吸引用户的深层次参与。另一方面,移动社会网络已经吸引大量用户广泛参与,成为用户与企业、用户与用户之间有效沟通的平台,在此基础上,移动社会网络服务价值链中企业还要充分利用平台的非正式沟通机制,构建适合企业提供内容和用户创造内容的激励机制,对持续浏览的用户、创造内容的用户、推荐分享的用户要区别对待,针对用户不同层次的创造价值行为设计激励机制,为不同用户的创造价值行为提供良好的情境,挖掘移动社会网络服务价值链的价值增值空间。

2.优化移动社会网络服务价值链上相关主体的合作模式

移动社会网络服务价值链的成功运作不仅需要多方参与者的相互协作,更要重视用户创造价值对价值链的冲击和变革。移动社会网络用户是价值链中企业外部重要的信息需求源泉,能够向价值链中的企业提供需求、创意等内容,还会以共同创造者的身份向价值链中的企业提供创新理念、产品设计思路等信息,他们在社会网络中引发的讨论话题或提供的信息内容,往往更容易得到社会网络中其他用户的信息比较信任。价值链中的企业参与主体都应该认识到用户及其创造价值行为的核心作用,努力吸纳用户参与到价值链中的创造价值活动过程,提升他们在价值链中的地位,逐渐将价值链中参与企业关注前端服务渠道的合作模式改变为以后端内容生产为主的价值链合作模式。这意味着移动运营商需要改变与服务/内容提供商的收益分配比例,向服务/内容提供商进行倾斜,而服务/内容提供商将在内容生产中发挥核心企业作用,在移动运营商的网络支持下,与社会网络用户建立交互式的合作提供内容模式,采取给予社会网络用户更多权限或奖励等策略来激发社会网络用户的想象力和创造力。

根据本书实证研究和定量研究结论,企业奖励作为一种物质激励对用户创造价值行为是有一定的调节作用,因此,价值链中的企业在激励用户提供信息、推荐分享时,可以采取物质激励的措施,鼓励用户提供、分享自己掌握的需求和偏好信息。然而,企业奖励对用户推荐分享行为的影响并没有随着用户参与程度的加深而变得更有效,因此,信息/内容提供商不能单纯通过奖励或推送信息,来调动移动社会网络用户的推荐分享积极性,需要有意识地引导用户发现自身的互惠需求,积极向其所关心的社会网络其他用户进行可信推荐与分享。

6.3 研究局限和展望

6.3.1 研究局限

已有移动领域的价值链研究主要集中于价值链前端企业视角,本研究以移动社会网络为背景,基于价值链理论、博弈理论、互惠理论等经济学、管理学的理论和方法,从价值链后端——移动社会网络用户创造体验价值视角,对移动社会网络服务价值链参与主体的创造价值行为进行了系统研究。本书的研究结论对移动商务的理论研究和实际应用都具有重要的借鉴意义。但限于时间和个人能力等,本书仍有一些局限性。

(1)研究背景偏重于广义视角

本研究的背景是从广义的角度来界定移动社会网络及其中的用户创造价值行为,调查时亦以一般移动社会网络用户作为调查对象,未对具体的移动社会网络服务类型进行细致深入的研究。为了使得研究结果具有代表性,将来的研究可以将移动社会网络服务分为交易型、非交易型等。

(2)研究模型的通用性

为了研究移动社会网络服务价值链中参与主体之间的关系,本书选取了移动社会网络用户与服务/内容提供商、移动社会网络用户与移动运营商、移动社会网络用户与社会网络其他用户等关系做为研究对象。研究对象的选择表明了本书主要关注移动社会网络服务价值链后端主体的行为机制,但仅仅关注移动社会网络服务价值链的核心与主要参与成员的内在机制并不能完全代表移动社会网络服务价值链中所有成员的关系机制。因此本书在研究对象的选取上可能一定程度上限制了模型的通用性和推广性。

(3)实证研究有待进一步完善

在移动社会网络用户创造价值行为的驱动机理研究过程中,本研究只是对移动社会网络环境下的用户创造价值行为研究的初步尝试,今后还可以进一步完善。在问卷设计过程中,虽然借鉴了很多相关理论和成熟问卷,但由于移动社会网络情境的新颖性,仍存在不少自行开发的问卷题项,因此其代表性有待于进一步优化。在研究结果方面,有些指标结果相对经典文献不太理想,而且没有能从感知体验价值整体获得理想的实证分析结果,可能是由于本研究的样本主要来自于用户群体的静态数据,考虑到研究问题的推广性,需要搜集移动社会网络用户群体的动态行为数据,以适应移动社会网络用户创造价值行为的随机性和动态性变化趋势。

6.3.2 研究展望

鉴于 4G 网络用户的持续增加和移动社会网络的日益普及,相信在未来若干年内,社会化商务将是研究的热点和前沿领域,基于移动社会网络的用户创造价值行为是社会化商务发展的重要助力。本书运用价值链理论、博弈理论及互惠理论等分析方法,对移动社会网络服务价值链中参与主体的创造价值行为进行了探讨,但只是对该领域中的一些基本问题的初步研究,随着移动社会网络中用户创造价值行为的日趋频繁和影响越来越广泛,今后移动社会网络用户创造价值行为研究可关注以下几个方面:

(1)移动社会网络用户的创造价值行为是一个动态过程。本书从移动社会网络服务价值链整体视角,对价值链主要成员的创造价值活动进行系统研究,得出了一些有意义的研究结论。但是由于基于移动网络的社会化商务产业本身业务模式不断创新,在现实中,会存在其他参与主体在价值创造上合作与竞争。因此,将来的研究可以继续跟踪社会化商务产业的发展情况,针对移动社会网络服务价值链演变的动态特征,研究多参与主体创造价值关系的动态演化过程。

(2)目前实证研究采用问卷调查的方式获取横截面的数据,用创造内容和推荐分享两种行为表现来研究移动社会网络用户的创造价值行为。然而如文中所述,移动社会网络用户的创造价值行为表现还有评论、习惯性浏览等形式,而且创造内容和推荐分享行为的用户转化率是不同的,这使得本书的研究对象与实际使用有一定的差异。未来的研究还可尽量采用细化、纵向的行为实验,更为直观准确地衡量移动社会网络用户创造价值行为,以使研究获取的结论更有意义。

(3)不同的移动社会网络用户具有不同的特征,其创造价值活动也会有不同的影响因素,尽管目前的研究涉及到了许多变量,但仍然有大量潜在因素没有被研究;而且本书研究时仅将用户分成移动社会网络用户和社会网络其他用户,划分标准不够细化、精炼。未来可以将移动社会网络用户群体有针对地性的进行分类研究,对其他的潜在因素进行研究来完善整体用户行为体系。

(4)近几年,随着行为经济学和实验经济学的兴起,行为研究受到越来越多领域研究者的关注,社会化商务、移动社会网络服务价值链、价值创造等新兴交叉领域往往孕育着很多研究机会。本书只是抽取了移动社会网络服务价值链中主体关系和用户创造价值行为两个点进行研究，而实际上，除了创造价值行为，还有创造价值过程中的策略行为与管理，所以后续研究可以扩展到基于移动社会网络用户创造价值行为的策略行为与运营管理方面。

参 考 文 献

[1] 运行监测协调局.2016 年通信运营业统计公报[EB/DL]. http://www.miit.gov.cn/n1146285/n1146352/n3054355/n3057511/n3057518/c5471292/content.html.

[2] CNNIC:2022 年第 49 次中国互联网络发展状况.

[3] 刘佳.移动社区初成长[J].互联网周刊,2009,(14):26-27.

[4] Lovelock C H,Young R F. Look to consumers to increase productivity [J]. Harvard Business Review,1979,(03):168-179.

[5] Ives B,Olson M H. User involvement and MIS success:A review of research [J]. Management Science,1984,(05):586-603.

[6] 彭艳君.企业——顾客价值共创过程中顾客参与管理研究的理论框架[J].中国流通经济,2014,(08):70-76.

[7] Terashima K,Dawson J. Customer participation in the support system for small grocery retailers [D]. Management School & Economics the University of Edinburgh,2004.

[8] 范秀成,张彤宇.顾客参与对服务企业绩效的影响[J].当代财经,2004,(08):69-73.

[9] Lengnick-Hall CA. Customer contributions to quality:A different view of the customer-oriented firm [J]. The Academy of Management Review,1996,(03):791-824.

[10] Wikström S. Value creation by company-consumer interaction[J]. Journal of Marketing Management,1996b,(05):359-374.

[11] Christopher D,David F. Product development cycle time and organization-

al performance[J]. Journal of Marketing Research,1997,(01):13-23.

[12] Ramírez R. Value co-production:intellectual origins and implications for practice and research [J]. Strategic Management Journal,2015,(01):49-65.

[13] Normann R,Ramírez R. From value chain to value constellation:designing interactive strategy [J]. Harvard Business Review,1993,(04):65-77.

[14] Vargo S L,Lusch R F. Evolving to a New Dominant Logic for Marketing [J]. Journal of Marketing,2004,
(01):1-17.

[15] Prahalad C K. Co-opting customer competence [J]. Harvard Business Review,2000,(01):79-87.

[16] Norton M I,Mochon D,Dan A. The IKEA effect:When labor leads to love [J]. Social Science Electronic Publishing,2012,(03):453-460.

[17] 简兆权,肖霄. 网络环境下的服务创新与价值共创:携程案例研究[J]. 管理工程学报,2015,(01):20-29.

[18] 杨学成,陶晓波. 从实体价值链、价值矩阵到柔性价值网——以小米公司的社会化价值共创为例[J]. 管理评论,2015,(07):232-240.

[19] 周文辉,王鹏程,陈晓红. 价值共创视角下的互联网＋大规模定制演化——基于尚品宅配的纵向案例研究[J]. 管理案例研究与评论,2016,(04):313-329.

[20] 张培,刘凤. 基于多主体的价值共创过程机理——以广东品胜电子股份有限公司为例[J]. 中国科技论坛,2016,(12):154-160.

[21] 刘文波,陈荣秋. 基于顾客参与的顾客感知价值管理策略研究[J]. 武汉科技大学学报(社会科学版),2009,(01):49-54.

[22] 牛振邦,白长虹,张辉. 基于互动的价值共创研究[J]. 企业管理,2015,(01):118-120.

[23] 李朝辉. 虚拟品牌社区环境下顾客参与价值共创对品牌体验的影响[J]. 财经论丛,2014,(07):75-81.

[24] Dan J K,Hwang Y. A study of mobile internet user's service quality per-

ceptions from a user's utilitarian and hedonic value tendency perspectives [J]. Information Systems Frontiers, 2012, (02):409-421.

[25] Mccoll-Kennedy J R, Vargo S L, Dagger T S, et al. Health care customer value cocreation practice styles[J]. Journal of Service Research, 2012, (04):370-389.

[26] Prahalad C K, Ramaswamy V. The new frontier of experience innovation [J]. Mit Sloan Management Review, 2003, (04):12-18.

[27] Grönroos C, Voima P. Critical service logic: Making sense of value creation and co-creation [J]. Journal of the Academy of Marketing Science, 2013, (02):133-150.

[28] Lusch R F, Stephen L, Vargo S L. Service dominant logic: reactions, reflections and refinements [J]. Marketing Theory, 2006, (03):281-288.

[29] Payne A F, Storbacka K, Frow P. Managing the co-creation of value [J]. Journal of the Academy of Marketing Science, 2008, (01):83-96.

[30] 李耀, 王新新. 价值的共同创造与单独创造及顾客主导逻辑下的价值创造研究评介[J]. 外国经济与管理, 2011, (09):43-50.

[31] 郑凯, 王新新. 互联网条件下顾客独立创造价值理论研究综述[J]. 外国经济与管理, 2015, (05):14-24.

[32] 李耀, 周密, 王新新等. 顾客独创价值研究:回顾、探析与展望[J]. 外国经济与管理, 2016, (03):73-85.

[33] 李耀, 周密, 王新新. 顾客知识对顾客独创价值行为的驱动机理:一个链式中介模型[J]. 管理评论, 2017, (07):103-112.

[34] Kaplan A M, Haenlein M. Users of the world, unite! The challenges and opportunities of social media[J]. Business Horizons, 2010, (01):59-68.

[35] Chai S, Kim M. A socio-technical approach to knowledge contribution behavior: An empirical investigation of social networking sites users [J]. International Journal of Information Management, 2012, (02):118-126.

[36] Trainor K J, Andzulis J, Rapp A, et al. Social media technology usage and customer relationship performance: A capabilities-based examination of

social CRM[J]. Journal of Business Research,2014,(06):1201-1208.

[37] Berthon P,John J. From entities to interfaces [M]. New York: M. S. Sharpe,2006.

[38] Nambisan S,Baron R A. Virtual customer environments:Testing a model of voluntary participation in value co-creation activities [J]. Journal of Product Innovation Management,2009,(04):388-406.

[39] Mcalexander J H,Schouten J W,Koenig H F. Building brand community [J]. Journal of Marketing,2002,(01):38-54.

[40] Lenhart A,Fox S. Bloggers:A portrait of the internet s new storytellers [EB/OL]. (2008-11-17). http://www. pewinterne. torg/pdfs/PIP% 20Bloggers%20Repor%t 20July%2019%202006. pdf.

[41] Hsu C L,Lin C C. Acceptance of blog usage:The roles of technology acceptance,social influence and knowledge sharing motivation [J]. Information & Management,2008,(01):65-74.

[42] Wasko B M M,Faraj S. It is what one does":Why people participate and help others in electronic communities of practice [J]. Journal of Strategic Information Systems,2010,(2-3):155-173.

[43] Wang Y,Fesenmaier D. Assessing motivation of contribution in online communities:An empirical investigation of an online travel community [J]. Electronic Markets,2003,(01):33-45.

[44] Yu J,Jiang Z,Chan H C. Knowledge contribution in problem solving virtual communities:the mediating role of individual motivations[C]. ACM Sigmis Cpr Conference on Computer Personnel Research,2007.

[45] Füller J. Refining Virtual co-creation from a consumer perspective [J]. California Management Review,2010,(02):98-122.

[46] Chiu C M,Hsu M H,Wang E T G. Understanding knowledge sharing in virtual communities:an integartion of social capital and social cognitive theories[J]. Decision Support Systems,2006,(08):1872-1888.

[47] Tumba G,Horowitz D. Culture creators:co-production in second life [J].

Advances in Consumer Research,2008,(01):44-48.

[48] 王新新,万文海.消费领域共创价值的机理及对品牌忠诚的作用研究[J].
· 管理科学,2012,(05):52-65.

[49] Turri A M,et al. Developing affective brand commitment throng social media[J]. Journal of Electronic Commerce Research,2013,(03):201-214.

[50] Brodie R J,Ilic A,Juric B,Hollebeek L. Consumer engagement in a virtual brand community:An Exploratory Analysis[J]. Journal of Business Research,2013,(09):105-114.

[51] Sicilia M,Palazon M. Brand communities on the internet:A case study of Coca-Cola's Spanish virtual community [J]. Corporate Communications: An International Journal,2008,(13):255-270.

[52] Stephen A T,Toubia O. Deriving value from social commerce networks [J]. Journal of Marketing Research,2010,(02):215-228.

[53] C. K. 普拉哈拉德,文卡特·拉马斯瓦米.消费者王朝:与顾客共创价值 [M].王永贵译.北京:机械工业出版社,2005.

[54] Vargo S L,Lusch R F. Service-dominant logic:continuing the evolution [J]. Journal of the Academy of Marketing Science,2008,(01):1-10.

[55] Lusch R F,Vargo S L,and O'Brien M. Competing through service:Insights from service-dominant logic [J]. Journal of Retailing,2007,(01):5-18.

[56] Lee W,Xiong L,Hu C. The effect of Facebook users'arousal and valence on intention to go to the festival:Applying an extension of the technology acceptance model [J]. International Journal of Hospitality Management,2012,(03):819-827.

[57] Srivastava,M K,Gnyawali,D R. When do relational resources matter? Leveraging portfolio technological resources for breakthrough innovation [J]. Academy of Management Journal,2011,(04):797-810.

[58] Harris L,Rae A. Social networks:the future of marketing for small business [J]. Journal of Business Strategy,2009,(05):24-31.

[59] Wang C, Zhang P. The Evolution of social commerce: The people, business, technology, and information dimensions [J]. Communications of the Association for Information Systems, 2012, (05): 105-127.

[60] Liang T P, Turban E. Introduction to the special issue social commerce: A research framework for social commerce [J]. International Journal of Electronic Commerce, 2012, (02): 1-13.

[61] Huang Z, Benyoucef M. From E-commerce to social commerce: A close look at design features [J]. Electronic Commerce Research and Applications, 2013, (04): 246-259.

[62] Kim D. Under what conditions will social commerce business models survive? [J]. Electronic Commerce Research & Applications, 2013, (02): 69-77.

[63] Zhang H, Gupta S, Gupta S, et al. What motivates customers to participate in social commerce? The impact of technological environments and virtual customer experiences [J]. Information & Management, 2014, (08): 1017-1030.

[64] Zhang H, Lu Y, Wang B, et al. The impacts of technological environments and co-creation experiences on customer participation [J]. Information & Management, 2015, (04): 468-482.

[65] Caverlee J, Liu L, Webb S. The SocialTrust framework for trusted social information management: Architecture and algorithms [J]. Information Sciences, 2010, (01): 95-112.

[66] Dennison G, Bourdagebraun S, Chetuparambi M. Social commerce defined [R]. Research Triangle Park, NC: IBM SystemsTechnology Group, 2009.

[67] Stephen A T, Toubia O. Deriving Value from Social Commerce Networks [J]. Journal of Marketing Research, 2010, (02): 215-228.

[68] Lai S L. Social commerce-E-commerce in social media context [J]. World Academy of Science Engineering & Technology, 2010, (12): 39-44.

[69] Marsden P. Social commerce: Monetizing social media [M]. GRIN Verlag,

2010.

[70] Rad A,Benyoucef M. A model for understanding social commerce [J]. Journal of Information Systems Applied Research,2011,(02):63-73.

[71] Kiron D,Palmer D,Phillips A N,et al. What managers really think about social business [J]. Mit Sloan Management Review,2012,(04):51-60.

[72] Shen B,Liu D,Tai L. Customer information sharing in social commerce based on FIRE model:The role of trust propensity[C]. International Conference on Management of E-Commerce and E-Government. IEEE,2014.

[73] Hajli M N. Social commerce for innovation [J]. International Journal of Innovation Management,2014,(04):1-24.

[74] 陶晓波,杨学成,许研. 社会化商务研究述评与展望[J]. 管理评论,2015, (11):75-85.

[75] Kumar V,Bhaskaran V,Mirchandani R,et al. Practice prize winner-creating a measurable social media marketing strategy:Increasing the value and ROI of intangibles and tangibles for Hokey Pokey [J]. Marketing Science,2013,(02):194-212.

[76] IBM Software Group. The social business-advent of a new age[R]. New York:IBM Software Group,2011.

[77] Liang T,Ho Y,Li Y,et al. What drives social commerce:The role of social support and relationship quality [J]. International Journal of Electronic Commerce,2011,(2):69-90.

[78] George B. How social networking has changed business[EB/OL]. HBR Blog Network,http://blo,Dec 23.

[79] 宗乾进. 国外社会化电子商务研究综述[J]. 情报杂志,2013,(10):118-121.

[80] 徐国虎,韩雪. 社会化电子商务产业价值链分析[J]. 武汉理工大学学报(社会科学版),2014,(01):59-65.

[81] Wang Y,Hajli M N. Co-creation in branding through social commerce:The role of social support,relationship quality and privacy concerns[C]. Twentieth Americas Conference on Information Systems,2014.

[82] Porter M E. Competitive advantage [M]. New York：The Free Press，1985.

[83] Rayport J F，Sviokla J J. Exploiting the virtual value chain[C]. Harvard Business School Press，1999.

[84] Kuo Y F，Yu C W. 3G Telecommunication Operators'Challenges and Roles：A Perspective of Mobile Commerce Value Chain [J]. Technovation，2006，(12)：1347-1356.

[85] 危小超,胡斌,聂规划.需求驱动的移动服务价值链组织的多阶博弈仿真 [J].中国管理科学,2014,(04)：58-66.

[86] Slywotzky A J，Morrison D J，Andelman B. The profit zone：how strategic business design will lead you to tomorrow's profits[M]. Crown Business，1997.

[87] Walters D，Lancaster G. Value and information-concepts and issues for management [J]. Management Decision，1999，(08)：643-656.

[88] 柯林.移动商务理论与实践[M].北京：北京大学出版社,2013.

[89] 蒋丽丽.移动商务价值链参与主体之间关系研究[D].南京：东南大学,2013.

[90] Macdonald D J. NTT DoCoMo's i-mode：Developing win-win relationships for mobile commerce [M]. Idea Group Inc，2003.

[91] 刘超.3G 环境下基于价值网理论的移动商务模式研究[D].大连：东北财经大学,2011.

[92] 罗新星,邱春堂,朱名勋.基于客户价值感知的移动服务价值链角色模型 [J].情报杂志,2009,(06)：204-207.

[93] Muellerveerse F. Mobile commerce report[M]. London：Vieweg＋Teubner Verlag，2000.

[94] 张鸿,张丽,杨询等.产业价值链整合视角下电信商业运营模式创新[M].北京：科学出版社,2010.

[95] Lai H M，Chen T T. Knowledge sharing in interest online communities：A comparison of posters and lurkers[J]. Computers in Human Behavior，

2014,(06):295-306.

[96] 张祥,陈荣秋. 顾客参与链:让顾客与企业共同创造竞争优势[J]. 管理评论,2006,(01):51-56.

[97] Kim S,Kim K S D. The influence of consumer value-Based factors on attitude-behavioral intention in social commerce:The differences between high and low technology experience groups [J]. Journal of Travel & Tourism Marketing,2013,(01):108-125.

[98] Andersen P H. Listening to the global grapevine:SME export managers' personal contacts as a vehicle for export information generation[J]. Journal of World Business,2006,(01):81-96.

[99] Vastardis N,Yang K. Mobile social networks:Architectures,social properties,and key research challenges [J]. IEEE Communications Surveys & Tutorials,2013,(03):1355-1371.

[100] GWI:2014 年 Q3 社交网络报告解读[DB/OL]. http://www.199it.com/archives/296224.html.

[101] Zhang Z. Design and development of mobileSNS telephone client based on J2ME[C]. International Workshop on Intelligent Systems and Applications. IEEE,2009.

[102] Kayastha N,Niyato D,Wang P,et al. Applications,architectures,and protocol design issues for mobile social networks:A survey[J]. Proceedings of the IEEE,2011,(12):2130-2158.

[103] Mobile social network [EB/OL]. (2013-04-11). http://en.wiki-pedi-aorg/wiki/Mobile_social_network.

[104] 陆奇. 移动社交网络对青年受众态度和行为的影响研究[D]. 成都:电子科技大学,2011.

[105] 张力生,董利亭. 移动社会网络内容分发机制研究[J]. 数字通信,2013,(01):10-16.

[106] 李源昊,陆平,吴一凡等. 面向移动社会网络的用户年龄与性别特征识别[J]. 计算机应用,2016,(02):364-371.

［107］侯倩.关于我国 SNS 网站的研究［D］.西安:西北大学,2010.

［108］邓朝华.移动服务用户采纳模型及其实证研究［D］.华中科技大学,2008.

［109］Cooper R B,Zmud R W. Information technology implementation research:A technological diffusion approach［J］. Management Science, 1990,(02):123-139.

［110］Prahalad C K,Ramaswamy V. Co-creation experiences:the next practice in value creation［J］. Journal of Interactive marketing,2004,(01):5-14.

［110］Zeithaml V A. Consumer perceptions of price,quality,and value:A means-end model and synthesis of evidence［J］. Journal of Marketing, 1988,(03):2-22.

［111］Heinonen K,Strandvik T,Mickelsson K J,et al. A customer-dominant logic of service［J］.Journal of Service Management,2010,(04):531-548.

［112］Hippel E V. Democratizing innovation:The evolving phenomenon of user innovation［J］.Journal Für Betriebswirtschaft,2005,(01):63-78.

［113］Wei W,Miao L,Huang Z J. Customer engagement behaviors and hotel responses［J］. International Journal of Hospitality Management,2013, (06):316-330.

［114］Zeithaml V A. Consumer perceptions of price,quality,and value:A means-end model and synthesis of evidence［J］. Journal of Marketing, 1988,(03):2-22.

［115］Woodruff R B. Customer value:The next source for competitive advantage［J］. Journal of the Academy of Marketing Science,1997,(02):139-153.

［116］Holbrook M B. Consumer value:A framework for analysis and research ［J］. Advances in Consumer Research,1996,(01):138-142.

［117］Mathwick C,Wiertz C,Ruyter K. Social capital production in a virtual P3 community ［J］. Journal of Consumer Research,2008,(06):832-849.

［118］王新新,潘洪涛.社会网络环境下的体验价值共创:消费体验研究最新动态［J］.外国经济与管理,2011,(05):17-24.

[119] Babin B J,Darden W R,Griffin M. Work and/or fun:Measuring hedonic and utilitarian shopping value [J]. Journal of Consumer Research,1994, (04):644-656.

[120] Kim B,Oh J. The Difference of Determinants of Acceptance and Continuance of Mobile Data Services:A Value Perspective [J]. Expert Systems with Applications,2011,(03):1798-1804.

[121] Gummesson E. Relationship marketing and the new economy:It's time for de-programming [J]. Journal of Services Marketing,2002,(07):585-590.

[122] 刘文超,辛欣,张振华. 顾客与服务企业共同创造服务体验的内部机制探索[J]. 税务与经济,2013,(05):32-37.

[123] Grönroos C. Service logic revisited:who creates value? And who co-creates? [J]. European Business Review,2008,(04):298-314.

[124] 温韬. 顾客体验理论的进展、比较及展望[J]. 四川大学学报(哲学社会科学版),2007,(01):133-139.

[125] Sheth J,Newman B,Gross B. Why we buy what we buy:A theory of consumption values[J]. General Information,1991,(02):159-170.

[126] 纪远. 台北地区连锁式运动用品店之商店环境、体验价值与顾客满意度的关系研究[D]. 台北:辅仁大学,2006.

[127] Andersson P,Rosenqvist C,Ashrafi O. Mobile innovations in healthcare:Customer involvement and the co-creation of value [J]. International Journal of Mobile Communications,2007,(04):371-388.

[128] Lanier C,Hampton R. Consumer participation and experiential marketing:Understanding the relationship between co-creation and the fantasy life cycle[J]. Advances in Consumer Research,2008,(01):44-48.

[129] 王朴,黄秀清. 3G 产业价值链中电信运营商的定位分析与策略[J]. 通信管理与技术,2006,(03):26-29.

[130] 魏修建. 供应链利益分配研究——资源与贡献率的分配思路与框架[J]. 南开管理评论,2005,(02):78-83.

[200] Song J, Zahedi F M. A theoretical approach to Web design in e-commerce: a belief reinforcement model [J]. Management Science, 2005, (08): 1219-1235.

[201] Nysveen H, Pedersen P E, Thorbjørnsen H. Intentions to use mobile services: antecedents and cross-service comparisons[J]. Journal of the Academy of Marketing Science, 2005, (03): 330-346.

[202] Pongsakornrungsilp S, Schroeder J E. Understanding value co-creation in a co-consuming brand community [J]. Marketing Theory, 2011, (03): 303-324.

[203] Pan Z, Lu Y, Gupta S. How heterogeneous community engage newcomers? The effect of community diversity on newcomers', perception of inclusion: An empirical study in social media service[J]. Computers in Human Behavior, 2014, (08): 100-111.

[204] Yu L, Asur S, Huberman B-A. What trends in Chinese social media[C]. The 5th SNA-KDD, 11, 2011.

[205] 柳瑶, 郎宇洁, 李凌. 微博用户生成内容的动机研究[J]. 图书情报工作, 2013, (10): 51-57.

[206] 张舒. 网络创新社区中用户参与创新的影响因素研究[D]. 东北大学, 2012.

[207] Deng Z, Lu Y, Wei K K, et al. Understanding customer satisfaction and loyalty: An empirical study of mobile instant messages in China[J]. International Journal of Information Management, 2010, (04): 289-300.

[208] Okazaki S, Romero J. Online media rivalry: A latent class model for mobile and PC internet users [J]. Online Information Review, 2010, (01): 98-114.

[209] Wais J S, Clemons E K. Understanding and implementing mobile social advertising [J]. International Journal of Mobile Marketing, 2008, (01): 12-18.

[210] Jasperson J, Carter P E, Zmud R W. A comprehensive conceptualization

of post-adoptive behaviors associated with information technology ena-bled work systems[J]. MIS Quarterly,2005,(03):525-557.

[211] Lee T. The Impact of perceptions of interactivity on customer trust and transaction intentions in mobile commerce[J]. Journal of Electronic Commerce Research,2005,(03):165-180.

[212] Chang C C,Chang S C,Yang J H. A practical secure and efficient enter-prise digital rights managemengt mechanism suitable for mobile environ-ment[J]. Security and Communication Networks,2013,(08):972-984.

[213] Shankar V,Venkatesh A,Hofacker C,Naik P. Mobile marketing in the retailing environment:Current insights and future research avenues[J]. Journal of Interactive Marketing,2010,(02):111-120.

[214] Andrews L,Drennan J,Russell-Bennett R. Linking perceived value of mobile marketing with the experiential consumption of mobile phones [J]. European Journal of Marketing,2012,(3/4):357-386.

[215] Lin K Y,Lu H P. Predicting mobile social network acceptance based on mobile value and social influence [J]. Internet Research,2015,(01):107-130.

[216] Borrero J D,Yousafzai S Y,Javed U,et al. Perceived value of social net-working sites (SNS) in students' expressive participation in social move-ments[J]. Journal of Research in Interactive Marketing,2014,(01):56-78.

[217] Lin K Y,Lu H P. Why people use social networking sites:An empirical study integrating network externali-ties and motivation theory[J]. Com-puters in Human Behavior,2011,(03):1152-1161.

[218] 王哲. 社会化问答社区知乎的用户持续使用行为影响因素研究[J]. 情报科学,2017,(01):78-83.

[219] Lee J,Suh E. An empirical study of the factors influencing use of social network service[C]. Pacific Asia Conference on Information Systems,2013.

[220] 聂勇浩,罗景月.感知有用性、信任与社交网站用户的个人信息披露意愿[J].图书情报知识,2013,(05):89-97.

[221] Bendapudi N,Leone R P. Psychological implications of customer participation in co-production [J]. Journal of Marketing,2013,(01):14-28.

[222] 夏芝宁.SNS网站成员参与动机研究[D].杭州:浙江工商大学,2010.

[223] McQuail D. McQuail's mass communication theory[M]. Singapore:Sage Publications Ltd,2005.

[224] Phelps J E,Lewis R,Mobilio L J,et al. Viral marketing or electronic word-of-mouth advertising:Examining,consumer responses and motivations to pass along email[J]. Journal of Advertising Research,2004,(04):333-348.

[225] Muñiz,A M,Schau H J. Religiosity in the abandoned apple newton brand community[J]. Journal of Consumer Research,2005,(04):737-747.

[226] Füller J,Bartl M,Ernst H,et al. Community based innovation:A method to utilize the innovation potential of online communities[C]. Hawaii International Conference on System Sciences,2004.

[227] Liu C,Marchewka J T,Lu J,et al. Beyond concern:A privacy-trust-behavioral intention model of electronic commerce[J]. Information & Management,2004,(02):127-142.

[228] Chai S,Das S,Rao R H. Factors affecting bloggers'knowledge sharing:An investigation across gender [J]. Management Information Systems,2012,(03):309-342.

[229] Zhou T,Li H. Understanding mobile SNS continuance usage in China from the perspectives of social influence and privacy concern[J]. Computers in Human Behavior,2014,(06):283-289.

[230] 张德鹏,张凤华.顾客参与创新激励体系模型构建及策略研究[J].商业研究,2013,(04):63-67.

[231] Brabham D C. Moving the crowd at iStockphoto:The composition of the crowd and motivations for participation in a crowdsourcing application

[J]. Information,Communication & Society,2008,(08):236-238.

[232] Bandura A. Social foundations of thought and action:A social cognitive theory [M]. Prentice-Hall,Inc,1986.

[233] Kankanhalli A,Tan B,Wei K K. Contributing knowledge to electronic knowledge repositories:An empirical investigation [J]. MIS Quarterly, 2005,(01):113-143.

[234] Madupu V,Cooley D O. Antecedents and consequences of online brand community participation:A conceptual framework [J]. Journal of Internet Commerce,2010,(02):127-147.

[235] 王新新,薛海波. 消费者参与品牌社群的内在动机研究[J]. 商业经济与管理,2008,(10):63-69.

[236] Kollock B P. The Economies of online cooperation:Gifts and public goods in cyberspace[C]. Communities in Cyberspace,2010.

[237] 刘钊. 组织认同的形成机制与衍变异化[J]. 科学学与科学技术管理, 2009,(04):194-196.

[238] Lee D,Park J Y,Kim J,et al. Understanding music sharing behaviour on social network services[J]. Online Information Review,2011,(05):716-733.

[239] Zhou T. Understanding online community user participation:a social influence perspective [J]. Internet Research,2011,(01):67-81.

[240] Nambisan S. Designing virtual customer environments for new product development:toward a theory [J]. Academy of Management Review, 2002,(03):392-413.

[241] Bagozzi R P,Dholakia U M. Antecedents and purchase consequences of customer participation in small group brand communities[J]. International Journal of Research in Marketing,2006,(01):45-61.

[242] Jeppesen L,Molin M. Consumers as co-developers:Learning and innovation outside the firm [J]. Technology Analysis & Strategic Management,2003,(03):363-83.

[243] Yu J,Jiang Z,ChanH. The influence of various mechanisms on knowledge contribution in problem solving virtual communities:The mediating role of individual motivations [C]. SIGMIS Computer Personnel Doctoral Consortium & Research Conference,St. Louis,Missour,USA,2007.

[244] Fischer E,Reuber A R. Social interaction via new social media:(How) can interactions on Twitter affect effectual thinking and behavior? [J]. Journal of Business Venturing,2011,(01):1-18.

[245] Shin D H. User experience in social commerce:in friends we trust [J]. Behaviour & Information Technology,2013,(11):1-16.

[246] Baker R K,White K M. Predicting adolescents' use of social networking sites from an extended theory of planned behaviour perspective[J]. Computers in Human Behavior,2010,(06):1591-1597.

[247] Rabin M. Psychology and economics [J]. International Encyclopedia of the Social & Behavioral Sciences,1997,(01):11-46.

[248] Fang Y H,Chiu C M. In justice we trust:Exploring knowledge-sharing continuance intentions in virtual communities of practice [J]. Computers in Human Behavior,2010,(02):235-246.

[249] Hu Y,Korneliussen T. The effects of personal ties and reciprocity on the performance of small firms in horizontal strategic alliances [J]. Scandinavian Journal of Management,1997,(02):159-173.

[250] Davenport T,Prusak L. Learn how valuable knowledge is acquired,created,bought and bartered[J]. Australian Library Journal,1998,(03):268-272.

[251] Chen I Y L,Chen N S,Kinshuk. Examining the factors influencing participants' knowledge sharing behavior in virtual learning communities [J]. Journal of Educational Technology & Society,2009,(01):134-148.

[252] Lin H-F. Predicting consumer intentions to shop online:An empirical test of competing theories [J]. Electronic Commerce Research and Application,2007,(04):433-443.

[253] 谢佳琳,张晋朝.高校图书馆用户标注行为研究——以信息系统成功模型为视角[J].图书馆论坛,2014,(11):87-93.

[254] Sun S Y,Ju T L,Chumg H R,et al. Influence on willingness of virtual community's knowledge sharing:Based on social capital theory and habitual domain [C]. Proceedings of 2009 International Conference on Innovation,Management and Technology,2009.

[255] Tran N,Li J,Subramanian L,et al. Optimal sybil-resilient node admission control[J]. Proceedings-IEEE INFOCOM,2011,(01):3218-3226.

[256] Chang H H,Chuang S S. Social capital and individual motivations on knowledge sharing:Participant involvement as a moderator [J]. Information & Management,2011,(01):9-18.

[257] Lai H M,Chen T T. Knowledge sharing in interest online communities:A comparison of posters and lurkers[J]. Computers in Human Behavior,2014,(06):295-306.

[258] Guo Z,Xiao L,Seo C,et al. Flow experience and continuance intention toward online learning:An integrated framework[C]. ICIS 2012.

[259] Zhou T,Li H,Liu Y. The effect of flow experience on mobile SNS users' loyalty[J]. Industrial Management & Data Systems,2010,(06):930-946.

[260] Zhang H,Lu Y,Wang B,et al. The impacts of technological environments and co-creation experiences on customer participation[J]. Information & Management,2015,(04):468-482.

[261] Prayag G,Hosany S,Odeh K. The role of tourists'e motional experiences and satisfaction in understanding behavioral intentions[J]. Journal of Destination Marketing and Management,2013,(02):181-196.

[262] Chen Y S,Chang C H. Enhance green purchase intentions:The roles of green perceived value,green perceived risk,and green trust [J]. Management Decision,2012,(03):502-520.

[263] 周涛.基于感知价值的移动商务用户接受行为研究[J].杭州电子科技大

学学报(社会科学版),2007,(04):32-36.

[264] Deng L,Turner D E,Gehling R,et al. User experience,satisfaction,and continual usage intention of IT[J]. European Journal of Information Systems,2010,(01):60-75.

[265] Hutchinson J,Lai F J,Wang Y C. Understanding the relationships of quality,value,equity,satisfaction,and behavioral intentions among golf travelers[J]. Tourism Management,2009,(02):298-306.

[266] Zhou T. An empirical examination of users' post-adoption behaviour of mobile services[J]. Behaviour and Information Technology,2011,(02):241-250.

[267] Eisenberger R,Fasolo P,Davislamastro V. Perceived organizational support and employee diligence,commitment,and innovation[J]. Journal of Applied Psychology,1990,(01):51-59.

[268] 徐岚.顾客为什么创造——消费者参与创造的动机研究[J].心理学报,2007,(02):343-354.

[269] Hernandes C A,Fresned P S. Main critical success factors for the establishment and operation of virtual communities of practice[J]. San Sebastian Spain,third European Knowledge Management Summer School,2005,(09):7-12.

[270] Hennig-Thurau T,Gwinner K P,Walsh G,et al. Electronic word-of-mouth via consumer-opinion platforms:What motivates consumers to articulate themselves on the Internet? [J]. Journal of Interactive Marketing,2004,(01):38-52.

[271] 金晓玲,汤振亚,周中允等.用户为什么在问答社区中持续贡献知识?:积分等级的调节作用[J].管理评论,2013,(12):138-146.

[272] Kwon O,Wen Y. An empirical study of the factors affecting social network service use[J]. Computers in Human Behavior,2010,(02):254-263.

[273] Fang E,Palmaticr R W,Evans K R. Influence of customer participation

on creating and sharing of new product value[J]. Journal of the Academy of Marketing Science,2008,(03):322-336.

[274] Goldsmith R E,Horowitz D. Measuring motivations for online opinion seeking[J]. Journal of Interactive Advertising,2006,(02):1-16.

[275] Parthasarathy M,Bhattacherjee A. Understanding post-adoption behavior in the context of online services [J]. Information Systems Research, 1998,(04):362-379.

[276] Lee M K O,Cheung C M K,Chen Z. Acceptance of internet-based learning medium:The role of extrinsic and intrinsic motivation[J]. Information & Management,2005,(08):1095-1104.

[277] Li C D. Online social network acceptance:A social perspective [J]. Internet Research,2011,(05):562-580.

[278] Lee C S,Ma L. News sharing in social media:The effect of gratifications and prior experience [J]. Computers in Human Behavior,2012,(02): 331-339.

[279] Chen C J,Hung S W. To give or to receive? Factors influencing members' knowledge sharing and community promotion in professional virtual communities [J]. Information & Management,2010,(04):226-236.

[280] 赵晓煜,孙福权.网络创新社区中顾客参与创新行为的影响因素[J].技术经济,2013,(11):14-20.

[281] Shen A X L,Cheung C M K,Lee M K O,Chen H. How social influence affects we-intention to use instant messaging:the moderating effect of usage experience [J]. Information Systems Frontier,2010,(05):119-131.

[282] Chang Y P,Zhu D H. Understanding social networking sites adoption in China:A comparison of pre-adoption and post-adoption [J]. Computers in Human Behavior,2011,(05):1840-1848.

[283] Sweeny J C,Soutar G N. Consumers perceived value:The development of amultiple item scale [J]. Journal of Retailing,2001,(02):203-220.

[284] Hyun S S. Creating a model of customer equity for chain restaurant brand formation[J]. International Journal of Hospitality Management, 2009,(04):529-539.

[285] Tedjamulia S J J,Dean D L,Olsen D R,et al. Motivating content contributions to online communities:Toward amore comprehensive theory[C]. Hawaii International Conference on System Sciences. IEEE,2005.

[286] Zeithaml V A. The Behavioral consequences of service quality[J]. Journal of Marketing,1996,(02):31-46.

[287] Lian H,Kuo T H,Lin B. How social identification and trust influence organizational online knowledge sharing [J]. Internet Research,2012,(01):4-28.

[288] 吴明隆.问卷统计分析实务——SPSS 操作与应用[M].重庆:重庆大学出版社,2010.

[289] Hartono E,Lederer A L,Sethi V,et al. Key predictors of the implementation of strategic information systems plans[J]. Acm Sigmis Database, 2003,(03):41-53.

[290] 邱皓政,林碧芳.结构方程模型的原理与应用[M].北京:中国轻工业出版社,2009.

[291] 吴明隆.结构方程模型:AMOS 的操作与应用[M].重庆:重庆大学出版社,2010.

[292] Fornell C,Larcker D F. Structural equation models with unobservable variables and measurement errors[J]. Journal of Marketing Research, 1981,(02):39-50.

[293] 温忠麟,侯杰泰,张雷.调节效应与中介效应的比较和应用[J].心理学报, 2005,(02):268-274.

[294] Cohen J. Statistical power analysis for the behavioral sciences[M]. Hillsdale,NJ:Lawrence Erlbaum,1988.

[295] 邵兵家,马蓉,张晓燕等.消费者在线产品评价参与意向影响因素的实证研究[J].情报杂志,2010,(12):185-189.

[296] 李蒙翔,顾睿,尚小文等. 移动即时通讯服务持续使用意向影响因素研究[J]. 管理科学,2010,(05):72-83.

[297] 牛才华. 网络环境下消费者心流体验对网站偏好的影响研究[D]. 西南交通大学,2010.

[298] 张明立,涂剑波. 虚拟社区共创用户体验对用户共创价值的影响[J]. 同济大学学报:自然科学版,2014,(07):1140-1146.

[299] Rodie A R,Kleine SS. Customer participation in services production and delivery[C]. Swartz T. A,Iacobucci D. Handbook of Services Marketing and Management. California:Sage Publicationgs Inc. 2004.

[300] Fink R C,James W L,Hatten K J. An exploratory study of factors associated with relational exchange choices of small-,medium- and large-sized customers[J]. Journal of Targeting Measurement & Analysis for Marketing,2009,(01):39-53.

[301] 万俊毅. 准纵向一体化、关系治理与合约履行——以农业产业化经营的温氏模式为例[J]. 管理世界,2008,(12):93-188.

[302] Wiedemann D G,Palka W,Pousttchi K. Understanding the Determinants of Mobile Viral Effects [C]. International Conference on Mobile Business. IEEE,2008.

[303] Preece J. Sociability and usability in online communities:Determining and measuring success [J]. Behaviour & Information Technology,2001,(05):347-356.

[304] 张德鹏,张凤华. 顾客参与创新激励体系模型构建及策略研究[J]. 商业研究,2013,(04):63-67.

[305] 张辉,汪涛,刘洪深. 新产品开发中的顾客参与研究综述[J]. 中国科技论坛,2010,(11):105-110.

[306] 林家宝,鲁耀斌,张龙. 移动服务供应链的收益分配机制研究[J]. 管理学报,2009,(07):906-909.

[307] Tang Q,Bin Gu,Andrew B. Whinston. Content contribution for revenue sharing and reputation in social media:A dynamic structural model[J].

Journal of Management Information Systems,2012,(02):41-76.

[308] Harrison A,New C. The role of coherent supply chain strategy and performance management in achieving competitive advantage:an international survey[J]. Journal of the Operational Research Society,2002,(03):263-271.

[309] 刘薇,许琼来,傅四保.移动增值业务供应链收益共享契约研究[J].北京邮电大学学报(社会科学版),2012,(05):58-65.

[310] Bruhn M,Schoenmueller V,Schäfer D B. Are social media replacing traditional media in terms of brand equity creation? [J]. Management Research Review,2012,(09):770-790.

[311] Goh K Y,Heng C S,Lin Z. Social media brand community and consumer behavior:Quantifying the relative impact of user- and marketer-generated content [J]. Information Systems Research,2013,(01):88-107.

[312] Weibull J W. Evolutionary game theory [M]. Cambridge:The MIT Press,1995.

[313] 中国互联网络信息中心.2015 年中国网络购物市场研究报告[EB/OL]. http://www. 199it. com/archives/487026. html.

[314] Fowler D,Pitta D A. Online consumer communities and their value to new product developers[J]. Journal of Product & Brand Management,2005,(05):283-291.

[315] Harris L,Dennis C. Engaging customers on Facebook:Challenges for e-retailers [J]. Journal of Consumer Behaviour,2011,(06):338-346.

[316] Eisenberger R,Fasolo P. Perceived organizational support and employee diligence,commitment,and innovation[J]. E-journal of Applied Psychology,1990,(01):51-59.

[317] 新京报.揭秘微信公众号刷量产业链:刷到"10 万＋"只需数百元[EB/OL]. http://tech. qq. com/a/20161001/005495. htm.

[318] Duhan D F,Johnson S D,Wilcox J B,et al. Influences on consumer use of word-of-mouth recommendation sources[J]. Journal of the Academy of

Marketing Science,1997,(04):283-295.

[319] Bansal H S,Voyer P A. Word-of-Mouth processes within a services pur-chase decision context[J]. Journal of Service Research,2000,(02):166-177.

[320] Frenzen J,Nakamoto K. Structure,cooperation,and the flow of market information [J]. Journal of Consumer Research,1993,(03):360-375.

[321] 卡尔·夏皮罗,哈尔·瓦里安,夏皮罗,等. 信息规则:网络经济的策略指导[M]. 中国人民大学出版社,2000.

[322] 张维迎. 博弈论与信息经济学[M]. 上海:上海人民出版社,2004.

[323] Dufwenberg M,Kirchsteiger G. A theory of sequential reciprocity [J]. Games and Economic Behavior,2004,(02):268-298.

附　录

附录 1——调查问卷

移动社会网络中用户的内容提供行为研究调查问卷

尊敬的朋友,您好!

首先,感谢您参与本次调查!

您现在参与的是一项关于"移动社会网络中用户的内容提供行为驱动机理研究"的调查问卷,本问卷将采用匿名作答的形式,了解您对移动社会网络平台的内容提供情况,您所回答的问题并无对错之分。调查结果仅供学术研究之用,绝不包含商业谋利,您的任何信息都将会予以严格保密。

说明:移动社会网络用户内容提供行为是指用手机或平板电脑等移动终端,通过手机 QQ 好友、微信朋友圈和移动定位服务等发布或分享信息、知识和位置等的深度参与行为。

第一部分　基本情况

1.性别

　A.男　　　　　　　B.女

2.年龄

　A.小于 18 岁　　　　B.18－22 岁　　　　C.23－27 岁

　D.28－32 岁　　　　E.33－40 岁　　　　F.大于 40 岁

3.您所接受的最高的或正在接受的教育程度

　　A.高中及以下　　　　　　　　　　B.专科

　　C.本科　　　　　　　　　　　　　D.硕士研究生以上

4.您的月收入(元)：

　　A.1000 以下　　　B.1000—1999　　　C.2000—3999　　　D.4000—5999

　　E.6000 以上

5.您对移动社会网络的了解程度是：

　　A.非常了解　　　　B.比较了解　　　　C.有些了解　　　　D.不了解

6.您平均每天使用微信、手机 QQ 的时间是：

　　A.少于 1 小时　　　B.1—2 小时　　　C.3—5 小时　　　D.6—8 小时

　　E.9—12 小时

7.您使用微信、手机 QQ、手机人人网的原因是什么？（可多选）

　　A.沟通交流　　　　　　　　　　　B.觉得新鲜好玩

　　C.看别人用所以自己也试试　　　　D.分享信息和知识

　　E.其他

8.和固定网络服务相比,您使用手机登陆微信、QQ 和人人网的目的是:(可多选)

　　A.随时随地使用　　B.接入容易　　　C.寻找更多的朋友

　　D.无需开电脑　　　E.大家都在用　　F.其他

9.推荐别人使用次数

　　A.从未推荐过　　　B.2 次以内　　　C.2—5 次　　　D.9—12 次

　　E.13—15 次　　　　F.15 次上

第二部分　移动社会网络用户创造价值行为意向调查项

　　请仔细阅读！根据下表左栏中的陈述句来选择最与您情况相符的选项框中打"√",单选。(其中 1 代表强烈不同意,2 代表不同意,3 代表有点不同意,4 代表不同意也不反对,5 代表有点同意,6 代表同意,7 代表强烈同意)

1. 前因变量方面

(1)技术使用者感知因素

序号	问题题项	强烈不同意 ⟶ 强烈同意						
		强烈不同意	不同意	有点不同意	一般	有点同意	同意	强烈同意
1	我能在任何时间接入移动社会网络（微信、手机 QQ）获取必要的信息或服务	1	2	3	4	5	6	7
2	我能在任何地点从移动终端接入移动社会网络获取信息或服务	1	2	3	4	5	6	7
3	根据我的兴趣和所处位置，移动社会网络能向我提供最优信息或服务	1	2	3	4	5	6	7
4	我觉得移动社会网络能实现固网社会网络的应用功能	1	2	3	4	5	6	7
5	我觉得移动社会网络中各种应用程序的操作很简单	1	2	3	4	5	6	7
6	我觉得移动社会网络的界面设计友好，很容易看明白	1	2	3	4	5	6	7
7	我觉得移动社会网络的页面打开速度快，访问流畅	1	2	3	4	5	6	7
8	我觉得通过移动社会网络提供信息或知识操作熟练，无需花费太多时间	1	2	3	4	5	6	7
9	我发现移动社会网络是有用的	1	2	3	4	5	6	7
10	通过移动社会网络，我可以更加频繁与好友联系	1	2	3	4	5	6	7
11	通过移动社会网络，我可以随时随地关注朋友	1	2	3	4	5	6	7
12	移动社会网络提高了我对信息的分享与获取效率	1	2	3	4	5	6	7

（2）服务接受者感知因素

序号	问题题项	强烈不同意 ——→ 强烈同意						
		强烈不同意	不同意	有点不同意	一般	有点同意	同意	强烈同意
1	我觉得浏览移动社会网络平台（微信、手机 QQ）是好玩有趣的	1	2	3	4	5	6	7
2	我觉得通过移动社会网络创作并发布内容的过程是令人愉快的	1	2	3	4	5	6	7
3	我觉得移动社会网络能够让我放松、减少压力	1	2	3	4	5	6	7
4	我相信该网站不会把我在移动社会网络上提供的信息用于商业目的，或分享给其他机构	1	2	3	4	5	6	7
5	我相信移动社会网络上存在有效的机制（如：制度、技术）来保护我的信息安全	1	2	3	4	5	6	7
6	我相信移动社会网络平台其他成员提供的信息是可靠的	1	2	3	4	5	6	7

（3）信息提供者感知因素

序号	问题题项	强烈不同意 ——→ 强烈同意						
		强烈不同意	不同意	有点不同意	一般	有点同意	同意	强烈同意
1	我很有兴趣在参与移动社会网络（微信、手机 QQ）中提供信息或知识	1	2	3	4	5	6	7
2	我很享受创造过程本身所带来的体验	1	2	3	4	5	6	7
3	通过提供信息或知识，我能获得一种新奇、独特和复杂的体验	1	2	3	4	5	6	7
4	只要我愿意，我就可以轻松地提供信息或知识，功能技巧性使用是一件容易的事情	1	2	3	4	5	6	7

序号	问题题项	强烈不同意 ——→ 强烈同意						
		强烈 不同意	不同意	有点 不同意	一般	有点 同意	同意	强烈 同意
5	我有信心会有社会网络其他用户对我所提供的信息或知识感兴趣	1	2	3	4	5	6	7
6	我有信心我提供的信息或知识可以帮助他人解决问题	1	2	3	4	5	6	7
7	提供信息或知识让我觉得在某方面胜过别人,使我更加喜欢参与移动社会网络	1	2	3	4	5	6	7
8	手机是私密性的产品,我能够控制移动社会网络中信息或知识的接受与否	1	2	3	4	5	6	7
9	我可以自如地参与到提供信息或知识的活动	1	2	3	4	5	6	7

（4）社会网络成员感知因素

序号	问题题项	强烈不同意 ——→ 强烈同意						
		强烈 不同意	不同意	有点 不同意	一般	有点 同意	同意	强烈 同意
1	我感觉自己在移动社会网络(微信、手机QQ)中能找到一种归属感	1	2	3	4	5	6	7
2	作为该移动社会网络用户的一员,我感觉自豪	1	2	3	4	5	6	7
3	提供信息或知识提升了我在移动社会网络成员中的声誉和地位	1	2	3	4	5	6	7
4	在移动社会网络中提供信息或知识是受到认可与鼓励的	1	2	3	4	5	6	7
5	移动社会网络成员都喜欢参与提供内容,激励着我也加入其中	1	2	3	4	5	6	7

续表

序号	问题题项	强烈不同意 ——→ 强烈同意						
		强烈不同意	不同意	有点不同意	一般	有点同意	同意	强烈同意
6	移动社会网络中的氛围很好,使我也充满激情地加入其中	1	2	3	4	5	6	7
7	我愿意为其他移动社会网络成员提供信息或知识	1	2	3	4	5	6	7
8	我愿意帮助移动社会网络成员解决他们提出的问题	1	2	3	4	5	6	7
9	当我提供信息或知识时,我相信其他成员也会提供其他的信息或知识	1	2	3	4	5	6	7
10	当我经常对他人发布的信息或知识做出回应时,我相信他人也愿意对我发布的信息或知识做出回应	1	2	3	4	5	6	7

2. 感知体验价值测量题项

序号	问题题项	强烈不同意 ——→ 强烈同意						
		强烈不同意	不同意	有点不同意	一般	有点同意	同意	强烈同意
1	我觉得通过移动社会网络(微信、手机 QQ 等)交流很方便	1	2	3	4	5	6	7
2	我觉得移动社会网络服务提供了对我有用的信息和服务	1	2	3	4	5	6	7
3	我觉得通过移动社会网络平台的功能齐全,服务合理	1	2	3	4	5	6	7
4	我觉得移动社会网络平台能帮助我解决遇到的问题	1	2	3	4	5	6	7
5	在这个平台交流,我获得了快乐	1	2	3	4	5	6	7
6	通过在线互动交流,我获得了精神享受	1	2	3	4	5	6	7
7	在创作与分享的过程中,我感到很愉悦	1	2	3	4	5	6	7

序号	问题题项	强烈不同意 ——→ 强烈同意						
		强烈不同意	不同意	有点不同意	一般	有点同意	同意	强烈同意
8	我觉得提供信息或知识,很容易被社会网络其他成员接受	1		3	4	5	6	7
9	提供信息或知识,使我获得了社会认同感	1	2	3	4	5	6	7
10	通过在线互动交流,我对该社会网络平台产生了情感依赖	1	2	3	4	5	6	7
11	该移动社会网络平台以用户的利益为中心	1	2	3	4	5	6	7
12	我认为移动社会网络平台的信息或知识是令人信任的	1	2	3	4	5	6	7
13	通过提供信息或知识,我更熟悉移动社会网络	1	2	3	4	5	6	7

3. 企业奖励的测量题项

序号	问题题项	强烈不同意 ——→ 强烈同意						
		强烈不同意	不同意	有点不同意	一般	有点同意	同意	强烈同意
1	当通过移动社会网络(微信、手机QQ等)提供信息或知识时,希望能够增加积分奖励	1	2	3	4	5	6	7
2	希望在提供信息或知识时,能得到奖金、优惠券等回报	1	2	3	4	5	6	7
3	在移动社会网络中因为积分较高或等级排名靠前可以获得更多特权	1	2	3	4	5	6	7

4.用户创造价值行为意向的初始测量题项

序号	问题题项	强烈不同意 ——→ 强烈同意						
		强烈不同意	不同意	有点不同意	一般	有点同意	同意	强烈同意
1	我愿意花更多时间来继续浏览移动社会网站(微信、手机 QQ 等)	1	2	3	4	5	6	7
2	我经常登录移动社会网络获取信息或好友动态	1	2	3	4	5	6	7
3	我经常更新动态,提供信息和知识	1	2	3	4	5	6	7
4	我愿意转发社会网络其他用户发布的信息、日志和图片等内容	1	2	3	4	5	6	7
5	我会对社会网络其他用户提供的内容进行评论或留言	1	2	3	4	5	6	7
6	社会网络其他用户常对我提供的内容做出评论或转发	1	2	3	4	5	6	7

问卷到此结束,再次感谢您的热心参与和积极合作!

附录2——模型拟合结果(摘要)

Result（Default model）

Minimum was achieved

Chi-square＝2030.411

Degrees of freedom＝965

Probability level＝0.000

Regression Weights：（Group number 1-Default model）

	Estimate	S. E.	C. R.	P	Label
感知功能价值←随时随地接入	0.174	0.107	2.620	0.105	
感知功能价值←感知易用	−0.177	0.184	−0.962	0.336	
感知功能价值←感知有用	0.323	0.136	2.375	0.018	
感知功能价值←感知娱乐	0.076	0.141	0.535	0.592	
感知功能价值←隐私关注	−0.015	0.046	−0.333	0.739	
感知功能价值←参与感	−0.175	0.246	−0.713	0.476	
感知功能价值←自我效能	0.149	0.289	2.515	0.607	
感知功能价值←团队规范	0.487	0.706	0.690	0.490	
感知功能价值←互惠与利他	0.329	0.167	1.976	0.048	
感知功能价值←社会认同	0.041	0.394	0.103	0.918	
感知功能价值←感知行为控制	−0.084	0.113	−0.740	0.459	
持续使用←感知功能价值	0.746	0.081	9.162	＊＊＊	
内容提供←持续使用	0.979	0.209	4.689	＊＊＊	
内容提供←感知功能价值	0.076	0.158	0.484	0.629	
Q1←随时随地接入	1.000				
Q4←随时随地接入	1.055	0.097	10.879	＊＊＊	
Q2←随时随地接入	1.107	0.112	9.877	＊＊＊	
Q3←随时随地接入	1.027	0.100	10.259	＊＊＊	
Q5←感知易用	1.000				

续表

	Estimate	S. E.	C. R.	P	Label
Q8←感知易用	0.995	0.084	11.895	* * *	
Q6←感知易用	0.985	0.081	12.102	* * *	
Q7←感知易用	1.038	0.091	11.458	* * *	
Q9←感知有用	1.000				
Q12←感知有用	1.043	0.091	11.498	* * *	
Q10←感知有用	1.262	0.104	12.126	* * *	
Q11←感知有用	1.230	0.104	11.859	* * *	
Q22←自我效能	1.000				
Q25←自我效能	0.914	0.089	10.238	* * *	
Q23←自我效能	1.110	0.090	12.297	* * *	
Q24←自我效能	1.021	0.086	11.846	* * *	
Q18←隐私关注	0.982	0.070	14.006	* * *	
Q16←隐私关注	1.000				
Q17←隐私关注	1.064	0.073	14.542	* * *	
Q21←参与感	1.056	0.089	11.847	* * *	
Q19←参与感	1.000				
Q20←参与感	0.985	0.082	12.025	* * *	
Q35←互惠与利他	1.000				
Q38←互惠与利他	0.989	0.076	12.985	* * *	
Q36←互惠与利他	0.943	0.077	12.314	* * *	
Q37←互惠与利他	0.966	0.074	13.022	* * *	
Q15←感知娱乐	0.987	0.072	13.738	* * *	
Q13←感知娱乐	1.000				
Q14←感知娱乐	1.025	0.071	14.474	* * *	
Q34←团队规范	1.082	0.087	12.430	* * *	
Q33←团队规范	1.065	0.090	11.837	* * *	
Q42←感知功能价值	0.935	0.079	11.792	* * *	
Q39←感知功能价值	1.000				
Q41←感知功能价值	0.883	0.083	10.690	* * *	

续表

	Estimate	S. E.	C. R.	P	Label
Q40←感知功能价值	1.018	0.082	12.397	＊＊＊	
Q59←内容提供	0.892	0.073	12.196	＊＊＊	
Q57←持续使用	1.208	0.123	9.799	＊＊＊	
Q55←持续使用	1.000				
Q56←持续使用	1.254	0.124	10.095	＊＊＊	
Q58←内容提供	1.000				
Q60←内容提供	0.922	0.079	11.623	＊＊＊	
Q32←团队规范	1.000				
Q31←社会认同	0.843	0.078	10.759	＊＊＊	
Q30←社会认同	1.076	0.085	12.610	＊＊＊	
Q29←社会认同	1.000				
Q28←感知行为控制	0.847	0.089	9.525	＊＊＊	
Q26←感知行为控制	1.000				

Standardized Regression Weights：(Group number 1-Default model)

	Estimate
感知功能价值←随时随地接入	0.199
感知功能价值←感知易用	－0.202
感知功能价值←感知有用	0.292
感知功能价值←感知娱乐	0.082
感知功能价值←隐私关注	－0.022
感知功能价值←参与感	－0.179
感知功能价值←自我效能	0.152
感知功能价值←团队规范	0.470
感知功能价值←互惠与利他	0.347
感知功能价值←社会认同	0.045
感知功能价值←感知行为控制	－0.097
持续使用←感知功能价值	0.839
内容提供←持续使用	0.794
内容提供←感知功能价值	0.070

续表

	Estimate
Q1←随时随地接入	0.647
Q4←随时随地接入	0.773
Q2←随时随地接入	0.679
Q3←随时随地接入	0.713
Q5←感知易用	0.709
Q8←感知易用	0.743
Q6←感知易用	0.757
Q7←感知易用	0.714
Q9←感知有用	0.670
Q12←感知有用	0.754
Q10←感知有用	0.806
Q11←感知有用	0.783
Q22←自我效能	0.670
Q25←自我效能	0.649
Q23←自我效能	0.802
Q24←自我效能	0.767
Q18←隐私关注	0.803
Q16←隐私关注	0.778
Q17←隐私关注	0.841
Q21←参与感	0.752
Q19←参与感	0.691
Q20←参与感	0.765
Q35←互惠与利他	0.747
Q38←互惠与利他	0.754
Q36←互惠与利他	0.717
Q37←互惠与利他	0.756
Q15←感知娱乐	0.766
Q13←感知娱乐	0.792
Q14←感知娱乐	0.803

	Estimate
Q34←团队规范	0.739
Q33←团队规范	0.703
Q42←感知功能价值	0.689
Q39←感知功能价值	0.715
Q41←感知功能价值	0.626
Q40←感知功能价值	0.724
Q59←内容提供	0.748
Q57←持续使用	0.723
Q55←持续使用	0.607
Q56←持续使用	0.757
Q58←内容提供	0.764
Q60←内容提供	0.711
Q32←团队规范	0.710
Q31←社会认同	0.669
Q30←社会认同	0.796
Q29←社会认同	0.698
Q28←感知行为控制	0.683
Q26←感知行为控制	0.679

Model Fit Summary

CMIN

Model	NPAR	CMIN	DF	P	CMIN/DF
Default model	163	2030.411	965	0.000	2.104
Saturated model	1128	0.000	0		
Independence model	47	9378.176	1081	0.000	8.675

RMR,GFI

Model	RMR	GFI	AGFI	PGFI
Default model	0.086	0.781	0.744	0.668
Saturated model	0.000	1.000		
Independence model	0.587	0.127	0.089	0.121

Baseline Comparisons

Model	NFI Delta1	RFI rho1	IFI Delta2	TLI rho2	CFI
Default model	0.783	0.757	0.873	0.856	0.872
Saturated model	1.000		1.000		1.000
Independence model	0.000	0.000	0.000	0.000	0.000

Parsimony-Adjusted Measures

Model	PRATIO	PNFI	PCFI
Default model	0.893	0.699	0.778
Saturated model	0.000	0.000	0.000
Independence model	1.000	0.000	0.000

NCP

Model	NCP	LO 90	HI 90
Default model	1065.411	939.809	1198.737
Saturated model	0.000	0.000	0.000
Independence model	8297.176	7991.191	8609.696

FMIN

Model	FMIN	F0	LO 90	HI 90
Default model	6.614	3.470	3.061	3.905
Saturated model	0.000	0.000	0.000	0.000
Independence model	30.548	27.027	26.030	28.045

RMSEA

Model	RMSEA	LO 90	HI 90	PCLOSE
Default model	0.060	0.056	0.064	0.000
Independence model	0.158	0.155	0.161	0.000

AIC

Model	AIC	BCC	BIC	CAIC
Default model	2356.411	2416.828	2964.418	3127.418
Saturated model	2256.000	2674.100	6463.553	7591.553
Independence model	9472.176	9489.597	9647.490	9694.490

Result（Default model）

Minimum was achieved

Chi-square＝1878.296

Degrees of freedom＝920

Probability level＝0.000

Regression Weights：（Group number 1-Default model）

	Estimate	S. E.	C. R.	P	Label
感知享乐价值←随时随地接入	−0.042	0.184	−0.231	0.818	
感知享乐价值←感知易用	−0.151	0.321	−0.472	0.637	
感知享乐价值←感知有用	0.005	0.232	0.021	0.983	
感知享乐价值←感知娱乐	0.099	0.243	3.406	＊＊＊	
感知享乐价值←隐私关注	0.000	0.080	−0.002	0.998	
感知享乐价值←参与感	0.284	0.427	2.664	＊＊＊	
感知享乐价值←自我效能	−0.253	0.528	−0.480	0.631	
感知享乐价值←团队规范	0.580	0.527	2.035	0.031	
感知享乐价值←互惠与利他	0.102	0.312	0.326	0.745	
感知享乐价值←感知行为控制	−0.172	0.190	−0.905	0.366	
感知享乐价值←社会认同	−0.443	0.809	−0.548	0.584	
持续使用←感知享乐价值	0.813	0.085	9.539	＊＊＊	
内容提供←持续使用	0.812	0.210	3.863	＊＊＊	
内容提供←感知享乐价值	0.235	0.178	1.323	0.186	
Q1←随时随地接入	1.000				
Q4←随时随地接入	1.061	0.098	10.841	＊＊＊	
Q2←随时随地接入	1.095	0.113	9.728	＊＊＊	
Q3←随时随地接入	1.037	0.101	10.261	＊＊＊	
Q5←感知易用	1.000				
Q8←感知易用	0.994	0.084	11.886	＊＊＊	
Q6←感知易用	0.985	0.081	12.100	＊＊＊	
Q7←感知易用	1.039	0.091	11.470	＊＊＊	
Q9←感知有用	1.000				

续表

	Estimate	S. E.	C. R.	P	Label
Q12←感知有用	1.069	0.093	11.447	* * *	
Q10←感知有用	1.271	0.107	11.891	* * *	
Q11←感知有用	1.238	0.106	11.633	* * *	
Q22←自我效能	1.000				
Q25←自我效能	0.919	0.090	10.236	* * *	
Q23←自我效能	1.114	0.091	12.260	* * *	
Q24←自我效能	1.022	0.087	11.793	* * *	
Q18←隐私关注	0.983	0.070	13.992	* * *	
Q16←隐私关注	1.000				
Q17←隐私关注	1.066	0.073	14.539	* * *	
Q21←参与感	1.063	0.090	11.820	* * *	
Q19←参与感	1.000				
Q20←参与感	0.995	0.083	12.033	* * *	
Q35←互惠与利他	1.000				
Q38←互惠与利他	0.974	0.075	12.959	* * *	
Q36←互惠与利他	0.952	0.075	12.613	* * *	
Q37←互惠与利他	0.937	0.073	12.800	* * *	
Q15←感知娱乐	0.984	0.071	13.820	* * *	
Q13←感知娱乐	1.000				
Q14←感知娱乐	1.018	0.070	14.510	* * *	
Q34←团队规范	1.100	0.089	12.376	* * *	
Q32←团队规范	1.000				
Q33←团队规范	1.092	0.092	11.898	* * *	
Q43←感知享乐价值	1.000				
Q45←感知享乐价值	1.246	0.083	15.026	* * *	
Q44←感知享乐价值	1.125	0.084	13.364	* * *	
Q59←内容提供	0.889	0.072	12.271	* * *	
Q57←持续使用	1.190	0.118	10.082	* * *	
Q55←持续使用	1.000				

	Estimate	S. E.	C. R.	P	Label
Q56←持续使用	1.189	0.117	10.139	* * *	
Q58←内容提供	1.000				
Q60←内容提供	0.928	0.079	11.785	* * *	
Q31←社会认同	0.842	0.078	10.745	* * *	
Q29←社会认同	1.000				
Q30←社会认同	1.075	0.085	12.593	* * *	
Q26←感知行为控制	1.000				
Q28←感知行为控制	0.847	0.089	9.527	* * *	

Standardized Regression Weights：(Group number 1-Default model)

	Estimate
感知享乐价值←随时随地接入	−0.050
感知享乐价值←感知易用	−179
感知享乐价值←感知有用	0.005
感知享乐价值←感知娱乐	0.113
感知享乐价值←隐私关注	0.000
感知享乐价值←参与感	0.297
感知享乐价值←自我效能	−0.267
感知享乐价值←团队规范	0.555
感知享乐价值←互惠与利他	0.112
感知享乐价值←感知行为控制	−0.206
感知享乐价值←社会认同	−0.511
持续使用←感知享乐价值	0.862
内容提供←持续使用	0.676
内容提供←感知享乐价值	0.208
Q1←随时随地接入	0.645
Q4←随时随地接入	0.776
Q2←随时随地接入	0.670
Q3←随时随地接入	0.718
Q5←感知易用	0.709

续表

	Estimate
Q8←感知易用	0.743
Q6←感知易用	0.757
Q7←感知易用	0.715
Q9←感知有用	0.663
Q12←感知有用	0.765
Q10←感知有用	0.803
Q11←感知有用	0.781
Q22←自我效能	0.669
Q25←自我效能	0.650
Q23←自我效能	0.803
Q24←自我效能	0.766
Q18←隐私关注	0.803
Q16←隐私关注	0.778
Q17←隐私关注	0.842
Q21←参与感	0.753
Q19←参与感	0.687
Q20←参与感	0.768
Q35←互惠与利他	0.755
Q38←互惠与利他	0.750
Q36←互惠与利他	0.731
Q37←互惠与利他	0.741
Q15←感知娱乐	0.766
Q13←感知娱乐	0.795
Q14←感知娱乐	0.800
Q34←团队规范	0.741
Q32←团队规范	0.700
Q33←团队规范	0.711
Q43←感知享乐价值	0.734
Q45←感知享乐价值	0.863

续表

	Estimate
Q44←感知享乐价值	0.771
Q59←内容提供	0.745
Q57←持续使用	0.730
Q55←持续使用	0.623
Q56←持续使用	0.737
Q58←内容提供	0.763
Q60←内容提供	0.714
Q31←社会认同	0.669
Q29←社会认同	0.698
Q30←社会认同	0.796
Q26←感知行为控制	0.679
Q28←感知行为控制	0.684

Model Fit Summary

CMIN

Model	NPAR	CMIN	DF	P	CMIN/DF
Default model	161	1878.296	920	0.000	2.042
Saturated model	1081	0.000	0		
Independence model	46	9227.083	1035	0.000	8.915

RMR,GFI

Model	RMR	GFI	AGFI	PGFI
Default model	0.084	0.792	0.756	0.674
Saturated model	0.000	1.000		
Independence model	0.590	0.128	0.089	0.122

Baseline Comparisons

Model	NFI Delta1	RFI rho1	IFI Delta2	TLI rho2	CFI
Default model	0.796	0.771	0.885	0.868	0.883
Saturated model	1.000		1.000		1.000
Independence model	0.000	0.000	0.000	0.000	0.000

Parsimony-Adjusted Measures

Model	PRATIO	PNFI	PCFI
Default model	0.889	0.708	0.785
Saturated model	0.000	0.000	0.000
Independence model	1.000	0.000	0.000

NCP

Model	NCP	LO 90	HI 90
Default model	958.296	838.240	1086.092
Saturated model	0.000	0.000	0.000
Independence model	8192.083	7888.344	8502.351

FMIN

Model	FMIN	F0	LO 90	HI 90
Default model	6.118	3.121	2.730	3.538
Saturated model	0.000	0.000	0.000	0.000
Independence model	30.056	26.684	25.695	27.695

RMSEA

Model	RMSEA	LO 90	HI 90	PCLOSE
Default model	0.058	0.054	0.062	0.000
Independence model	0.161	0.158	0.164	0.000

AIC

Model	AIC	BCC	BIC	CAIC
Default model	2200.296	2258.504	2800.842	2961.842
Saturated model	2162.000	2552.823	6194.238	7275.238
Independence model	9319.083	9335.714	9490.668	9536.668

ECVI

Model	ECVI	LO 90	HI 90	MECVI
Default model	7.167	6.776	7.583	7.357
Saturated model	7.042	7.042	7.042	8.315
Independence model	30.355	29.366	31.366	30.409

Result（Default model）

Minimum was achieved

Chi-square＝1821.582

Degrees of freedom＝920

Probability level＝0.000

Regression Weights：（Group number 1-Default model）

	Estimate	S. E.	C. R.	P	Label
感知社交价值←随时随地接入	0.110	0.220	2.503	0.015	
感知社交价值←感知易用	−0.437	0.427	−1.025	0.305	
感知社交价值←感知有用	0.037	0.285	0.130	0.897	
感知社交价值←感知娱乐	0.065	0.293	0.222	0.824	
感知社交价值←隐私关注	0.042	0.097	2.436	0.037	
感知社交价值←参与感	0.012	0.515	0.023	0.982	
感知社交价值←自我效能	0.177	0.639	0.278	0.781	
感知社交价值←团队规范	0.881	0.010	1.975	0.035	
感知社交价值←互惠与利他	0.059	0.421	2.140	0.048	
感知社交价值←感知行为控制	−0.198	0.234	−0.846	0.398	
感知社交价值←社会认同	0.701	1.093	0.642	0.521	
持续使用←感知社交价值	0.826	0.086	9.651	＊＊＊	
内容提供←持续使用	0.885	0.268	3.307	＊＊＊	
内容提供←感知社交价值	0.138	0.227	2.608	＊＊＊	
Q1←随时随地接入	1.000				
Q4←随时随地接入	1.047	0.096	10.912	＊＊＊	
Q2←随时随地接入	1.092	0.111	9.858	＊＊＊	
Q3←随时随地接入	1.024	0.099	10.319	＊＊＊	
Q5←感知易用	1.000				
Q8←感知易用	0.997	0.084	11.870	＊＊＊	
Q6←感知易用	0.989	0.082	12.093	＊＊＊	
Q7←感知易用	1.041	0.091	11.440	＊＊＊	

续表

	Estimate	S. E.	C. R.	P	Label
Q9←感知有用	1.000				
Q12←感知有用	1.069	0.093	11.442	* * *	
Q10←感知有用	1.272	0.107	11.893	* * *	
Q11←感知有用	1.238	0.106	11.624	* * *	
Q22←自我效能	1.000				
Q25←自我效能	0.921	0.089	10.371	* * *	
Q23←自我效能	1.102	0.089	12.316	* * *	
Q24←自我效能	1.015	0.085	11.873	* * *	
Q18←隐私关注	0.985	0.070	13.982	* * *	
Q16←隐私关注	1.000				
Q17←隐私关注	1.069	0.074	14.527	* * *	
Q21←参与感	1.059	0.089	11.879	* * *	
Q19←参与感	1.000				
Q20←参与感	0.984	0.082	12.007	* * *	
Q35←互惠与利他	1.000				
Q38←互惠与利他	1.006	0.077	12.992	* * *	
Q36←互惠与利他	0.954	0.078	12.278	* * *	
Q37←互惠与利他	0.956	0.075	12.688	* * *	
Q15←感知娱乐	0.985	0.072	13.715	* * *	
Q13←感知娱乐	1.000				
Q14←感知娱乐	1.025	0.071	14.477	* * *	
Q34←团队规范	1.077	0.087	12.428	* * *	
Q32←团队规范	1.000				
Q33←团队规范	1.079	0.090	12.041	* * *	
Q46←感知社交价值	1.000				
Q48←感知社交价值	0.995	0.095	10.431	* * *	
Q47←感知社交价值	1.050	0.088	11.987	* * *	

	Estimate	S. E.	C. R.	P	Label
Q59←内容提供	0.893	0.074	12.012	* * *	
Q57←持续使用	1.201	0.117	10.223	* * *	
Q55←持续使用	1.000				
Q56←持续使用	1.184	0.116	10.184	* * *	
Q58← 内容提供	1.000				
Q60←内容提供	0.956	0.081	11.818	* * *	
Q29←社会认同	1.000				
Q30←社会认同	1.088	0.087	12.490	* * *	
Q31←社会认同	0.853	0.080	10.705	* * *	
Q26←感知行为控制	1.000				
Q28←感知行为控制	0.848	0.089	9.521	* * *	

Standardized Regression Weights：(Group number 1-Default model)

	Estimate
感知社交价值←随时随地接入	0.129
感知社交价值←感知易用	−0.506
感知社交价值←感知有用	0.034
感知社交价值←感知娱乐	0.073
感知社交价值←隐私关注	0.063
感知社交价值←参与感	0.012
感知社交价值←自我效能	0.185
感知社交价值←团队规范	0.838
感知社交价值←互惠与利他	0.063
感知社交价值←感知行为控制	−0.232
感知社交价值←社会认同	−0.787
持续使用←感知社交价值	0.893
内容提供←持续使用	0.744
内容提供←感知社交价值	0.126
Q1←随时随地接入	0.651

续表

	Estimate
Q4←随时随地接入	0.772
Q2←随时随地接入	0.674
Q3←随时随地接入	0.715
Q5←感知易用	0.708
Q8←感知易用	0.743
Q6←感知易用	0.759
Q7←感知易用	0.714
Q9←感知有用	0.663
Q12←感知有用	0.765
Q10←感知有用	0.804
Q11←感知有用	0.780
Q22←自我效能	0.672
Q25←自我效能	0.655
Q23←自我效能	0.798
Q24←自我效能	0.764
Q18←隐私关注	0.803
Q16←隐私关注	0.776
Q17←隐私关注	0.843
Q21←参与感	0.754
Q19←参与感	0.690
Q20←参与感	0.763
Q35←互惠与利他	0.744
Q38←互惠与利他	0.763
Q36←互惠与利他	0.722
Q37←互惠与利他	0.745
Q15←感知娱乐	0.765
Q13←感知娱乐	0.793
Q14←感知娱乐	0.804
Q34←团队规范	0.733

续表

	Estimate
Q32←团队规范	0.708
Q33←团队规范	0.710
Q46←感知社交价值	0.728
Q48←感知社交价值	0.618
Q47←感知社交价值	0.708
Q59←内容提供	0.740
Q57←持续使用	0.736
Q55←持续使用	0.622
Q56←持续使用	0.732
Q58←内容提供	0.755
Q60←内容提供	0.727
Q29←社会认同	0.692
Q30←社会认同	0.798
Q31←社会认同	0.672
Q26←感知行为控制	0.679
Q28←感知行为控制	0.684

Model Fit Summary

CMIN

Model	NPAR	CMIN	DF	P	CMIN/DF
Default model	161	1821.582	920	0.000	1.980
Saturated model	1081	0.000	0		
Independence model	46	8957.443	1035	0.000	8.655

RMR,GFI

Model	RMR	GFI	AGFI	PGFI
Default model	0.083	0.796	0.760	0.678
Saturated model	0.000	1.000		
Independence model	0.586	0.132	0.093	0.126

Baseline Comparisons

Model	NFI Delta1	RFI rho1	IFI Delta2	TLI rho2	CFI
Default model	0.797	0.771	0.888	0.872	0.886
Saturated model	1.000		1.000		1.000
Independence model	0.000	0.000	0.000	0.000	0.000

Parsimony-Adjusted Measures

Model	PRATIO	PNFI	PCFI
Default model	0.889	0.708	0.788
Saturated model	0.000	0.000	0.000
Independence model	1.000	0.000	0.000

NCP

Model	NCP	LO 90	HI 90
Default model	901.582	784.040	1026.884
Saturated model	0.000	0.000	0.000
Independence model	7922.443	7623.498	8227.924

FMIN

Model	FMIN	F0	LO 90	HI 90
Default model	5.933	2.937	2.554	3.345
Saturated model	0.000	0.000	0.000	0.000
Independence model	29.177	25.806	24.832	26.801

RMSEA

Model	RMSEA	LO 90	HI 90	PCLOSE
Default model	0.056	0.053	0.060	0.003
Independence model	0.158	0.155	0.161	0.000

AIC

Model	AIC	BCC	BIC	CAIC
Default model	2143.582	2201.790	2744.128	2905.128
Saturated model	2162.000	2552.823	6194.238	7275.238
Independence model	9049.443	9066.074	9221.028	9267.028

Result（Default model）

Minimum was achieved

Chi-square＝1819.989

Degrees of freedom＝920

Probability level＝0.000

Regression Weights：（Group number 1-Default model）

	Estimate	S.E.	C.R.	P	Label
企业认可价值←随时随地接入	0.112	0.220	0.508	0.611	
企业认可价值←感知易用	−0.439	0.427	−1.029	0.303	
企业认可价值←感知有用	0.033	0.286	0.116	0.908	
企业认可价值←感知娱乐	0.059	0.294	0.201	0.841	
企业认可价值←隐私关注	0.039	0.097	0.406	0.685	
企业认可价值←参与感	0.028	0.517	0.055	0.956	
企业认可价值←自我效能	0.172	0.641	0.268	0.789	
企业认可价值←团队规范	0.886	0.016	0.936	0.349	
企业认可价值←互惠与利他	0.055	0.423	0.131	0.896	
企业认可价值←感知行为控制	−0.196	0.234	−0.837	0.402	
企业认可价值←社会认同	0.702	1.095	−0.641	0.521	
持续使用←企业认可价值	0.825	0.086	9.646	＊＊＊	
内容提供←持续使用	0.884	0.266	3.328	＊＊＊	
内容提供←企业认可价值	0.139	0.226	0.618	0.537	
Q1←随时随地接入	1.000				
Q4←随时随地接入	1.046	0.096	10.915	＊＊＊	
Q2←随时随地接入	1.092	0.111	9.862	＊＊＊	
Q3←随时随地接入	1.024	0.099	10.320	＊＊＊	
Q5←感知易用	1.000				
Q8←感知易用	0.997	0.084	11.869	＊＊＊	
Q6←感知易用	0.989	0.082	12.093	＊＊＊	
Q7←感知易用	1.041	0.091	11.438	＊＊＊	

续表

	Estimate	S. E.	C. R.	P	Label
Q9←感知有用	1.000				
Q12←感知有用	1.069	0.093	11.442	* * *	
Q10←感知有用	1.272	0.107	11.894	* * *	
Q11←感知有用	1.238	0.106	11.624	* * *	
Q22←自我效能	1.000				
Q25←自我效能	0.920	0.089	10.375	* * *	
Q23←自我效能	1.102	0.089	12.321	* * *	
Q24←自我效能	1.014	0.085	11.877	* * *	
Q18←隐私关注	0.985	0.070	13.982	* * *	
Q16←隐私关注	1.000				
Q17←隐私关注	1.069	0.074	14.526	* * *	
Q21←参与感	1.060	0.089	11.881	* * *	
Q19←参与感	1.000				
Q20←参与感	0.984	0.082	12.005	* * *	
Q35←互惠与利他	1.000				
Q38←互惠与利他	1.006	0.077	12.989	* * *	
Q36←互惠与利他	0.954	0.078	12.272	* * *	
Q37←互惠与利他	0.957	0.075	12.691	* * *	
Q15←感知娱乐	0.984	0.072	13.714	* * *	
Q13←感知娱乐	1.000				
Q14←感知娱乐	1.025	0.071	14.479	* * *	
Q34←团队规范	1.077	0.087	12.429	* * *	
Q32←团队规范	1.000				
Q33←团队规范	1.079	0.090	12.041	* * *	
Q49←企业认可价值	1.000				
Q51←企业认可价值	0.995	0.095	10.429	* * *	
Q50←企业认可价值	1.048	0.088	11.968	* * *	

	Estimate	S. E.	C. R.	P	Label
Q59←内容提供	0.893	0.074	12.013	＊＊＊	
Q57←持续使用	1.201	0.117	10.226	＊＊＊	
Q55←持续使用	1.000				
Q56←持续使用	1.183	0.116	10.180	＊＊＊	
Q58←内容提供	1.000				
Q60←内容提供	0.956	0.081	11.820	＊＊＊	
Q29←社会认同	1.000				
Q30←社会认同	1.088	0.087	12.490	＊＊＊	
Q31←社会认同	0.853	0.080	10.704	＊＊＊	
Q28←感知行为控制	0.848	0.089	9.521	＊＊＊	
Q26←感知行为控制	1.000				

Standardized Regression Weights：(Group number 1-Default model)

	Estimate
企业认可价值←随时随地接入	0.131
企业认可价值←感知易用	−0.509
企业认可价值←感知有用	0.030
企业认可价值←感知娱乐	0.067
企业认可价值←隐私关注	0.058
企业认可价值←参与感	0.029
企业认可价值←自我效能	0.179
企业认可价值←团队规范	0.843
企业认可价值←互惠与利他	0.059
企业认可价值←感知行为控制	−0.230
企业认可价值←社会认同	0.788
持续使用←企业认可价值	0.892
内容提供←持续使用	0.743
内容提供←企业认可价值	0.127
Q1←随时随地接入	0.651

续表

	Estimate
Q4←随时随地接入	0.772
Q2←随时随地接入	0.674
Q3←随时随地接入	0.715
Q5←感知易用	0.708
Q8←感知易用	0.743
Q6←感知易用	0.759
Q7←感知易用	0.714
Q9←感知有用	0.663
Q12←感知有用	0.765
Q10←感知有用	0.804
Q11←感知有用	0.780
Q22←自我效能	0.672
Q25←自我效能	0.655
Q23←自我效能	0.798
Q24←自我效能	0.764
Q18←隐私关注	0.803
Q16←隐私关注	0.776
Q17←隐私关注	0.843
Q21←参与感	0.754
Q19←参与感	0.690
Q20←参与感	0.763
Q35←互惠与利他	0.744
Q38←互惠与利他	0.763
Q36←互惠与利他	0.722
Q37←互惠与利他	0.746
Q15←感知娱乐	0.765
Q13←感知娱乐	0.793
Q14←感知娱乐	0.804
Q34←团队规范	0.733

续表

	Estimate
Q32←团队规范	0.708
Q33←团队规范	0.710
Q49←企业认可价值	0.727
Q51←企业认可价值	0.618
Q50←企业认可价值	0.707
Q59←内容提供	0.740
Q57←持续使用	0.736
Q55←持续使用	0.622
Q56←持续使用	0.732
Q58←内容提供	0.755
Q60←内容提供	0.727
Q29←社会认同	0.692
Q30←社会认同	0.798
Q31←社会认同	0.672
Q28←感知行为控制	0.684
Q26←感知行为控制	0.679

Model Fit Summary

CMIN

Model	NPAR	CMIN	DF	P	CMIN/DF
Default model	161	1819.989	920	0.000	1.978
Saturated model	1081	0.000	0		
Independence model	46	8955.708	1035	0.000	8.653

RMR,GFI

Model	RMR	GFI	AGFI	PGFI
Default model	0.083	0.796	0.761	0.678
Saturated model	0.000	1.000		
Independence model	0.586	0.132	0.093	0.126

Baseline Comparisons

Model	NFI Delta1	RFI rho1	IFI Delta2	TLI rho2	CFI
Default model	0.797	0.771	0.888	0.872	0.886
Saturated model	1.000		1.000		1.000
Independence model	0.000	0.000	0.000	0.000	0.000

Parsimony-Adjusted Measures

Model	PRATIO	PNFI	PCFI
Default model	0.889	0.708	0.788
Saturated model	0.000	0.000	0.000
Independence model	1.000	0.000	0.000

NCP

Model	NCP	LO 90	HI 90
Default model	899.989	782.518	1025.220
Saturated model	0.000	0.000	0.000
Independence model	7920.708	7621.794	8226.158

FMIN

Model	FMIN	F0	LO 90	HI 90
Default model	5.928	2.932	2.549	3.339
Saturated model	0.000	0.000	0.000	0.000
Independence model	29.172	25.800	24.827	26.795

RMSEA

Model	RMSEA	LO 90	HI 90	PCLOSE
Default model	0.056	0.053	0.060	0.003
Independence model	0.158	0.155	0.161	0.000

AIC

Model	AIC	BCC	BIC	CAIC
Default model	2141.989	2200.197	2742.535	2903.535
Saturated model	2162.000	2552.823	6194.238	7275.238
Independence model	9047.708	9064.338	9219.292	9265.292